岭南濒危方言丛书　陈云龙　主编

GUANGXI BEIHAI QIAOGANGZHEN YUENAN POWANDAO
GUIQIAO DANJIAHUA DIAOCHA YU YANJIU

广西北海侨港镇越南婆湾岛归侨疍家话调查与研究

黄高飞 ◎ 著

世界图书出版公司
广州·上海·西安·北京

图书在版编目（CIP）数据

广西北海侨港镇越南婆湾岛归侨疍家话调查与研究/黄高飞著，陈云龙主编.—广州：世界图书出版广东有限公司，2024.7

（岭南濒危方言丛书/陈云龙主编）

ISBN 978-7-5232-0919-6

Ⅰ.①广… Ⅱ.①黄… ②陈… Ⅲ.①汉语方言—方言研究—广西 Ⅳ.①H17

中国国家版本馆CIP数据核字（2023）第226180号

书　　名	广西北海侨港镇越南婆湾岛归侨疍家话调查与研究 GUANGXI BEIHAI QIAOGANGZHEN YUENAN POWANDAO GUIQIAO DANJIAHUA DIAOCHA YU YANJIU
著　　者	黄高飞
主　　编	陈云龙
责任编辑	魏志华　王鸿仪
装帧设计	书窗设计
责任技编	刘上锦
出版发行	世界图书出版有限公司　世界图书出版广东有限公司
地　　址	广州市海珠区新港西路大江冲25号
邮　　编	510300
电　　话	020-84184026　84453623
网　　址	http://www.gdst.com.cn
邮　　箱	wpc_gdst@163.com
经　　销	各地新华书店
印　　刷	广州市迪桦彩印有限公司
开　　本	787 mm × 1 092 mm　1/16
印　　张	12.25
字　　数	291千字
版　　次	2024年7月第1版　2024年7月第1次印刷
国际书号	ISBN 978-7-5232-0919-6
定　　价	45.00元

版权所有　翻印必究

（如有印装错误，请与出版社联系）

咨询、投稿：020-34201910　weilai21@126.com

总序

岭南师范学院陈云龙教授主编了一套《岭南濒危方言丛书》,希望我写个小序说点什么,我没有多想便答应了,因为我最近二十多年来一直关注汉语的濒危方言,曾经两次参与主持或主编过关于濒危汉语方言的调查研究报告,今虽已年老体衰,但旧情还在。

濒危语言问题是国际语言学界热门的话题。我在为黑龙江"站话"、广东"军话"、广东"旧时正话"出版所写的《濒危汉语方言调查研究》总序(2005)里,曾经系统地介绍过联合国教科文组织及其他国际学术机构,以及国际国内著名语言学家的有关活动或论述。按照联合国教科文组织的定义,濒危语言可以分为四个等级:

不安全的 受到外力的极大影响,自身语言的因素或语言结构已处于不稳定之中。

危险 明确要消亡的,在可以预见的将来是要灭绝的。

濒危 严重濒临灭绝的,很快就要消亡的。

垂危 处于极度濒临灭绝的境况,随时都有可能立即消亡的。

根据以上这个分类,我们可以笼统地说,当使用某种语言的人一旦开始分化,或分成无数的孤立地区并处于占支配地位语言的包围之中,这种语言就要消亡了。我又在《汉语方言需要面对濒危为题》(2010)一文中,从汉语方言的实际情况出发,给濒危汉语方言提出以下定义:

一种汉语方言已经被分化或分成若干个孤立的地区,并处于周围强势方言或语言的包围和影响之中,明显表现出生存活力的衰竭,这种汉语方言就是趋向于濒危状态或已处于濒危状态的方言。

很显然这个定义比较宽松:一是提出"趋向于濒危状态"和"已处于濒危状态"的两个概念,没有把濒危汉语方言绝对化;二是暗含了方言岛和移民方言的生存状态,反映了一部分具有源方言的汉语方言的生态环境;三是没有设定濒危汉语方言的使用人数,使用汉语的人口基数很大,国际上通行的濒

总序

危语言使用人数的界定是不适用于汉语方言的。

按照以上定义,汉语存在很多濒危方言,这是事实。以往很多语言学家,尤其是汉语方言学家早就注意到这个事实,并且为记录和研究这些濒危方言作出了很多努力。例如黄家教、李新魁的《潮安畲话概述》,黄雪贞的《江永土话研究》,王辅士的《湖南泸溪瓦乡话语音》,丁邦新的《儋州村话》,詹伯慧的《海南岛"军话"语音概述》,鲍厚星、伍云姬的《沅陵乡话记略》等。今天,我们有了更好的田野调查环境和学术研究条件,对濒危方言应该持有更加积极的态度。

第一种态度是积极地面对汉语方言的濒危问题。在现代社会里,趋同性、一体性、统一性是发展的总趋势,表现在语言问题上,语言或方言的逐步归并和统一是大势所趋,一些语言和方言的消亡是不可避免的。尽管知道濒危方言的消亡从社会文化上来看是十分可惜的,但我们对此要有清醒的认识,不必悲观消极。

第二种态度是高度重视汉语方言的濒危问题。汉语方言是汉民族文化的一个重要组成部分,是汉民族记忆的重要标志之一,任何方言的消亡对我们民族来说,都是一件很痛苦的事情。汉语是一个整体,汉语的多样化、多元性存在于方言之中。汉语主要是依靠复杂的方言系统来吸取发展的营养的,任何方言的消亡都有可能在一定时间内对整体汉语产生影响。因此,应该高度重视方言的濒危问题,要采取积极的、有力的措施,及时记录、保存濒危方言;在可能的情况下,尽量延缓一些重要方言濒危和消亡的过程。

第三种态度是提供语言平等、方言平等的竞争平台,从总体上反对对方言的歧视性政策导向。在语言使用上,特别在方言使用上,不宜过分地采取行政干预。过分的行政干预,必然导致对方言的歧视。因此,在一定的条件下,在一定的环境里,应该允许方言的使用和流通,让方言成为方言地区日常生活的一个重要组成部分。

总序

现在回到《岭南濒危方言丛书》的话题上来。广义的"岭南地区"包括今广东省、海南省以及广西壮族自治区的东部和东北部，古称"百越"或"百粤"。综合地理、历史、人文的各种原因，这里语言、方言分歧复杂，也是濒危语言、濒危汉语方言比较集中的地区。因此，对岭南地区的濒危汉语方言进行有组织的、有计划的系统性调查研究，并适时出版，是对中华民族优秀文化的一种传承，是具有前瞻性的一种学术行动，表现了岭南地区语言学工作者一种高度的学术自觉性和政治敏感性。

《岭南濒危方言丛书》计划出版5种：

(1) 廖小曼《广东云浮学佬话调查报告》

(2) 陈杨媚《广东吴川吉兆话研究》

(3) 陈李茂《广东信宜容县话调查报告》

(4) 黄高飞《广西北海侨港镇越南婆湾岛归侨疍家话调查与研究》

(5) 陈云龙《粤西濒危方言论稿》

濒危方言的调查研究报告有不同的模式。例如上文提到的黑龙江"站话"、广东"军话"、广东"旧时正话"是最早成系列的濒危方言研究报告，出版于2006—2007年，以语言事实描写分析深入细致见长；2019—2022年出版的的湖南宁远"平话"、湖南芦溪"乡话"、湖南道县"梅花土话"、湖南通道"本地话"、广东电白"旧时正话"、广东连南"石蛤塘土话"、浙江江山"八都话"、广西钟山"董峒土话"、安徽祁门"军话"、贵州晴隆长流"喇叭苗人话"等濒危方言研究报告，则是突出语言事实阐释说明。风格虽然不完全一致，但都高度重视语言事实，因为这是最根本的要求。我们反观这套《岭南濒危方言丛书》在风格和模式上可能跟上述两个系列都有一些不同，但就高度重视语言事实这一点却是完全一致的。试以《广西北海侨港镇越南婆湾岛归侨疍家话调查与研究》一书为例大略说说。

这个书名有点儿长，记录的是一种疍家话。疍家是在特殊条件下形成的

总序

一种汉族族群，大约起源于南北朝时期，至今已有很长的历史。后来泛指我国广东、广西、海南、湖南等地"浮家江滨""以舟为室"的那些水上人家。疍家话是指这种族群所使用的一种汉语方言，一般都跟周边的其他汉语方言类似。本书所说的这种疍家话，原来是侨居越南婆湾岛上的疍家侨民日常所使用的语言，深受粤语广府话的影响。后来这些侨民被迫离开婆湾岛，回国定居广西北海侨港镇，又把疍家话带回来了。本书作者说，使用疍家话的只有老年归侨，他们乡音难改；40岁以下的能说疍家话与附近粤语的混合方言；20岁以下的在家里还能使用粤语，到了学校或公众场合主要说普通话；10岁以下的，会说粤语的很少，主要说普通话。从目前的情况看，这种疍家话不出20年将会消失殆尽。所以现在处于濒危状态，是一种濒危方言。

本书除了前头简单的文字说明以外，其他部分说的都是语言事实，以及对这些事实的简单分析。其中给人印象最深的是词汇部分。作者指出，这种疍家话具有鲜明的海洋方言特征，主要表现为：

（1）农耕词汇缺位。没有像种水田、整旱地、早造、晚造、春耕、夏收、秋收、耕田、犁田、耙田、撒种、点种、拔秧、插秧、间苗、薅草、分蘖、扬花、灌浆、结穗、耘田、巡田、打禾、打谷器、晒谷场、风谷、放谷等常见的农耕词语。常见的农具词语，例如水车、牛轭、牛笼嘴、牛鼻桊、犁、耷、囤、仓、糠筛、米筛、禾镰也没有。即使有，也是回国定居后才知道的。至于粮食作物词汇，稍为细致一点的词语，也大多没有。

（2）生产生活词汇富有海洋特色。在婆湾岛的时候，这群疍家人自称是水上人或做海人，主要在北部湾海域从事捕捞活动。所谓"近水知鱼性，近山识鸟音"，婆湾岛疍家话里的渔业生产、生活词汇很有海洋特色。这与陆地上的汉语方言有显著的不同。首先是海产名词丰富，仅鱼类名称就超过100种；其次是跟渔业生产有关的词语也非常多。

（3）居住环境的词汇反映的是水上居民的特色。例如疍家人把居住与捕捞

总序

一体的渔船叫"家口艇";把大船上的房屋叫"更楼";把大的船舱叫"舱",小的船舱叫"柜";把在海边搭的木屋叫"棚";把居住木棚的底柱叫"戙",把上岸叫"上街";把用小艇搭载到大船边叫"落船",从小艇上大船叫"行上船";把城市叫"大埠"等。

除了以上的海洋性特点外,婆湾岛疍家话与陆地方言相比较,主要表现是同词异指和同物异词现象比较明显。

(1)同词异指,是指相同的词语形式但指代的意义不同,例如:

牛牯 $eu^{21}ku^{24}$,在很多南方方言里是公牛的意思,在疍家话里是老牛的意思;

房 $foŋ^{21}$,很多南方方言指的是同宗的分支,在疍家话则是指不同代际,一代为一房;婆湾岛指称兄弟之间的后代为"支"。

下流 $ha^{21}leu^{21}$,很多方言指的是卑鄙龌龊的意思,疍家话是指低人一等的意思。

甜水 $t^him^{21}sui^{24}$,字面的意思是有甜味的水,疍家话指的是淡水。

街 kai^{44},字面的意思是指两旁有房屋的比较宽阔的道路,疍家话指的是"岸"。

(2)同物异词,指的是相同的事物采用了不同的词汇形式。例如:

黄昏,疍家话说"热头落海 $jit^3t^heu^{21}lok^{21}hoi^{24}$";

礁石,疍家话叫"暗水排 $em^{33}sui^{24}p^hai^{21}$";

潮汐,疍家话叫"流水 $leu^{21}sui^{24}$";

阳台,疍家话叫"棚头 $p^heŋ^{21}t^heu^{21}$";

打雷,疍家话叫"打石□ $ta^{24}sɛk^{21}wu^{21}$"

这些新鲜的语言事实,都会让读者对这里的疍家话留下很深刻的印象。其他几本调查报告在这一点上也都非常注意。例如《广东云浮学佬话调查报告》,调查记录字音近3000条,词语6000余条,句子多达近1000句,语篇有

总序

5个，语料非常丰富。我们经常说"摆事实，讲道理"，充分的语言事实对于任何一种濒危方言调查研究报告来说，都是第一位的，再怎么强调都不过分。

《岭南濒危方言丛书》由陈云龙教授主编。他在岭南师范学院任教几十年，教学之外便集中精力调查研究岭南，特别是粤西一带的汉语方言。恰好粤西一带方言纷繁多样，粤语、闽语、客家话，还有各种方言岛、濒危方言等，让他有了遨游语言大海、施展才华的大好机会。所以最近十多年来成果频现，尤其在濒危汉语方言调查研究方面更为突出。例如2006年由中国社会科学出版社出版《旧时正话研究》，是中国社会科学院A类重大项目"中国濒危语言方言研究"成果之一；2019年由商务印书馆出版《广东电白旧时正话》，是商务印书馆"濒危语言调查研究系列"成果之一；2012年由暨南大学出版社出版《粤西濒危方言——马兰话研究》一书，首次揭开了马兰话的神秘面纱。所以这套丛书中，他执笔《粤西濒危方言论稿》一书，实际上是他多年来在岭南从事濒危方言调查研究的经验之谈，文字里透着田野的清新、泥土的芬芳，值得一读。

我与陈云龙教授素有交往。他不好烟酒，甚至也可以说不善往来，总是埋头做学问。有时间了就开着车在粤西一带城乡到处转悠，好像每次都有多多少少的新鲜发现。所以他一个江西籍的外来人，说起粤西一带的方言，可以娓娓道来，如数家珍。能做到这种程度，确实不易。其中的奥妙就是兴趣加调查，然后再加研究。陈云龙教授这几样都得其所哉！

因此我相信由他主编的《岭南濒危方言丛书》是值得向读者推荐的。

以上几段话算是小序。

张振兴

2023年11月22日于北京康城花园

序

学生黄高飞的著作《广西北海侨港镇越南婆湾岛归侨疍家话调查与研究》完稿了，其发来了书稿，并让我做序。

仔细地看了书稿，第一感觉就是归侨的汉语方言调查研究不但非常值得做，而且还必须抓紧时间做。

海外汉语方言除了主要调查研究海外各国华人社区的汉语方言以外，归侨的汉语方言研究，现阶段也是其中一个重要的部分。归侨的汉语方言，可以统归到华侨农场这一块，因为当代海外华人大规模、板块式的回归，并在国内形成社区语言的，主要就是华侨农场。除了华侨农场，国内也有个别虽未冠以"华侨农场"称呼，却也集中居住了归国华人及侨眷的地方。形成于20世纪70年代末的广西壮族自治区北海市的侨港镇，就是从越南的婆湾岛、姑苏岛群岛及北越沿海地区归来的渔民和他们的后代共一万多人生活的地方。

对华侨农场汉语方言调查研究的关注，是我于2013年在湛江师范学院（现在的岭南师范学院）和暨南大学汉语方言研究中心共同举办的粤西方言高端研讨会上提出的（参见《关注华侨农场的语言方言调查研究》，《粤语研究》第二十期，2016年12月）。对归侨使用的汉语方言，之前没有人去发掘过，高飞是我第一位以此为研究对象的学生。为了完成有关广东华侨农场部分归侨汉语方言语音研究的博士论文《广东华侨农场越南广宁归侨粤语语音研究》，高飞率先开启了对当代归侨汉语方言的调查研究。其后，我又有几位硕士研究生陆续完成了有关归侨方言研究的论文，2016年徐雨娴的《广西北海侨港镇吉婆岛粤方言词汇研究》，2017年张敏怡的《吉婆岛归侨群体粤方言使用状况与变异研究》，2022年吴婷的《肇庆大旺华侨农场越南归侨客家话语音研究》，还有目前龙祉均和庄晓茹正在进行中的花都华侨农场和阳江华侨农场归侨的客家方言语音研究。

业内关于疍家话的研究一直未能深入，北海侨港镇越南婆湾岛的疍家话更是无人涉及，因此，《广西北海侨港镇越南婆湾岛归侨疍家话调查与研究》

序 XU

的出版，除了在归侨汉语方言研究方面有了突破，在疍家话的研究方面也是一个进步。本书对越南婆湾岛的历史，疍家人移居越南婆湾后又回归祖国并定居侨港镇的来龙去脉，婆湾岛归侨在侨港镇的语言生活，及婆湾岛归侨疍家话的语音、词汇、语法都有详细的描写，还有婆湾岛疍家话的语料记录。据高飞的描述，现在的婆湾岛上已经完全见不到当年疍家人生活的痕迹，越南不但将其改名为"吉婆岛"，而且篡改了关于吉婆岛得名的传说。本书的出版，为保留一份珍贵的婆湾岛历史、婆湾岛的疍家华人历史，并记录婆湾岛疍家话方面，做出了应有的贡献。

研究再次警醒我们：对海外汉语方言、海外汉语方言中的归侨方言的研究必须抓紧进行，它们都属于濒危方言。高飞时隔几年后重返侨港镇，原来的疍家话发音人已去世，对我们再次敲响了警钟。

《广西北海侨港镇越南婆湾岛归侨疍家话调查与研究》应该是调查研究有关归国华人汉语方言的第一部专著，祝愿高飞在这条路上继续高飞，祈愿海外汉语方言调查研究、国内华侨农场汉语方言调查研究事业不断高飞！

陈晓锦
2023年7月22日

目录

第一章　导言 ... 1
第一节　婆湾岛地理概况 ... 1
第二节　越南的排华事件与婆湾岛疍家人的逃离 ... 1
第三节　婆湾岛疍家人新的聚居地——北海侨港镇 ... 4
第四节　婆湾岛归侨在侨港镇的语言生活 ... 5

第二章　语音 ... 7
第一节　婆湾岛疍家话的语音系统 ... 7
第二节　声韵调今读与中古音的对应关系 ... 8
第三节　关于婆湾岛疍家话性质的讨论 ... 27
第四节　单字读音 ... 34

第三章　词汇 ... 47
第一节　婆湾岛归侨疍家话词汇概貌 ... 47
第二节　婆湾岛疍家话词汇分类 ... 54

第四章　语法 ... 158
第一节　婆湾岛疍家话的构词法和形态 ... 158
第二节　词类与句法 ... 162

参考文献 ... 174
附录一　发音人情况简介 ... 175
附录二　俗语、歌谣、故事 ... 177
后　记 ... 182

第一章 导言

第一节 婆湾岛地理概况

婆湾岛，越南语为đảo Cat Ba，中文翻译为吉婆岛。它位于北纬20°42′~20°54′00″，东经106°52′~107°07′，是下龙湾群岛最大的岛屿，距离海防东部涂山半岛约30千米。天气晴好，在涂山半岛上向东望，可以清晰地看到该岛。婆湾岛面积146平方千米，主要为喀斯特地貌，是一座石灰溶岩石山，岛上遍布热带石灰岩森林、珊瑚礁、红树林、海草床、泻湖、沙滩、洞穴和海柳树沼泽森林，最高海拔331米。该岛约有一半的面积为国家公园，仅有270公顷的农业用地，岛上有1个镇、5个乡和1个渔港，人口约13000人，主要从事渔业生产。

整个下龙湾一共有1969座大大小小的海岛，婆湾岛位于下龙湾南部，周边也是小岛星罗棋布，山环水绕，地形奇特隐秘。岛的南端有天然形成的港湾，港湾外面散布着众多的小岛，它们挡住了港外的风浪，使得港湾里总是风平浪静，小岛之间又是自然的航海通道，便利渔船的进出。

婆湾岛扼守住红河三角洲的出海口，是越南首都河内的第一道防线，也是越南第三大城市——海防的天然屏障，地理位置十分重要。法国殖民统治越南后，疏浚了海防港，提升了婆湾岛的防备力量，目前婆湾岛的主峰上还有法国人留下来的炮台和大炮。

第二节 婆湾岛的得名与疍家人的入驻

婆湾岛历史上曾经是一座无人岛，目前属于海防市吉海县管辖。越南排华事件前，婆湾岛上的人口约9000，95%以上是华人。

"湾"在疍家话中的读音为wan^{44}，而"婆湾"在疍家话中读为p^{h}o^{21} wan^{33}，"湾"的读音显得有点独特。婆湾岛之所以叫婆湾岛，是因为港湾的北岸有一座妈祖庙。疍家人称呼妈祖为阿婆，妈祖庙叫婆庙，阿婆庙前的港湾就叫婆湾。婆湾岛上的妈祖庙不知兴建于何时，倡导建庙的应该是在周边活动的海盗或疍家人。妈祖是沿海渔民的保护神，海盗也非常信仰妈祖。传说出资兴建妈祖庙的一般是财力殷实的海盗，他们冒充商人在码头或岛屿上兴建庙宇，建成后以供日常拜祭，也把它作为秘密联络据点（李伢伢，2017）。在广东沿海叫"婆湾"的还有珠海淇澳岛的一处海湾，这两个地名是否有关系，还需要进一步考察。

婆湾岛这座以石灰岩为主的海岛在航海技术不发达的年代是不具备人类生存的条件的。海防港开发前，整个红河口都是上游冲积下来的淤泥，从海防到岛上非常困难。岛上的华人主要是疍家人。这个群体入驻婆湾岛的时间和原因，目前没有确切的文献记载。根据田野调查和发音人提供的信息，最早入驻这个海岛的是明末清初的海盗。发音人冯明福先生介绍说当地的疍家人群体中有关于婆湾岛上海盗藏宝的传说。

明末清初粤西和北部湾海域是广东海盗活动的区域，北部湾更是海盗的巢穴，钦州的龙门群岛，北海的涠洲岛、斜阳岛盘踞的海盗数量众多。中国沿海海盗的来源，宋朝人已经分析清楚了，"而有非军伍而流落山海间者，尚有四焉。一者海贾，顷因市道交争，互相杀戮。二者私商阑出，为人所告，官司见行收捕。三者游手废业之人，比因抢夺财物，或致伤犯，势不可还。四者篙工水手，曾从海寇。景迹昭著，物色根寻，此曹自闽浙两广，十数为群。"（李心传，1992）一是杀了人的海上贸易商人，二是受到官府通缉的走私商人，三是游手好闲、偷抢伤人的人，四是被胁迫的渔民和水手。嘉庆《雷州府志》记载道："海盗，非别有种类，即商渔船。是商渔非盗也，而盗在其中，我有备则欲为海盗者，不得不勉为商渔；我无备则勉为商渔者，难保不阳为商渔而阴为海盗，久之而潜滋暗长，啸聚既多，遂立帮名抗官官军，居然自别于商渔，而濒海居民乃大受其扰，粤洋分三路，高、廉、雷、琼为西路，雷又为高、廉、琼之卫，自来蜃氛难靖，皆随起随伏，守土著不甚加之意，因循日久，骇浪复兴。"清代嘉庆、道光年间环北部湾海域活跃的海盗团伙是六旗帮，六旗帮分别为红、黄、青、蓝、白、黑六个帮派，全盛时期拥有帆船1800余艘、盗众7万余人，他们的口号是"红旗飘飘，好汉任招，海外天子，不怕天朝"。他们抢掠过往船只，洗劫沿岸城邑，攻打沿海官府，严重威胁了清朝的统治和列强的利益。清政府、葡萄牙殖民地与英国殖民政府联合起来组成船队围剿，但是六旗帮船坚炮利，来去无踪，联队对他们毫无办法。后来由于六旗帮的内讧，嘉庆十五年（1810年）一月黑旗帮首领郭婆带率众接受清政府招安；同年四月，最大的红旗帮在首领张保仔和石香姑的带领下也接受了清政府的招安；同年五月，清政府在雷州双溪口（今雷州企水港）围捕蓝旗帮，首领乌石二、乌石大及490多名海盗骨干被俘。六旗帮势力最大的三帮分崩离析，其他的海匪惊惧而逃匿吕宋（菲律宾），为害数十年的海患最终被平复。

北部湾东西两洋的海盗被荡平，沿岸和海岛上的渔民慢慢恢复了常业，曾经的海盗窝点——婆湾岛也慢慢变成了疍家人海上作业后永久的据点。这段历史几乎是空白的，因为在旧社会疍民是贱民，婆湾岛疍家人生活穷苦，不能上岸读书，几乎都是文盲，所以每个家族都没有正式的族谱。一般的疍家人居住的家口艇非常逼仄，祖宗的牌位只能摆放在船头，往上四代的因为没有地方摆放，就放到大海里随波逐流了，所以他们的亲属称谓只能往上数到第三代，第四代以上的亲属就不甚了了了。

目前安置在广西北海侨港镇的婆湾岛疍家人的主要姓氏有李、黄、林、周、冼、冯、梁、杨、黎、陈、卢、张、刘、王、郑、吴、马、郭、阮等，其中李、黄、冼、梁、卢等几姓人数最多，是婆湾岛疍家人中的大姓。疍家人认为阮姓是越南的姓氏，不是华人。发音人冯明福先生介绍说最早到婆湾岛的疍家人主要来自珠江口和雷州半岛，北海防城人极少。

清末民初、抗战期间、解放战争期间和土改期间有一些北部湾地区——北海、钦州、防城港的岸上居民和雷州半岛沿海居民逃难到了岛上，他们大多数不从事渔业生产，主要在码头上当搬运，有个别有钱的在岛上经商。北部湾沿岸地区主要流行钦廉片粤语，雷州半岛流行闽语，由于闽语人口少，他们很快被同化了，但是岸上居民的口音一直都存在，所以婆湾岛上的语言环境并不单纯。

1950年前后，婆湾岛上的疍家人总数在8000—9000人。1954年越南北部解放，婆湾岛上二三百户疍家人迁往了越南南部沿海的头顿，在那里继续从事海上捕捞工作。留在婆湾岛上的疍家人与越南人民一道进入了社会主义。从1945年越南光复到1975年越南统一，越南在三十年的时间里都处于战争状态。婆湾岛处于红河三角洲的出海口和第三大城市海防的边沿，战略位置重要，每次美国飞机轰炸河内，首先攻击婆湾岛，返航时剩下的弹药也顺便倾泻到婆湾岛上，所以婆湾岛疍家人这段时间基本上都是在躲避战火中度过。

越南解放后也模仿中国的体制，乡村遍设生产队和合作社。婆湾岛当时建有海风和海燕两个合作社，主要从事海洋捕捞和海产加工。1975年越南统一，统一后的越南野心膨胀，开始明目张胆地排斥、打压华人华侨，没收华商财产，取消华人团体，关闭华人学校，查封华文报刊。1977年年初，越南政府开始以"净化边境"的名义逼迫居住在边境地区的华人华侨内迁，最后干脆将他们驱逐出境，到1977

年年底已经有4万多华侨华人被驱逐回中国。从1977年到1989年，被越南政府驱逐出境的华人华侨达到150万之多。

婆湾岛上的疍家人在这次排华事件中也受到排挤打压，从1978年到1979年之间，岛上8000多疍家人陆续驾驶着自家的小渔船与风浪搏斗，逃离了婆湾岛。他们的主体在北海沿岸登陆，也有一部分在防城港的企沙镇上岸。

第三节　婆湾岛疍家人新的聚居地——北海侨港镇

婆湾岛上8000多疍家人在排华事件中几乎全部离开了越南，大部分人来到了中国内地，还有一部分是直接坐船到中国香港和中国澳门。到达中国香港、澳门的疍家人又有一部分以难民的身份前往第三国，美国、加拿大、英国、法国、澳大利亚均有分布。到达北海的，也有一部分前往中国香港，然后再以难民身份前往第三国。到20世纪90年代，很多在第三国站稳脚跟的疍家人开始利用亲属关系将侨港的疍家人接到他们所生活的国家。

留在北海的婆湾岛疍家人有4000多人，当地政府专门在北海市区东边约10千米一个叫地角的海滩上划了一块一平方千米的地区，将他们和从越南姑苏岛群岛及北越沿海地区归来的3000多渔民安置在这里，并成立了华侨渔业公社。政府将旁边的电建渔港疏浚成一个能停泊大吨位渔船的避风港和码头，建了55栋楼房，共1000多套难民房，保障了归侨们的生产和生活。

目前的侨港镇辖域1.1平方千米，常住人口17000多人，有侨南、侨中和侨北三个社区和一个行政村。侨港毗邻北海的风景区——银滩，依据得天独厚的地理优势，最近十多年侨港已经发展成一个集渔业、旅游观光业于一体的魅力小镇。

疍家人离开了婆湾岛后，越南政府接管了这个岛屿，把它改名为吉婆岛。他们鼓励越南人到岛上定居，同时对海岛的行政区划进行了整合，将婆湾岛与附近的海岛合并，成立了吉海县 Huyện Cát Hải。目前吉婆岛有13000多居民。越南当局接管越南后也陆续进行了填海造陆，已经向海湾填出了200多米。

婆湾岛的妈祖庙经历过了多次的战火洗礼，据归侨介绍说，有一次一枚炸弹从庙顶擦过，击中了后面的石山，但是没有爆炸。所以当地疍家人都认为是妈祖神威广大，让炸弹变成了哑弹。但是1969年美国的飞机轰炸婆湾岛的时候，妈祖庙被炸成了危房，不久妈祖的神像被盗。由于当时岛上居民生活穷困，就没有人出资修复。疍家人离开后,这个古庙随之也就颓塌了。20世纪90年代越南人在妈祖庙的位置上修建了一座酒店。因为妈祖庙倒塌后,庙里的那口古井还一直保存完好,这个酒店就以井为名,取名为玉井酒店。之前游客进入酒店还能见到这口古井,但是2016年后古井被封起来不准游客参观了。婆湾岛东边的山崖下面有华侨小学,华人离开该岛后,校舍还继续使用。据说在2002年左右,一场暴雨导致山上的一块巨石突然滑落,砸到了教室的屋顶上,砸坏了校舍,也砸死了学生。由于这个事故,华侨小学被废弃了。2017年笔者前往婆湾岛田野调查的时候,华侨小学的原址已经建起了新的酒店。

现在的婆湾岛上已经完全见不到当年疍家人生活的痕迹,越南人还篡改了关于吉婆岛得名的传说。婆湾岛南边海湾外面有七座小岛环抱这这个港湾,"七"的汉越音与Cat接近,"婆"的汉越语读音与Ba相近。所以他们将传说进行了改编:在很久很久以前,岛上住了七位老婆婆,她们非常勤快,但是她们的丈夫非常懒惰。这七位老婆婆很生气,就把这七位丈夫赶到了海湾外面的七个小岛上居住,直到他们勤快起来了才让他们回到大岛上来。后来人们为了纪念这七位婆婆,就把这个海岛叫"吉婆岛"。经过这么演绎,婆湾岛就完全融入到越南民众的叙事之中了,疍家人在岛上的历史也就逐渐湮灭了。

第四节 婆湾岛归侨在侨港镇的语言生活

如前所述,历史上疍家人是贱民,不能上岸接受教育,所以旧时疍家人绝大多数人都是文盲。到了近现代越南又长期处于战争状态,婆湾岛疍家人生活非常穷困,虽然岛上有华侨小学,但是真正能读完小学的疍家子弟都非常少。发音人冯明福先生介绍说,在婆湾岛能读到小学四五年级就算是有文化的人了。冯先生介绍说华侨小学的师资主要从海防派来。海防是广府粤语流行的地区,这个地区来的老师主要说广府粤语。这样,婆湾岛的疍家子弟在求学的开始就受到了广府粤语的影响。

除了广府粤语的介入,清末民初以来的几次北部湾沿岸和雷州半岛地区人口的迁入,也使婆湾岛疍家话受到了一定程度的影响。

越南排华事件后,婆湾岛疍家人回到了祖国。政府把他们安置在北海市侨港镇,与姑苏岛群岛及北越沿海地区的渔业归侨安置在一起。姑苏岛群岛及北越沿海地区归侨主要说钦廉粤语，即归侨们所说的"防城土白话"[①]。婆湾岛归侨4000多人，姑苏岛群岛归侨3000多人，两地归侨的数量差不多，他们在一起生产、生活，再加上两者的方言都是粤语，彼此相近，语言很容易相互干扰。侨港镇的周边是北海粤语的地盘，归侨们要融入当地，也要与当地的北海人接触，婆湾岛疍家话又不可避免地受到北海粤语的影响。

2000年以来，中国经济开始突飞猛进，北海主打旅游业。侨港镇紧靠银滩风景区，小镇浓厚的越南风情，让它也成为旅游者的打卡点，餐饮店、特产店布满小镇的主要街道，每天到达侨港的旅行者数以万计，侨港居民也纷纷采用普通话与来自全国各地的客人交流。大多数侨港人已经基本上摆脱了祖辈与世隔绝的海上生活。

侨港镇建有一所华侨小学供归侨子弟读书，北海市银海区也有一所华侨中学，全校学生1700人，其中归侨子弟约占40%。侨港归侨子弟进入学龄教育阶段跟国内的学生一样，都是接受普通话教育。

侨港镇婆湾岛归侨在使用疍家话的只有老年归侨，排华时他们已经成年，乡音难改；40岁以下的能说疍家话与姑苏岛粤语的混合方言，20岁以下的在家里还能使用粤语，到了学校或公众场合主要说普通话；10岁以下的，会说粤语的很少，主要说普通话。从目前的情况看，婆湾岛疍家话不出20年将会消失殆尽。

[①] 归侨的这种钦廉粤语可能受到了越南广宁省的汉语客家话或越南语的影响，句末语调普遍高扬。

第二章　语音

第一节　婆湾岛疍家话的语音系统

婆湾岛疍家话有声母19个（含零声母）、韵母50个、声调7个，具体如下：

（一）声母（19个）

p 巴币办伯	pʰ 普牌品匹	m 麻武满密	f 呼符饭佛	w 乌回碗镬	
t 低道电突	tʰ 推桃谈铁				l 奴虑念劣
ts 栽罩枕折	tsʰ 慈吹产测		s 苏事闪虱	j 如愚淹腌	
k 孤佳感杰	kʰ 拘溪钳吸	ŋ 瓦欧谙握	h 凯嬉咸辖		
kʷ 瓜怪关掘	kʷʰ 盔亏困				
∅ 鹅毅安鳄					

说明：

1. 少数中古疑母洪音字读零声母，例如：毅 ɐi²¹、衙 a²¹、岳 ɔk²¹。
2. 部分中古影组洪音字读 ŋ- 声母，例如：鸦 ŋa⁴⁴、哀 ŋɔi⁴⁴、矮 ŋɐi²⁴、揞 ŋam²⁴、晏 ŋan³³。

（二）韵母（50个）

a 他爬寡花		ɛ 茄且社夜	ɔ 多妥蜗初	i 猪于此事	u 都楚附芋
ai 猜排柴歪	ɐi 矮细肺毁	ei 拘胚吠辉	ɔi 台财海内		ui 女趣罪帅
au 熬吵貌矛	ɐu 兜牛修幼	ɛu 缴	ou 铺醋袍嫂	iu 标小鸟晓	
an 单散山环	ɐn 跟紧春韵	ɛn 扁匾	ɔn 干刊鼾案	in 鞭展言选	un 般满管碗
am 贪敢斩衫	ɐm 含陷钦饮	ɛm 钳		im 廉染点谦	
aŋ 朋凭彭硬	ɐŋ 崩哽行等	ɛŋ 奖柄岭腥	ɔŋ 唐章广双	iŋ 冰鸣请经	uŋ 动冬众胸
		ɵŋ 枪畅强样			
at 乏达八刮	ɐt 筏疾卒橘	ɛt 蜇	ɔt 割渴喝	it 别列铁血	ut 钵末阔活
ap 塔闸甲笠	ɐp 蛤辑汁吸	ɛp 挟		ip 接涉劫碟	

续表

ak 北白摘隔	ɐk 默黑侧册	ɛk 弱屐脊锡	ɔk 脚药霍学	ɪk 逼戟益析	uk 谷毒肉足
		ɵk 掠鹆削㔉			
ŋ 吴五误娱					

说明：

1. ɐŋ有前鼻化倾向，部分字前后鼻的读音不稳定。

2. ɛu、ɛm、ɛn、ɛp、ɛn 几个韵收字很少。

3. 有个别双唇鼻音字混入前鼻音中，例如：俭kin²¹、檐jin²¹、艳jin³³。

（三）声调（7个）

阴平44 貂挑津亲	阴上24 酒丑拌阮	阴去33 贝沛进衬	阳平21 回汇绘莲
阴入5 吸膝迫惜		中入3 接列活力	阳入21 叠笠杰勒

说明：

1. 阳入与中入的收字与广州话不同，对应广州话的部分阳入字在婆湾岛疍家话中归到中入，例如：捷 下阴入=节 阳入tsit³；涉 下阴入=设 阳入sit³；袜 下阴入=抹 阳入mat³；跃 下阴入=约 阳入jɛk³。

2. 中古的阳平、阳去和部分阳上合流，统一处理为阳平调。

3. 在实际的语流中，还有一个42调，一般出现在句子末尾的那个字上。

第二节 声韵调今读与中古音的对应关系

（一）声母与中古音对应情况

1. 帮母今读主要为p-，例如：波pɔ⁴⁴，保pou²⁴，扮pan²¹，别pit²¹；少数读pʰ-，例如：彼pʰei²⁴，鄙pʰei²⁴，遍pʰin³³，编pʰin⁴⁴，柏pʰak³，劈pʰɛk³。

2. 滂母今读主要为pʰ-，例如：坡pʰɔ⁴⁴，攀pʰan⁴⁴，喷pʰɐn³³，拍pʰak³；个别读p-，例如：怖pou³³/pu³³，玻璃pɔ⁴⁴。

3. 並母今读按声调分为两类，平声和部分上声、部分去声读pʰ-，例如：爬pʰa²¹，菩pʰɔ²¹，盆pʰun²¹，旁pʰɔŋ²¹，瓶pʰɪŋ²¹，伴pʰun²⁴，抱pʰou²⁴，被pʰei²⁴，倍pʰui²⁴，佩pʰui³³，叛pʰun³³，傍pʰɔŋ³³；入声和部分上声、部分去声读p-，例如：白pak²¹，薄pɔk²¹，拔pat³/pat²¹，暴pou²¹，鼻pei²¹，避pei²¹，陛pei²¹，罢pa²¹，部pou²¹，辨pin²¹，笨pɐn²¹。

4. 明母今读主要为 m-，例如：磨 mɔ²¹，麻 ma²¹，苗 miu²¹，貌 mau²¹，眠 min²¹，蟒 mɔŋ²⁴，蔑 mit²¹，没 mut²¹，默 mɐk²¹。

5. 非敷奉三母今读为 f-，例如：夫 fu⁴⁴，俘 fu⁴⁴，芙 fu²¹，付 fu³³，赴 fu³³，附 fu³³，反 fan²⁴，饭 fan²¹，伐 fat²¹，福 fuk⁵，覆 fuk²¹，服 fuk²¹。

6. 微母今读主要为 m-，例如：无 mou²¹，武 mou²⁴/mu²⁴，雾 mu²¹，微 mei²¹，尾 mei²⁴，未 mei²¹，晚 man²⁴，袜 mɐt³，物 mɐt²¹。

7. 端母今读主要为 t-，例如：多 tɔ⁴⁴，雕 tiu⁴⁴，抖 tɐu²⁴，典 tin²⁴，顿 tɐn²¹，登 tɐŋ⁴⁴，德 tɐk⁵，督 tuk⁵；个别读为 tʰ-，例如：堤 tʰei²¹，肚 tʰu²⁴/tʰou²⁴。

8. 透母今读主要为 t-，例如：他 tʰa⁴⁴，土 tʰu²⁴，梯 tʰai⁴⁴，坦 tʰan²⁴，汤 tʰɔŋ⁴⁴，托 tʰɔk³，铁 tʰit³。

9. 定母今读根据声调分为两类，平声及部分上声读 tʰ-，例如：驼 tʰɔ²¹，徒 tʰu²¹，填 tʰin²¹，唐 tʰɔŋ²¹，舵 tʰai²⁴，淡 tʰam²⁴，簟 tʰim²⁴，囤 tʰin²¹，艇 tʰɛŋ²⁴；去声、入声和部分上声今读 t-，例如：度 tu²¹，代 tɔi²¹，道 tou²¹，盗 tou²¹，弹 tan²¹，钝 tɐn²¹，定 tɪŋ²¹，笛 tɛk²¹，夺 tit²¹，达 tat²¹，惰 tɔ²¹，诞 tan³³，盾 tɐn²¹。

10. 泥母今读为 l-，例如：糯 lɔ²¹，怒 lou²¹，内 lɔi²¹，南 lam²¹，念 lim²¹，纳 lap²¹，诺 lɔk²¹。

11. 来母今读为 l-，例如：炉 lu²¹，旅 lui²⁴，缆 lam²⁴，连 lin²¹，练 lin²¹，猎 lit³，捋 lip³，落 lɔk²¹。

12. 精母今读主要为 ts-，例如：栽 tsɔi⁴⁴，挤 tsɐi⁴⁴，资 tsi⁴⁴，赞 tsan³³，荐 tsin³³，奖 tsɛŋ²⁴，节 tsit³，卒 tsɐt⁵，脊 tsɛk³；个别读为 tsʰ-，例如：歼 tsʰin⁴⁴，笺 tsʰim⁴⁴。

13. 清母今读主要为 tsʰ-，例如：且 tsʰɛ²⁴，措 tsʰou³³，砌 tsʰei³³，灿 tsʰan³³，擦 tsʰat³，切 tsʰit³，戚 tsʰɪk⁵。

14. 从母今读根据声调分为两类，平声与少数上声读 tsʰ-，例如：才 tsʰɔi²¹，曹 tsʰou²¹，蚕 tsʰam²¹，情 tsʰɪŋ²¹，坐 tsʰɔ²⁴；去声、入声和部分上声读 ts-，例如：座 tsɔ²¹，聚 tsui²¹，在 tsɔi²¹，皂 tsou²¹，渐 tsim²¹，匠 tsɐŋ²¹，捷 tsit²¹，凿 tsɔk²¹，籍 tsɪk²¹。

15. 心母今读 s-，例如：些 sɛ⁴⁴，笑 siu³³，珊 san⁴⁴，选 sin²⁴，萨 sat³，雪 sit³，息 sɪk⁵；个别读 ts- 或 tsʰ-，例如：僧 tsɐŋ⁴⁴，塞 tsʰɔi³³。

16. 邪母今读，平声主要读 tsʰ-，例如：邪 tsʰɛ²¹，徐 tsʰi²¹，祠 tsʰi²¹，旬 tsʰɐn²¹；仄声主要读 ts- 或 s-，例如：谢 tsɛ²¹，序 tsui²¹，续 tsuk²¹，遂 sui²¹，习 tsap²¹。

17. 知母今读为 ts-，例如：猪 tsi⁴⁴，著 tsi³³，追 tsui⁴⁴，站 tsam²¹，展 tsin²⁴，帐 tsɐŋ³³，扎 tsat³，哲 tsit³，着 tsɵk³/tsɔk³。

18. 彻母今读为 tsʰ-，例如：痴 tsʰi⁴⁴，丑 tsʰɐu²¹，趁 tsʰɐn³³，畅 tsʰɵŋ³³，戳 tsʰɔk³，拆 tsʰak³。

19. 澄母今读根据声调分成两类，平声与少数上声读 tsʰ-，例如：厨 tsʰi²¹，迟 tsʰi²¹，缠 tsʰin²¹，橙 tsʰaŋ²⁴，柱 tsʰi²²，持 tsʰi²¹；去声、入声和部分上声读 ts-，例如：治 tsi²¹，赵 tsiu²¹，阵 tsɐn²¹，撞 tsɔŋ²¹，蛰 tsɪk²¹，侄 tsɐt²¹，值 tsɪk²¹。

20. 庄母今读为 ts-，例如：阻 tsɔ²⁴，斋 tsai⁴⁴，爪 tsau²⁴，斩 tsam²⁴，札 tsat³，捉 tsuk⁵。

21. 初母今读为 tsʰ-，例如：础 tsʰu²⁴，厕 tsʰi³³，铲 tsʰan²⁴，疮 tsʰɔŋ⁴⁴，插 tsʰap³，测 tsʰɐk⁵。

22. 崇母今读，部分读 tsʰ-，例如：查 tsʰa²¹，锄 tsʰɔ²¹，豺 tsʰɔi²¹，床 tsʰɔŋ²¹，镯 tsʰɔk³；部分读 ts-，例如：寨 tsai²¹，骤 tsau²¹，栈 tsan²¹，状 tsɔŋ²¹，铡 tsap²¹，闸 tsap²¹；部分读 s-，例如：士 si²¹，愁 sɐu²¹，涎 sam²¹，岑 sɐm²¹，崇 suŋ²¹。

23. 生母今读主要为 s-，例如：沙 sa⁴⁴，所 sɔ²⁴，帅 sui³³，衫 sam⁴⁴，杀 sat³，虱 sɐt⁵，色 sɪt⁵；少数读 tsʰ-，例如：杉 tsʰam³³，产 tsʰan²⁴，刷 tsʰat³。

24. 章母今读主要为 ts-，例如：遮 tsɛ⁴⁴，煮 tsi²⁴，招 tsiu⁴⁴，占 tsim³³，枕 tsɐm²⁴，蒸 tsɪŋ⁴⁴，摺 tsip³，汁 tsɐp⁵，职 tsɪk⁵；少数读 tsʰ-，例如：昭 tsʰiu⁴⁴，拯 tsʰɪŋ²⁴。

25. 昌母今读主要为 tsʰ-，例如：车 tsʰɛ⁴⁴，处 tsʰi³³，川 tsʰin⁴⁴，串 tsʰin³³，出 tsʰɐt⁵，焯 tsʰɔk³，尺 tsʰɛk³；个别读为 s-，例如：枢 si⁴⁴。

26. 船母今读主要为 s-，例如：蛇 sɛ²¹，示 si²¹，船 sin²¹，舌 sit²¹，实 sɐt²¹；个别读为 tsʰ-，例如：唇 tsʰɐn²¹。

27. 书母今读主要为 s-，例如：赊 sɛ⁴⁴，鼠 si²⁴，屎 si²⁴，陕 sim²⁴，圣 sɪŋ³³，摄 sip³，湿 sɐp⁵，适 sɪk⁵；个别读 ts- 或 tsʰ-，例如：春 tsuŋ³³，翅 tsʰi³³，束 tsʰuk⁵。

28. 禅母今读主要为 s-，例如：殊 si²¹，誓 sɐi²¹，寿 sɐu²¹，善 sin²¹，裳 sɛŋ²¹，丞 sɪŋ²¹，涉 sit²¹，十 sɐp²¹；少数读 ts-/tsʰ-，例如：酬 tsʰɐu²¹，臣 tsʰɐn²¹，常 tsʰɵŋ²¹，芍 tsɵk³，植 tsɪk²¹。

29. 日母今读为 j-，例如：惹 jɛ²⁴，乳 jui²⁴，染 jim²⁴，人 jɐn²¹，让 jɵŋ²¹，日 jɐt²¹，若 juk²¹，辱 juk²¹。

30. 见母今读，大部分读 k-，例如：过 kɔ³³，俱 kei²¹，感 kam²⁴，肝 kɔn⁴⁴，光 kɔŋ⁴⁴，结 kit³，吉 kɐt⁵，郭 kɔk³；一部分读 kʰ- 和 h-，例如：沟 kʰɐu⁴⁴，构 kʰɐu³³，侥 hiu⁴⁴，酵 hau³³，系 hei²¹，葛 kɔt³，揭 kʰit³，括 kʰut³，合 hap²¹；假合二、蟹摄合口、止摄合口、山摄合口二等、臻摄合口、宕合三读 kʷ- 或 kʷʰ-，例如：乖 kʷai⁴⁴，桂

kʷei³³，归kʷei⁴⁴，规kʷʰei⁴⁴，愧kʷʰei³³，昆kʷʰɐn⁴⁴，关kʷan⁴⁴，刮kʷat³，骨kʷɐt⁵，逛kʷʰaŋ²¹。

31. 溪母今读，部分为kʰ-，例如：颗kʰɔ⁴⁴，区kʰei⁴⁴，溪kʰei⁴⁴，圈kʰin⁴⁴，缺kʰit³，推kʰɔk⁵；在假摄合口二等、蟹摄合口三等、止摄合口三等、臻摄合口三等、宕摄合口三等读为kʷʰ-，例如：夸kʷʰa⁴⁴，奎kʷʰei²¹，亏kʷʰei⁴⁴，坤kʷʰɐn⁴⁴，眶kʷʰaŋ⁴⁴；在遇摄合口三等、蟹摄开口一等平上声、止摄开口三等、效摄开口二等、咸摄开口、山摄开口、梗摄开口、通摄合口一等读h-，例如：凯hɔi²⁴，器hei³³，考hau²⁴，欠him³³，看hɔn³³，康hɔŋ⁴⁴，渴hɔt³，刻hɐk⁵；在部分果摄合口一等、部分遇摄合口一等、部分蟹摄合口一二等、山摄合口一等读f-，例如：科fɔ⁴⁴，苦fu²⁴，恢fui⁴⁴，宽fun⁴⁴，阔fut³。

32. 群母今读，平声和少数上声读kʰ-，例如：渠kʰei²¹，徛kʰei²⁴，乔kʰiu²¹，钳kʰɐm²¹，琼kʰɪŋ²¹；去声、入声和部分上声读k-，例如：巨kei²¹，忌kei²¹，旧kɐu²¹，俭kin²¹，件kin²¹，及kap²¹/kɐp²¹，极kɪk²¹；在止摄合口三等、臻摄合口三等，平声读kʷʰ-，仄声读kʷ-，例如：葵kʷʰei²¹，跪kʷei²¹，群kʷʰɐn²¹，郡kʷɐn²¹，掘kʷɐt²¹。

33. 疑母今读，部分读ŋ-，例如：我ŋɔ²⁴，危ŋei²¹，岩ŋam²¹，昂ŋɔŋ²¹，乐ŋɔk²¹，额ŋak²¹；部分读j-，例如：仪ji²¹，严jim²¹，研jin²¹，迎jɪŋ²¹，业jip²¹，月jit²¹；遇母合口一等和三等部分字读自成音节的ŋ，例如：吴ŋ²¹，五ŋ²⁴，悟ŋ²¹，娱ŋ²¹；还有少数读w-或l-或零声母ø-，例如：桅wei²¹，玩wun²¹/wan²⁴，验lin²¹，凝lɪŋ²¹，鹅ɔ⁴⁴，毅ŋei²¹/ei²¹，鳄ɔk²¹。

34. 晓母今读，部分读h-，例如：牺hei⁴⁴，戏hei³³，晓hiu²⁴，险him²⁴，汉hɔn³³，亨hɐŋ⁴⁴，胁hip³，喝hɔt³，吓hak⁵；部分读f-，例如：灰fui⁴⁴，辉fei⁴⁴，欢fun⁴⁴，婚fɐn⁴⁴，荒fɔŋ⁴⁴，忽fɐt⁵；少数读w-、kʰ-、tsʰ-、j-，例如：毁wei²⁴，歪wai⁴⁴，唤wun²¹，吸kʰɐp⁵，吼kʰɐu²⁴，朽kʰiu²⁴/lɐu²⁴，嗅tsʰɐu³³，蓄tsʰuk⁵；吁ji⁴⁴，衅jɐn²⁴/jɐn³³。

35. 匣母今读，大部分读h-，例如：河hɔ²¹，夏ha²¹，豪hou²¹，咸ham²¹，杭hɔŋ²¹，协hip²¹，辖hɐt²¹，穴hip²¹，鹤hɔk²¹；合口字一般读w-，例如：和wɔ²¹，华wa²¹，会wui²¹，缓wun²¹，黄wɔŋ²¹，活wut²¹，滑wat²¹，镬wɔk²¹；部分四等字读j-，例如：现jin²¹，玄jin²¹，型jɪŋ²¹；少数读f-，例如：胡fu²¹，户fu²¹/wu²¹，互fu²¹，晃fɔŋ²⁴；个别读kʷʰ-，例如：溃kʷʰei³³，携kʷʰei²¹。

36. 影母今读，开口一二等主要读零声母ø-或ŋ-，例如：鸦a⁴⁴/ŋa⁴⁴，哀ŋɔi⁴⁴，爱ɔi³³，殴ŋɐu⁴⁴/ɐu⁴⁴，恶ɔk³，握ŋɐk⁵；开、合口三四等读j-，例如：于ji⁴⁴，椅ji²⁴，掩 jim²⁴，饮 jɛm²⁴，烟 jin⁴⁴，渊 jin⁴⁴，腌 jip³，乙 jit³，约 jɛk³/jɔk³；合口一二等读 w-，例如：乌 wu⁴⁴，威 wei⁴⁴，豌 wun²⁴，温 wen⁴⁴，汪 wɔŋ⁴⁴，挖 wat³。

37. 喻母今读，开口及遇摄合口三等、山摄合口三四等读 j-，例如：爷 jɛ²¹，誉 ji²¹，舀 jiu²⁴，盐 jim²¹，焉 jin⁴⁴，养 jɵŋ²⁴，盈 jɪŋ²¹，悦 jit²¹，粤 jit²¹，药 jɛk²¹/jɔk²¹，亦 jɪk²¹；合口读 w-，例如：为 wei²¹，维 wei²¹，伟 wei²⁴，允 wen²⁴，域 wɪk²¹。

综上，中古声母在现代婆湾岛疍家话中的对应规律主要如下：

1. 全浊声母清化，平声和入声规律性较强，平声变成相同发音部位的送气清音，入声今读为不送气清声母。全浊上声分成两类，并母和定母部分上声今读送气清音，部分读不送气清音；从母、澄母和群母少数上声读送气，大多数读不送气。去声大多数为不送气清音，例如定母、从母、澄母、船母、群母，少数为送气清音，如定母。

2. 非敷奉三个声母今读全部合流为 f-。

3. 微母今读主要为 m-。

4. 泥母和来母今读合流为 l-。

5. 知组、精组和章组合流为一套：ts-、tsʰ-、s-。

6. 见组部分合口字、部分晓母字、少数匣母字与非组合流为 f-。

7. 日母、疑母部分字、喻母部分字与影母部分字合流为 j-。

8. 部分疑母字与部分影母字合流为 ŋ-。

9. 疑母合口字、晓母合口字、匣母合口字、影母合口字和喻母合口字合流为 w-。

10. 部分晓母字和大部分匣母字合流为 h-。

（二）韵母与中古音对应情况

1. 果摄开合口一等今读主要为 -ɔ，例如：多 tɔ⁴⁴，罗 lɔ²¹，左 tsɔ²⁴，可 hɔ²¹，饿 ŋɔ²¹，何 hɔ²¹，菠 pɔ⁴⁴，躲 tɔ²⁴，蓑 sɔ⁴⁴，果 kɔ²⁴，货 fɔ³³，倭 cɔ³³；少数读 -a 和 -ai，例如：舵 tʰɔ²⁴/tʰai²⁴，大 tai²¹，搓 tsʰai⁴⁴；那 la²¹，阿₋哥 a³³；莎 sa⁴⁴；个别促化，例如：簸 pɔk³，薄₋荷 pɔk³/pɔ²¹。

2. 果摄开合口三等今读 -ɛ，例如：茄 kʰɛ²¹，靴 hɛ⁴⁴。

3. 假摄开口二等今读主要为 -a，例如：巴 pa⁴⁴，麻 ma²¹，拿 la²¹，茶 tsʰa²¹，炸 tsa³³，洒 sa²⁴，家 ka²⁴，雅 ŋa²⁴，霞 ha²¹，哑 ŋa²⁴；个别读 -ou，例如：涂 tʰou²¹。

4. 假摄开口三等今读主要为 -ɛ，例如：些 sɛ⁴⁴，姐 tsɛ²⁴，泻 sɛ³³，遮 tsɛ⁴⁴，扯 tsʰɛ²⁴，赦 sɛ³³，野 jɛ²⁴，夜 jɛ²¹；个别读 -a，例如：也 ja²⁴。

5. 假摄合口二等今读主要为-a，例如：瓜 k^{w}a^{44}，寡 k^{w}a^{24}，跨 k^{wh}a^{44}，华 wa^{21}，蛙 wa^{44}；少数读-ɔ，例如：傻 sɔ^{21}，蜗 wɔ^{44}。

6. 遇摄合口一等今读，部分为-u，例如：浦 p^{h}u^{24}/p^{h}ou^{24}，都 tu^{44}，吐 t^{h}u^{33}，橹 lu^{24}，苏 su^{44}，祖 tsu^{24}，古 ku^{24}，虎 fu^{24}，戽 fu^{33}；部分为-ou，例如：普 p^{h}ou^{24}，模 mou^{21}，奴 lou^{21}，做 tsou^{21}，素 su^{33}/sou^{33}，酥 sou^{44}；个别读-ɔ，例如：菩 p^{h}ɔ^{21}，错 ts^{h}ɔ^{33}。

7. 遇摄合口三等（鱼）今读，知、章、影组、日母、疑母为-i，例如：猪 tsi^{44}，储 ts^{h}i^{33}/ts^{h}i^{24}，箸 tsi^{21}，诸 tsi^{44}，杵 ts^{h}i^{24}，书 si^{44}，如 ji^{21}，鱼 ji^{21}，御 ji^{21}，淤 ji^{44}，预 ji^{21}；见、溪、群、晓母为-ei，例如：居 kei^{44}，举 kei^{24}，据 kei^{33}，墟 hei^{44}，拒 k^{h}ei^{24}，虚 hei^{44}，许 hei^{24}；庄组为-ɔ，例如：初 ts^{h}ɔ^{44}，锄 ts^{h}ɔ^{21}，阻 tsɔ^{24}，助 tsɔ^{21}，所 sɔ^{24}；泥来母、精组为-u、-ui、-i，例如：庐 lu^{21}，驴 lu^{21}，绪 su^{33}，女 lui^{24}，虑 lui^{21}，徐 ts^{h}ui^{21}/ts^{h}i^{21}，序 tsui^{21}，蛆 tsi^{44}。

8. 遇摄合口三等（虞）今读，非组、庄组主要为-u 和-ou，例如：夫 fu^{44}，抚 fu^{24}，赴 fu^{33}，巫 mu^{44}，数 sou^{24}/sou^{33}/su^{33}，斧 pou^{24}/fu^{24}，无 mou^{21}，雾 mou^{21}；泥来和精组主要为-ui，例如：屡 lui^{24}，趋 ts^{h}ui^{44}，取 ts^{h}ui^{24}，聚 tsui^{21}，趣 ts^{h}ui^{33}；章组、日母、疑母、晓组、影组主要为-i，例如：诛 tsi^{44}，驻 tsi^{33}，厨 ts^{h}i^{21}，住 tsi^{21}，珠 tsi^{44}，注 tsi^{33}，殊 si^{21}，树 si^{21}，儒 ji^{21}，吁 ji^{44}，愚 ji^{21}，雨 ji^{24}，裕 ji^{21}；见溪群主要为-ei，例如：拘 k^{h}ei^{44}，矩 kei^{24}，区 k^{h}ei^{44}，惧 kei^{21}。

9. 蟹摄开口一等今读主要为-ɔi，例如：台 t^{h}ɔi^{21}，待 tɔi^{21}，来 lɔi^{21}，奈 lɔi^{21}，灾 tsɔi^{44}，彩 ts^{h}ɔi^{24}，赛 ts^{h}ɔi^{33}，蔡 ts^{h}ɔi^{33}，丐 k^{h}ɔi^{33}，害 hɔi^{21}，该 kɔi^{44}，概 k^{h}ɔi^{33}，海 hɔi^{24}，霭 ɔi^{24}；小部分为-ai，例如：戴 tai^{33}，贷 t^{h}ai^{33}，带 tai^{33}，太 t^{h}ai^{33}，乃 lai^{24}，艾 ŋai^{21}，孩 hai^{21}，埃 ai^{44}；个别为-ui，例如：腮 sui^{44}，鳃 sui^{44}，再 tsui^{33}，贝 pui^{33}，沛 p^{h}ui^{33}。

10. 蟹摄开口二等今读主要为-ai，例如：排 p^{h}ai^{21}，摆 pai^{24}，败 pai^{21}，迈 mai^{21}，买 mai^{24}，埋 mai^{21}，斋 tsai^{44}，钗 ts^{h}ai^{44}，债 tsai^{33}，寨 tsai^{21}，皆 kai^{44}，佳 kai^{44}，介 kai^{33}，解 kai^{24}，械 hai^{21}，涯 ŋai^{21}，鞋 hai^{21}，挨 ŋai^{44}；个别读-ɔi、-a、-ɐi，例如：豺 ts^{h}ɔi^{21}，罢 pa^{21}，洒 sa^{24}，矮 ŋɐi^{24}。

11. 蟹摄开口三四等今读主要为-ɐi，例如：蔽 pɐi^{21}，批 p^{h}ɐi^{44}，闭 pɐi^{33}，陛 pɐi^{21}，米 mɐi^{24}，低 tɐi^{44}，替 t^{h}ɐi^{33}，例 lɐi^{21}，丽 lɐi^{21}，祭 tsɐi^{33}，西 sɐi^{44}，滞 tsɐi^{21}，制 tsɐi^{33}，鸡 kɐi^{44}，契 k^{h}ɐi^{33}，艺 ŋɐi^{21}，系 hɐi^{21}；个别为-ei、-ai，例如：蓖 pei^{21}，币 pei^{21}，梯 t^{h}ai^{44}，启 k^{h}ɐi^{24}/k^{h}ai^{24}。

12. 蟹摄合口一等今读主要为-ui，例如：杯 pui^{44}，辈 pui^{33}，培 p^{h}ui^{21}，每 mui^{24}，堆 tui^{44}，蜕 t^{h}ui^{33}，雷 lui^{21}，催 tsui^{44}，最 tsui^{33}，碎 sui^{33}，恢 fui^{44}，刽 k^{h}ui^{33}，悔

fui³³，汇 wui²¹，煨 wui⁴⁴；少数读为 -ei、-ɔi、-ai、-ɐi，例如：胚 pʰei⁴⁴，坏 pʰei⁴⁴，内 lɔi²¹，外 ŋɔi²¹，快 fai³³，盔 kʷʰei⁴⁴，桅 wei²¹，溃 kʷʰei³³。

13. 蟹摄合口二等今读主要为 -ai，例如：乖 kʷai⁴⁴，怪 kʷai³³，拐 kʷai²⁴，筷 ɲai⁴⁴，坏 wai²¹，壞 wai²¹；少数读为 a，例如：洼 kʷa³³，画 wa²⁴，话 wa²¹，挖 wa⁴⁴。

14. 蟹摄合口三四等今读，非组、见组、影组主要为 -ei，例如：废 fei³³，肺 fei³³，闺 kʷei⁴⁴，桂 kʷei³³，惠 wei²¹，卫 wei²¹，秽 wei³³；精组、章组为 -ui，例如：脆 tsʰui³³，岁 sui³³，赘 tsui²¹，税 sui³³；个别为 -ei，例如：吠 fei²¹。

15. 止摄开口三等今读，帮组、尼组、见溪群母、晓母主要为 -ei，小部分为 -ɐi，例如：碑 pei⁴⁴，彼 pʰei²⁴，皮 pʰei²¹，避 pei²¹，悲 pei⁴⁴，屁 pʰei³³，美 mei²⁴，离 lei²¹，梨 lei²¹，利 lei²¹，你 lei²⁴，狸 lei²¹，吏 lei²¹，奇 kʰei²¹，寄 kei³³，饥 kei⁴⁴，器 hei³³，基 kei⁴⁴，起 hei²⁴，忌 kei²¹，岂 hei²⁴，既 kei³³，牺 hei⁴⁴，嬉 hei⁴⁴，喜 hei²⁴，希 hei⁴⁴；荔 lɐi²¹，蚁 ŋɐi²⁴，泌 pɐi³³，毅 ŋɐi²¹/ɐi²¹；精组、知组、庄组、章组、日母、疑母、影组主要为 -i，例如：紫 tsi²⁴，赐 tsʰi³³，蜘 tsi⁴⁴，驰 tsʰi²¹，支 tsi⁴⁴，施 si⁴⁴，儿 ji²¹，仪 ji²¹，议 ji²¹，移 ji²¹，易 ji²¹，姿 tsi⁴⁴，姊 tsi²⁴，迟 tsʰi²¹，狮 si⁴⁴，脂 tsi⁴⁴，至 tsi³³，视 si²¹，二 ji²¹，伊 ji⁴⁴，姨 ji⁴⁴，滋 tsi⁴⁴，字 tsi²¹，似 tsʰi²⁴，耻 tsʰi²⁴，持 tsʰi²¹，厕 tsʰi³³，史 si²⁴，之 tsi²¹，诗 si⁴⁴，侍 si²¹，而 ji²¹，疑 ji²¹，医 ji⁴⁴，异 ji²¹，衣 ji⁴⁴；个别为 -ai、-ɐi、-a、-ei，例如：玺 sai²⁴，筛 sɐi⁴⁴，使 sɐi²⁴，差 tsʰa⁴⁴，死 sei²⁴，四 sei³³。

16. 止摄合口三等（支、脂）今读，泥组、精组、知组、庄组、章组、日母为 -ui，例如：累 lui²¹，垒 lui²⁴，类 lui²¹，嘴 tsui²⁴，醉 tsui³³，髓 sui²¹，翠 tsʰui³³，穗 sui²¹，追 tsui⁴⁴，锤 tsʰui²¹，揣 tsʰui²¹，帅 sui³³，吹 tsʰui⁴⁴，锥 jui⁴⁴，垂 sui²¹，睡 sui²¹，谁 sui²¹，水 sui²⁴，蕊 jui²⁴/jui²¹；见组、晓组、影组为 -ɐi，例如：规 kʷʰɐi⁴⁴，诡 kʷɐi²¹，跪 kʷɐi²¹，伪 ŋɐi²¹，委 wɐi²⁴，龟 kʷɐi⁴⁴，季 kʷɐi³³，唯 wɐi²¹。

17. 止摄合口三等（微）今读，非组、晓母主要为 -ei，少数为 -ɐi，例如：非 fei⁴⁴，肥 fei²¹，匪 fei²⁴，未 mei²¹，辉 fei⁴⁴，徽 fei⁴⁴，痱 pui²¹/fɐi²¹，费 fɐi³³；见组、影组主要为 -ɐi，例如：归 kʷɐi⁴⁴，鬼 kʷɐi²⁴，贵 kʷɐi³³，威 wɐi⁴⁴，伟 wɐi²⁴，谓 wɐi²¹。

18. 效摄开口一等今读主要为 -ou，小部分为 -au 或 -ɐu，例如：袍 pʰou²¹，宝 pou²⁴，报 pou³³，毛 mou²¹，倒 tou²⁴，滔 tʰou⁴⁴，道 tou²¹，老 lou²¹，遭 tsou⁴⁴，曹 tsʰou²¹，草 tsʰou²⁴，扫 sou³³，高 kou⁴⁴，好 hou²⁴，豪 hou²¹，奥 ou³³；褒 pau⁴⁴，捞 lau⁴⁴，考 hau²⁴，熬 ŋau²¹；刀 tɐu⁴⁴，涝 lɐu²¹，稿 kɐu²⁴，蒿 hɐu⁴⁴。

19. 效摄开口二等今读主要为 -au，个别读 -ou，例如：包 pau⁴⁴，鲍 pau⁴⁴，炮 pʰau³³，貌 mau²¹，挠 lau²¹，罩 tsau²¹，找 tsau²⁴，潲 sau³³，交 kau⁴⁴，巧 hau²⁴，酵

hau³³，坳 ŋau³³；爆 pou²¹/pau³³，巢 tsʰou²¹。

20. 效摄开口二四等今读主要为-iu，个别读-au或-ɛu，例如：标 piu⁴⁴，漂 pʰiu⁴⁴，妙 miu²¹，刁 tiu⁴⁴，鸟 liu²⁴，跳 tʰiu³³，调 tiu²¹，疗 liu²¹，尿 liu²¹，料 liu²¹，焦 tsiu⁴⁴，悄 tsʰiu⁴⁴，小 siu²⁴，笑 siu³³，朝 tsʰiu²¹，超 tsʰiu⁴⁴，赵 tsiu²¹，萧 siu⁴⁴，招 tsiu⁴⁴，少 siu²⁴，邵 siu²¹，桡 jiu⁴⁴，骄 kiu⁴⁴，侨 kʰiu²¹，嚣 hiu²¹，妖 jiu⁴⁴，耀 jiu²¹；貓 mau⁴⁴，缴 kɛu²⁴。

21. 流摄开口一二等今读主要为-ɐu，少数为-au、-ou、-u，例如：兜 tɐu⁴⁴，偷 tʰɐu⁴⁴，透 tʰɐu³³，头 tʰɐu²¹，豆 tɐu²¹，否 fɐu²⁴，浮 fɐu²¹，流 lɐu²¹，扭 lɐu²¹，漏 lɐu²¹，走 tsɐu²⁴，嗽 sɐu³³，秋 tsʰɐu⁴⁴，酒 tsɐu²⁴，秀 sɐu³³，囚 tsʰɐu²¹，抽 tsʰɐu⁴⁴，昼 tsɐu³³，邹 tsɐu⁴⁴，瘦 sɐu³³，周 tsɐu⁴⁴，丑 tsʰɐu²⁴，寿 sɐu²¹，柔 jɐu²¹，沟 kʰɐu⁴⁴，扣 kʰɐu³³，偶 ŋɐu²⁴，侯 hɐu²¹，后 hɐu²¹，欧 ŋɐu⁴⁴，沤 ŋɐu³³/ɐu³³，鸠 kɐu⁴⁴，牛 ŋɐu²¹，休 jɐu²¹，优 jɐu⁴⁴，友 jɐu²⁴；亩 mau²⁴，矛 mau²¹，骤 tsau²¹，剖 pʰou²¹/fɐu²⁴，贸 mou²¹，谋 mou²¹/mau²¹，母 mu²⁴/mou²⁴，妇 fu²⁴/fu²¹，富 fu³³，漱 su³³。

22. 流摄开口三等今读，帮组、端组为-iu，影组-ɐu，见组为-ou，例如：彪 piu⁴⁴，丢 tiu⁴⁴，谬 miu²¹；幽 jɐu⁴⁴，幼 jɐu³³，纠 tou²⁴。

23. 咸摄开口一等今读，端组、泥组、精组为-am，入声为-ap，个别为-an，例如：耽 tam⁴⁴，贪 tʰam⁴⁴，探 tʰam³³，南 lam²¹，簪 tsam⁴⁴/tsɛm⁴⁴，惨 tsʰam²⁴，担 tam³³，胆 tam²⁴，淡 tʰam²⁴，蓝 lam²¹，缆 lam²¹，三 sam⁴⁴，暂 tsam²¹；搭 tap³，踏 tap²¹，纳 lap²¹，塔 tʰap³，腊 lap²¹；坍 tʰan⁴⁴，毯 tʰan²⁴，滥 lan²¹，惭 tsʰan²¹；见组、晓组、影组主要为-ɐm，入声为-ɐp，少数为-am，入声为-ap，例如：堪 hɐm⁴⁴，坎 hɐm³³，勘 hɐm⁴⁴，含 hɐm²¹，庵 ɐm⁴⁴，揞 ŋɐm²⁴，甘 kɐm⁴⁴/kam⁴⁴，蚶 hɐm⁴⁴，蛤 kɐp⁵；撼 ham²¹，感 kam²⁴，敢 kam²⁴，喊 ham³³，合 hap²¹。

24. 咸摄开口二等今读主要为-am，入声为-ap，少数为-ɐm、-an，入声为-ɐp，少数为-at、-ip，例如：站 tsam²¹，斩 tsam²⁴，逸 tsʰam²¹，尴 kam³³，减 kam²⁴，咸 ham²¹，杉 sam⁴⁴，监 kam⁴⁴，岩 ŋam²¹，舰 lam²¹，插 tsʰap³，夹 kap³，峡 hap²¹，甲 kap³，鸭 ŋap³；陷 hɐm²¹，赚 tsan²¹，洽 hap²¹，扎 tsat³，押 ŋat³/at³，压 ŋat³/at，狭 hip²¹。

25. 咸摄开口三四等今读主要为-im，入声为-ip，个别为-in、入声为-it，例如：掂 tim³³，店 tim³³，添 tʰim⁴⁴，甜 tʰim²¹，鲇 lim²¹，粘 tsim⁴⁴，敛 lim²⁴，尖 tsim⁴⁴，渐 tsim²¹，占 tsim³³，陕 sim²⁴，染 jim²⁴，检 kim²⁴，验 lim²¹，兼 kim⁴⁴，歉 him³³，嫌 him²¹，险 him²⁴，掩 jim²⁴，盐 jim²¹，剑 kim³³，严 jim²¹，聂 sip³，接 tsip³，摺 tsip³，页 jip²¹，劫 kip³，腌 jip³，帖 tʰip³，叠 tip²¹，协 hip²¹；歼 tsʰin⁴⁴，俭 kin²¹，阎 jin²¹，艳 jin³³，猎 lit²¹，涉 sit²¹，跌 tit³。

26. 咸摄合口三等今读为-an，入声为-at，例如：凡 fan²¹，范 fan²¹，泛 fan²¹，法 fat³。

27. 深摄开口三等今读，帮组为-ɐn，其他为-ɐm，入声为-ɐp，个别入声为-ap、-ip、-ɪk，例如：禀 pɐn²⁴，品 pʰɐn²¹，林 mɐn²¹，针 tsɐm²¹，深 ʃɐm⁴⁴，浸 tsɐm³³，心 sɐm⁴⁴，沉 tsʰɐm²¹，岑 sɐm²¹，渗 tsʰɐm³³，斟 tsɐm⁴⁴，枕 tsɐm²⁴，甚 sɐm²¹，壬 jɐm²¹，今 kɐm⁴⁴，锦 kɐm²⁴，钦 jɐm⁴⁴，禁 kɐm³³，阴 jɐm⁴⁴，淫 jɐm²¹，立 lɐp²¹，缉 tsʰɐp⁵，执 tsɐp⁵，急 kɐp⁵，吸 kʰɐp⁵；笠 lap²¹，集 tsap²¹，袭 tsap²¹，蛰 tsɪk²¹，涩 kip³。

28. 山摄开口一等今读，端组、泥组、精组为-an，入声为-at，例如：丹 tan⁴⁴，滩 tʰan⁴⁴，炭 tʰan³³，但 tan³³，难 lan²¹，懒 lan²⁴，烂 lan²¹，餐 tsʰan⁴⁴，灿 tsʰan³³，散 san³³，獭 lan²⁴，达 tat²¹，辣 lat²¹，擦 tsʰat³，萨 sat³；见组、晓组、影组为-ɔn，入声为-ɔt，例如：干 kɔn⁴⁴，杆 kɔn²⁴，割 kɔt³，看 hɔn³³，岸 ŋɔn²¹，鼾 hɔn²¹，旱 hɔn²⁴，翰 hɔn²¹，安 ɔn⁴⁴，按 ɔn³³，渴 hɔt³，喝 hɔt³。

29. 山摄开口二等今读，主要为-an，入声为-at，少数为-ɐn、-in，入声为-ap、-ɛt，例如：扮 pan²¹，办 pan²¹，班 pan⁴⁴，板 pan²⁴，攀 pʰan⁴⁴，慢 man²¹，山 san⁴⁴，盏 tsan²⁴，栈 tsan²¹，疝 san³³，艰 kan²¹，简 kan²⁴，奸 kan⁴⁴，眼 ŋan²⁴，颜 ŋan²¹，闲 han²¹，晏 an³³/ŋan³³，八 pat³，拔 pat³/pat³，察 tsʰat³，杀 sat³，轧 tsat³；限 hɐn²¹，瓣 pin²¹，苋 hin²¹/han²¹，辖 hɐt²¹，铡 tsap²¹。

30. 山摄开口三四等今读，主要为-in，入声为-it，个别为-an、-ɛn-、-im，例如：鞭 pin⁴⁴，辨 pin²¹，边 pin⁴⁴，骗 pʰin³³，片 pʰin³³，眠 min²¹，免 min²⁴，面 min²¹，颠 tin⁴⁴，田 tʰin²¹，电 tin²¹，连 lin²¹，年 lin²¹，碾 tsin²⁴，练 lin²¹，煎 tsin⁴⁴，浅 tsʰin²⁴，羡 sin²¹，缠 tsʰin²¹，毡 tsin⁴⁴，战 tsin³³，善 sin²¹，千 tsʰin⁴⁴，荐 tsin³³，然 jin²¹，乾 kʰin²¹，件 kin²¹，肩 kin⁴⁴，见 kin³³，贤 hin²¹，现 jin²¹，焉 jin²¹，演 jin²⁴，建 kin³³，言 jin²¹，轩 hin⁴⁴，宪 hin³³，烟 jin⁴⁴，宴 jin³³，别 pit²¹，灭 mit²¹，列 lit²¹，薛 sit³，哲 tsit³，彻 tsʰit³，舌 sit²¹，杰 kit²¹，揭 kʰit³，歇 hit³，撇 pʰit³，蔑 mit²¹，铁 tʰit³，节 tsit³，结 kit³；谚 ŋan²¹，扁 pɛn²⁴，笺 tsʰim⁴⁴。

31. 山摄合口一等今读，帮组、见组、晓组、影组为-un，入声为-ut，少数为-an，例如：般 pun⁴⁴，潘 pʰun⁴⁴，伴 pʰun²¹，叛 pʰun²¹，满 mun²⁴，官 kun⁴⁴，管 kun²⁴，款 fun²⁴，欢 fun⁴⁴，缓 wun²¹，换 wun²¹，豌 wun²¹，腕 wun²¹，钵 put³，泼 pʰut³，抹 mut³，括 kʰut³，阔 fut³，活 wut²¹；馒 man²¹，漫 man²¹；端组、泥组、精组为-in，入声为-ip或-it，例如：暖 lin²⁴，卵 lin²⁴，乱 lin²¹，钻 tsin³³，窜 tsʰin³³，酸 sin⁴⁴，蒜 sin³³，夺 tip²¹，捋 lip²¹，脱 tʰit³。

32. 山摄合口二等今读，庄组为-in，见组、晓组、影组为-an，入声为-at，例如：栓 tsʰin²¹，篡 sin³³；顽 man²¹，关 kʷan⁴⁴，惯 kʷan³³，幻 wan²¹，还 wan²¹，宦 wan²¹，弯 wan⁴⁴，刷 tsʰat³，滑 wat²¹，挖 wat³，刮 kʷat³。

33. 山摄合口三四等今读，非组为-an，入声为-at或-ɛt，例如：藩 fan⁴⁴，反 fan²⁴，贩 fan³³，繁 fan²¹，晚 man²⁴，万 man²¹，发 fat³，伐 fat²¹/fɛt²¹，筏 fɛt²¹，罚 fɛt²¹，袜 mat²¹；除了非组外，其余为-in，入声为-it，少数为-ip，例如：恋 lin²¹，全 tsʰin²¹，选 sin²⁴，转 tsin²⁴，传 tsʰin²¹，专 tsin⁴⁴，喘 tsʰin²⁴，船 sin²¹，软 jin²⁴，圈 hin⁴⁴，眷 kin³³，元 jin²¹，劝 hin³³，犬 hin²⁴，玄 jin²¹，县 jin²¹，渊 jin⁴⁴，愿 jin²¹，圆 jin²¹，院 jin²¹，冤 jin⁴⁴，远 jin²⁴，怨 jin³³，劣 lit³，绝 tsit³，雪 sit³，悦 jit²¹，月 jit²¹，越 jit²¹，决 kʰit³，缺 kʰit³，血 hit³，穴 hip³。

34. 臻摄开口一三等今读，主要为-ɛn，个别为-ɛŋ、ɪŋ，入声主要为-ɛt，部分为-it、-ɪk，例如：彬 pɛn⁴⁴，殡 pɛn³³，贫 pʰɛn²¹，闽 mɛn²⁴，吞 tʰɛn⁴⁴，鳞 lɛn²¹，津 tsɛn⁴⁴，尽 tsɛn²¹，辛 sɛn⁴⁴，信 sɛn³³，珍 tsɛn⁴⁴，镇 tsɛn³³，臻 tsɛn⁴⁴，衬 tsʰɛn³³，真 tsɛn⁴⁴，诊 tsʰɛn²⁴，神 sɛn²¹，肾 sɛn²⁴，人 jɛn²¹，忍 jɛn²⁴，跟 kɛn⁴⁴，痕 hɛn²¹，恨 hɛn²¹，恩 ɛn⁴⁴，巾 kɛn⁴⁴，紧 kɛn²⁴，银 ŋɛn²¹，龂 jɛn³³/jɛn²⁴，因 jɛn⁴⁴，寅 jɛn²¹，引 jɛn²⁴，斤 kɛn⁴⁴，谨 kɛn²⁴，勤 kʰɛn²¹，欣 jɛn⁴⁴，殷 jɛn⁴⁴，笔 pɛt⁵，匹 pʰɛt⁵，密 mɛt²¹，七 tsʰɛt⁵，疾 tsɛt²¹，膝 sɛt⁵，侄 tsɛt²¹，瑟 sɛt⁵，质 tsɛt⁵，实 sɛt²¹，失 sɛt⁵，日 jɛt²¹，吉 kɛt⁵，一 jɛt⁵；劲 kɪŋ²¹，认 jɪŋ²¹，垦 hɛŋ²⁴/hɛn²⁴，毕 pɪk⁵，栗 lɪk²¹，息 sɪk⁵，必 pit⁵/pit³，秩 tit²¹，乙 jit³。

35. 臻摄合口一等今读，帮组部分为-un，部分为-ɛn，入声部分为-ut，部分为-ɛt，例如：本 pun²⁴，盆 pun²¹，门 mun²¹，闷 mun²¹，奔 pɛn⁴⁴，喷 pʰɛn³³，笨 pɛn²¹，勃 put²¹，没 mut²¹，不 pɛt⁵；端组、泥组部分为-ɛn，部分为-in，入声为-ɛt，例如：敦 tɛn⁴⁴，墩 tɛn⁴⁴，顿 tɛn²¹，沌 tɛn²¹，臀 tʰɛn²¹，盾 tɛn²¹，钝 tʰɛn²⁴，论 lɛn²¹，屯 tʰin²¹/tʰɛn²¹，豚 tʰin²¹，囤 tʰin²¹，嫩 lin²¹，突 tɛt²¹；精组为-in，入声为-ɛt，例如：尊 tsin⁴⁴，村 tsʰin⁴⁴，寸 tsʰin³³，孙 sin⁴⁴，损 sin²⁴，卒 tsɛt⁵，猝 tsɛt⁵；见组、晓组、影组为-ɛn，入声为-ɛt，例如：昆 kʷʰɛn⁴⁴，滚 kʷɛn²⁴，棍 kʷɛn³³，坤 kʷʰɛn⁴⁴，捆 kʷʰɛn²⁴，困 kʷʰɛn³³，婚 fɛn⁴⁴，混 wɛn²⁴，温 wɛn⁴⁴，稳 wɛn²⁴，骨 kʷɛt⁵，窟 fɛt⁵，忽 fɛt⁵，核 wɛt²¹。

36. 臻摄合口三等今读主要为-ɛn，个别为-in，入声为-ɛt，例如：分 fɛn⁴⁴，粉 fɛn²⁴，奋 fɛn²⁴，焚 fɛn²¹，忿 fɛn²¹，文 mɛn²¹，吻 mɛn²⁴，问 mɛn²¹，伦 lɛn²¹，俊 tsɛn³³，旬 tsʰɛn²¹，榫 sɛn²⁴，讯 sɛn³³，准 tsɛn²⁴，春 tsʰɛn⁴⁴，蠢 tsʰɛn²⁴，纯 sɛn²¹，顺 sɛn²¹，润 jɛn²¹，均 kʷɛn⁴⁴，菌 kʷʰɛn²⁴，匀 wɛn²¹，允 wɛn²⁴，君 kɛn⁴⁴，群 kʷʰɛn²¹，郡 kʷɛn²¹，熏

fen⁴⁴, 训 fen³³, 云 wen²¹, 韵 wen²¹, 律 let²¹, 戌 set⁵, 率 set⁵, 出 tsʰet⁵, 橘 ket⁵, 佛 fet²¹, 物 mat²¹, 屈 wɐt⁵, 掘 kʷet²¹; 遵 tsin⁴⁴。

37. 宕摄开口一等今读为 -ɔŋ，入声主要为 -ɔk，少数为 -ɔ、-ak，例如：帮 pɔŋ⁴⁴, 榜 pɔŋ²⁴, 滂 pʰɔŋ²¹, 旁 pʰɔŋ²¹, 忙 mɔŋ²¹, 当 tɔŋ⁴⁴, 党 tɔŋ²⁴, 囤 tʰɔŋ³³, 堂 tʰɔŋ²¹, 荡 tɔŋ²¹, 囊 lɔŋ²¹, 朗 lɔŋ²⁴, 脏 tsɔŋ⁴⁴, 葬 tsɔŋ³³, 仓 tsʰɔŋ⁴⁴, 丧 sɔŋ³³, 岗 kɔŋ⁴⁴, 康 hɔŋ⁴⁴, 抗 kʰɔŋ³³, 昂 ŋɔŋ²¹, 航 hɔŋ²¹, 博 pɔk³, 泊 pɔk²¹/pɔk³/pʰak³, 莫 mɔk²¹, 托 tʰɔk³, 诺 lɔk³, 落 lɔk²¹, 作 tsɔk³, 凿 tsɔk²¹, 索 sɔk³, 各 kɔk³, 鳄 ɔk²¹, 鹤 hɔk²¹, 恶 ɔk³; 摸 mɔ⁴⁴, 错 tsʰɔ³³。

38. 宕摄开口三等今读，部分为 -ɵŋ，部分为 -ɛŋ，部分为 -ɔŋ，入声为 -ɵk、-ɛk、-ɔk，例如：娘 lɵŋ²¹, 酿 jɵŋ²¹, 良 lɵŋ²¹, 两 lɵŋ²⁴, 谅 lɵŋ²¹, 浆 tsɵŋ⁴⁴, 酱 tsɵŋ³³, 枪 tsʰɵŋ⁴⁴, 墙 tsʰɵŋ²¹, 像 tsɵŋ²¹, 张 tsɵŋ⁴⁴, 畅 tsʰɵŋ³³, 霜 sɵŋ⁴⁴/sɔŋ⁴⁴, 章 tsɵŋ⁴⁴, 掌 tsɵŋ²⁴, 障 tsɵŋ³³, 商 sɵŋ⁴⁴, 响 hɵŋ²⁴, 让 jɵŋ²¹, 强 kʰɵŋ²¹, 仰 jɵŋ²⁴, 香 hɵŋ⁴⁴, 央 jɵŋ⁴⁴, 样 jɵŋ²¹; 庄 tsɔŋ⁴⁴, 疮 tsʰɔŋ⁴⁴, 闯 tsʰɔŋ²⁴, 状 tsɔŋ²¹, 床 tsʰɔŋ²¹, 厂 tsʰɔŋ²¹, 薑 kɔŋ²¹, 瓢 lɔŋ²¹, 向 hɵŋ³³/hɔŋ³³, 蒋 tsɛŋ²⁴, 相 sɛŋ³³, 详 tsʰɛŋ²¹, 赏 sɛŋ²⁴, 壤 jɛŋ²⁴, 响 hɛŋ²¹, 洋 jɛŋ²¹, 阳 jɛŋ²¹; 略 lɵk³, 雀 tsɵk³, 削 sɵk³, 着₍衣₎ -tsɵk³/tsɔk³, 绰 tsʰɵk³, 芍 tsɵk³; 着₍睡₎ tsɛk²¹/tsɔk²¹, 酌 tsɛk³, 脚 kɛk³/kɔk³, 虐 jɛk³, 约 jɛk³/jɔk³, 药 jɛk²¹/jɔk²¹, 跃 jɛk³。

39. 宕摄合口一三等今读，主要为 -ɔŋ，入声为 -ɔk，个别为 -aŋ，例如：方 fɔŋ⁴⁴, 仿 fɔŋ²⁴, 放 fɔŋ³³, 房 fɔŋ²¹, 网 mɔŋ²⁴, 望 mɔŋ²¹, 光 kɔŋ⁴⁴, 广 kɔŋ²⁴, 旷 kʰɔŋ³³, 匡 hɔŋ⁴⁴, 荒 fɔŋ⁴⁴, 黄 wɔŋ²¹, 晃 fɔŋ²⁴, 汪 wɔŋ⁴⁴, 枉 wɔŋ²⁴, 旺 wɔŋ²¹, 缚 fɔk²¹, 郭 fɔk³, 霍 kʰɔk³, 镬 wɔk³; 眶 kʷʰaŋ⁴⁴, 逛 kʷʰaŋ³³。

40. 江摄开口二等今读 -ɔŋ，少数为 -aŋ，入声为 -ɔk，少数为 -uk、-ak、-ɵk、-au，例如：邦 pɔŋ⁴⁴, 绑 pɔŋ²⁴, 撞 tsɔŋ²¹, 窗 tsʰɔŋ⁴⁴, 双 sɔŋ⁴⁴, 江 kɔŋ⁴⁴, 讲 kɔŋ²⁴, 降 kɔŋ³³, 项 hɔŋ²¹, 巷 hɔŋ²¹, 庞 pʰaŋ²¹/pʰɔŋ²¹, 棒 pʰaŋ²⁴; 剥 mɔk³/mɔk⁵, 朴 pʰɔk³, 雹 pʰau⁴⁴/pɔk⁵, 啄 tsɔk³, 镯 tsʰɔk³, 朔 sɔk³, 觉 kʰɔk³, 岳 ɔk²¹/ŋɔk²¹, 学 hɔk²¹, 桌 tsɵk³, 卓 tsɵk³, 握 ŋak⁵, 饺 kau²⁴。

41. 曾摄开口一等今读主要为 -ɐŋ，个别为 -aŋ、-ɐn，入声为 -ɐk，个别为 -ak、-ic，例如：崩 pɐŋ⁴⁴, 灯 tɐŋ⁴⁴, 等 tɐŋ²⁴, 腾 tʰɐŋ²¹, 邓 tɐŋ²¹, 能 lɐŋ²¹, 增 tsɐŋ⁴⁴, 层 tsʰɐŋ²¹, 僧 tsɐŋ⁴⁴, 赠 tsɐŋ²¹, 肯 hɐn²⁴/hɐŋ²⁴, 恒 hɐn²¹/hɐŋ²¹; 默 mɐk²¹, 得 tek⁵, 特 tek²¹, 勒 lɐk²¹, 则 tsɐk⁵, 刻 hɐk⁵, 黑 hɐk⁵, 北 pak⁵, 肋 lak²¹, 贼 tsʰak²¹, 塞 sɐk⁵/tsʰɔi³³。

42. 曾摄开口三等主要为 -ɪŋ，个别为 -aŋ、-ɐŋ 或 -ɐn，入声主要为 -ɪk，小部分为 -ɐk，例如：冰 pɪŋ⁴⁴, 凌 lɪŋ²¹, 征 tsɪŋ⁴⁴, 蒸 tsɪŋ⁴⁴, 拯 tsʰɪŋ²⁴, 症 tsɪŋ³³, 升 sɪŋ⁴⁴,

剩 tsɪŋ²¹, 仍 jɪŋ²¹, 凝 lɪŋ²¹, 兴_旺 hɪŋ⁴⁴, 蝇 jɪŋ²¹; 凭 pʰaŋ²¹, 橙 tsʰaŋ²⁴³tsʰaŋ²¹, 瞪 teŋ⁴⁴, 孕 jɐn²¹; 逼 pɪk⁵, 力 lɪk²¹, 即 tsɪk⁵, 熄 sɪk⁵, 植 tsɪk⁵, 织 tsɪk⁵, 食 sɪk²¹, 识 sɪk⁵, 极 kɪk²¹, 亿 jɪk⁵, 翼 jɪk²¹; 鲫 tsɐk⁵, 侧 tsɐk⁵, 测 tsʰɐk⁵。

43. 曾摄合口一三等今读有-ɔk、-ak和-ɪk，例如：国 kɔk³, 或 wak, 域 wɪk²¹。

44. 梗摄开口二等（庚陌）今读主要为-aŋ，晓组和少数见组为-ɛŋ，个别为-a，入声主要为-ak，个别为-ɪk，例如：彭 pʰaŋ²¹, 盲 maŋ²¹, 猛 maŋ²⁴, 孟 maŋ²¹, 冷 laŋ²⁴, 撑 tsʰaŋ³³, 铛 tsʰaŋ⁴⁴, 生 saŋ⁴⁴, 省 saŋ²⁴, 羹 kaŋ⁴⁴, 坑 haŋ⁴⁴, 硬 ŋaŋ²¹, 行_为 haŋ²¹, 梗 kʷʰaŋ²⁴, 哽 kʰɛŋ²⁴, 更_加 kɛŋ³³, 亨 hɛŋ⁴⁴, 衡 hɛŋ²¹, 杏 hɛŋ²¹; 打 ta²⁴; 百 pak³, 柏 pʰak³, 魄 pʰak³, 白 pak²¹, 拆 tsʰak³, 择 tsak²¹, 窄 tsak³, 格 kak³, 客 hak³, 额 ŋak²¹, 吓 hak³; 迫 pɪk⁵。

45. 梗摄开口二等（耕麦）今读部分为-aŋ，部分为-ɛŋ，部分为-ɪŋ，入声部分为-ak，部分为-ɐk，个别为-ɛk和-ap，例如：棚 pʰaŋ²¹, 争 tsaŋ⁴⁴, 耕 kaŋ⁴⁴; 睁 tsaŋ⁴⁴/tsɛŋ⁴⁴, 耿 kɛŋ²⁴, 幸 hɛŋ²¹, 莺 ɛŋ⁴⁴; 迸 pɪŋ³³, 茎 kɪŋ³³, 鹦 jɪŋ⁴⁴, 樱 jɪŋ⁴⁴; 摘 tsak³, 择 tsak²¹, 策 tsʰak³, 革 kak³³kap³; 脉 mɐk²¹, 册 tsʰɐk³, 核 hɐk³/hɐk²¹, 劈 pʰɛk³。

46. 梗摄开口三四等今读大部分为-ɪŋ，部分为-ɛŋ，个别为-ɐŋ，入声大部分为-ɪk，部分为-ɛk，个别为-ak，例如：兵 pɪŋ⁴⁴, 丙 pɪŋ²⁴, 皿 mɪŋ²⁴, 聘 pʰɪŋ³³, 姘 pʰɪŋ³³, 萍 pʰɪŋ²¹, 铭 mɪŋ²¹, 丁 tɪŋ⁴⁴, 鼎 tɪŋ²⁴, 停 tʰɪŋ²¹, 定 tɪŋ²¹, 领 lɪŋ²⁴, 令 lɪŋ²¹, 宁 lɪŋ²¹, 另 lɪŋ²¹, 精 tsɪŋ⁴⁴, 请 tsʰɪŋ²⁴, 姓 sɪŋ³³, 蜻 tsʰɪŋ⁴⁴, 醒 sɪŋ²⁴, 贞 tsɪŋ⁴⁴, 呈 tsʰɪŋ²¹, 郑 tsɪŋ²¹, 正_月 tsɪŋ⁴⁴, 整 tsɪŋ²⁴, 圣 sɪŋ³³, 京 kɪŋ⁴⁴, 景 kɪŋ²⁴, 竞 kɪŋ²¹, 劲 kɪŋ²¹, 经 kɪŋ⁴⁴, 英 jɪŋ⁴⁴, 影 jɪŋ²⁴, 映 jɪŋ²¹, 婴 jɪŋ⁴⁴, 盈 jɪŋ²¹, 馨 hɪŋ⁴⁴, 形 jɪŋ²¹; 柄 pɛŋ³³, 病 pɛŋ²¹, 命 mɪŋ²¹/mɛŋ²¹, 惊 kɛŋ⁴⁴, 镜 kɛŋ³³, 饼 pɛŋ²⁴, 名 mɪŋ²¹³mɛŋ²¹, 岭 lɛŋ²¹, 井 tsɛŋ²⁴, 净 tsɛŋ²¹, 轻 hɛŋ⁴⁴, 颈 kɛŋ²⁴, 赢 jɛŋ²¹, 钉 tɛŋ⁴⁴, 听_见 tʰɛŋ⁴⁴, 艇 tʰɛŋ²⁴, 青 tsʰɪŋ⁴⁴/tsʰɛŋ⁴⁴, 腥 sɛŋ⁴⁴; 盟 mɐŋ²¹; 碧 pɪk⁵, 戟 kɪk⁵, 僻 pʰɪk⁵, 积 tsɪk⁵, 籍 tsɪk⁵, 惜 sɪk⁵, 释 sɪk⁵, 益 jɪk⁵, 译 jɪk²¹, 的 tɪk⁵, 剔 tʰɪk⁵, 敌 tɪk²¹, 溺 lɪk²¹, 戚 tsʰɪk⁵, 析 sɪk⁵, 激 kɪk⁵; 屐 kʰɛk³, 脊 tsɛk³, 席_子 tsɛk²¹, 炙 tsɛk³, 尺 tsʰɛk³, 石 sɛk²¹, 壁 pɛk³, 劈 pʰɛk³, 踢 tʰɛk³, 籴 tɐk²¹, 锡 sɐk³, 吃 hɐk³; 逆 ŋak²¹, 掷 tsak²¹。

47. 梗摄合口二三等今读有-ɔŋ、-aŋ、-ɐŋ和-uŋ，入声有-ɔk和-ak，例如：矿 kʰɔŋ³³, 横 waŋ²¹, 轰 wɐŋ⁴⁴, 宏 huŋ²¹, 获 wɔk²¹, 划 wak²¹。

48. 梗摄合口三四等今读主要为-ɪŋ，个别为-uŋ、-ɐŋ，入声为-ɪk，例如：倾 kʰɪŋ⁴⁴, 琼 kʰɪŋ²¹, 兄 hɪŋ⁴⁴, 萤 jɪŋ²¹, 荣 wɪŋ²¹³juŋ²¹, 泳 wɪŋ²⁴, 营 jɪŋ²¹, 颖 jɐŋ²¹³jɐŋ³³, 役 jɪk²¹, 疫 jɪk²¹。

49. 通摄合口一三等今读主要为-uŋ，个别为-ɔŋ，入声主要为-uk，个别为-ɔk、-ɔt、-ou和-ɐt，例如：篷pʰuŋ²¹，懞muŋ²⁴，东tuŋ⁴⁴，动tuŋ²¹，拢luŋ²⁴，鬃tsuŋ⁴⁴，总tsuŋ²⁴，丛tsʰuŋ²¹，公kuŋ⁴⁴，孔kʰuŋ²⁴，控huŋ³³，哄huŋ²⁴，瓮uŋ³³，冬tuŋ⁴⁴，统tʰuŋ²⁴，农luŋ²¹，浓luŋ⁴⁴，宋suŋ³³，风fuŋ⁴⁴，冯fuŋ²¹，讽fuŋ²⁴，梦muŋ⁴⁴，隆luŋ²¹，嵩suŋ⁴⁴，中tsuŋ⁴⁴，仲tsuŋ²¹，崇suŋ²¹，终tsuŋ⁴⁴，众tsuŋ³³，绒juŋ²¹，弓kuŋ⁴⁴，穷kʰuŋ²¹，熊huŋ²¹，融juŋ²¹，封fuŋ⁴⁴，捧puŋ²⁴，奉fuŋ²¹，浓luŋ²¹，龙luŋ²¹，踪tsuŋ⁴⁴，颂tsuŋ²¹，重tsuŋ²¹，钟tsuŋ⁴⁴，春tsuŋ⁴⁴，茸juŋ²¹，恭kuŋ⁴⁴，恐huŋ²⁴，胸huŋ⁴⁴，雍juŋ⁴⁴，容juŋ²¹，用juŋ²¹；烘hɔŋ³³；仆pʰuk⁵，木muk²¹，独tuk²¹，鹿luk²¹，族tsuk²¹，谷kuk⁵，哭huk⁵，屋uk⁵，笃tuk⁵，毒tuk²¹，沃juk⁵，福fuk⁵，穆muk²¹，六luk²¹，宿suk⁵，竹tsuk⁵，缩suk⁵，肉juk²¹，育juk²¹，绿luk²¹，俗tsuk²¹，赎suk²¹，曲kʰuk⁵，欲juk²¹；扑pʰɔk³，秃tʰɔt⁵，曝pou²¹，瀑pou²¹，酷hou²¹，郁wɐt⁵。

综上，现代婆湾岛归侨疍家话韵母与中古韵母的对应关系主要有：

今读	中古音韵地位
-ɔ	果摄开合口一等（主要）
	假摄合口二等（少数）
	遇摄合口一等（个别）
	遇摄合口三等（鱼）庄组
	宕摄开口一等（少数）
-a	果摄开合口一等（少数）
	假摄开口二（主要）
	假摄开口三等（个别）
	假摄合口二等（主要）
	蟹摄开口二等（少数）
	蟹摄合口二等（少数）
	梗摄开口二等（庚陌）（个别）
-ai	果摄开合口一等（少数）
	蟹摄开口一等（小部分）
	蟹摄开口二等（主要）
	蟹摄合口一等（少数）
	蟹摄合口二等（主要）

续表

今读	中古音韵地位
-ɛ	果摄开合口三等
	假摄开口三等(主要)
-u	遇摄合口三等(鱼)泥来母
	遇摄合口三等(虞)非组
	流摄开口一二等(少数)
-ou	假摄开口二等(少数)
	遇摄合口一等(部分)
	遇摄合口三等(虞)非组、庄组
	效摄开口一等(主要)
	效摄开口二等(个别)
	流摄开口一二等(少数)
	流摄开口三等见组
-i	遇摄合口三等(鱼)知、章、影组、日母、疑母
	遇摄合口三等(虞)章组、日母、疑母、晓组、影组(主要)
	止摄开口三等精组、知组、庄组、章组、日母、疑母、影组
-ei	遇摄合口一等见、溪、群、晓母
	遇摄合口三等(虞)见溪群母
	蟹摄开口三四等(个别)
	蟹摄合口一等(少数)
	蟹摄合口三四等(个别)
	止摄开口三等帮组、尼组、见溪群母、晓母
	止摄合口三等(微)非组、晓母
-ia	蟹摄开口二等(少数)
	蟹摄开口三四等(主要)
	蟹摄合口三四等非组、见组、影组
	止摄开口三等帮组、尼组、见溪群母、晓母(小部分)
	止摄合口三等(支、脂)见组、晓组、影组
	止摄合口三等(微)(少数)

续表

今读	中古音韵地位
-ui	遇摄合口一等泥来母、精组
	遇摄合口二等(虞)泥来、精组
	蟹摄开口一等(个别)
	蟹摄合口一等(主要)
	蟹摄合口三四等精组、章组
	止摄合口三等(支、脂)泥组、精组、知组、庄组、章组、日母
-ɔi	蟹摄开口一等(主要)
	蟹摄开口二等(个别)
	蟹摄合口一等(少数)
-au	效摄开口一等(小部分)
	效摄开口二等(主要)
	效摄开口三四等(个别)
	流摄开口一二等(少数)
-ɐu	效摄开口一等(小部分)
	流摄开口一二等(主要)
	流摄开口三等影组
-iu	效摄开口三四等(主要)
	流摄开口三等帮组、端组
-ɛu	效摄开口三四等(个别)
-am	咸摄开口一等端组、泥组、精组
	咸摄开口二等
-ɐm	咸摄开口一等见组、晓组、影组
	咸摄开口二等(少数)
	深摄开口三等(除帮组外)
-ɛm	咸摄开口三四等(个别)
-im	咸摄开口三四等(主要)
	山摄开口三四等(个别)

续表

今读	中古音韵地位
-an	咸摄开口一等（个别）
	咸摄开口二等（少数）
	咸摄合口三等
	山摄开口一等端组、泥组、精组
	山摄开口二等（主要）
	摄开口三四等（个别）
	山摄合口一等（个别）
	山摄合口二等见组、晓组、影组
	山摄合口三四等非组
-ɔn	山摄开口一等见组、晓组、影组
-in	山摄开口二等（少数）
	山摄开口三四等（主要）
	山摄合口一等端组、泥组、精组
	山摄合口二等庄组
	山摄合口三四等（除非组外）
	臻摄合口一等部分端组、泥组、精组
	臻摄合口三等（个别）
-ɛn	山摄开口三四等（个别）
-un	山摄合口一等帮组、见组、晓组、影组
	臻摄合口一等部分帮组
-ən	山摄开口二等（少数）
	臻摄开口一三等（主要）
	臻摄合口一等部分帮组、部分端组、泥组、见组、晓组、影组
	臻摄合口三等（主要）
	梗摄合口三四等（个别）
	曾摄开口三等（个别）
-ɔŋ	宕摄开口一等
	宕摄合口一三等（主要）
	江摄开口二等

续表

今读	中古音韵地位
	梗摄合口二三等（小部分）
	通摄合口二等（个别）
-eŋ	宕摄开口三等（部分）
-ɛŋ	宕摄开口三等（部分）
	梗摄开口三四等（部分）
-aŋ	宕摄合口一三等（个别）
	江摄开口二等（少数）
	曾摄开口一等（个别）
	曾摄开口三等（个别）
	梗摄开口二等（庚陌）（主要）
	梗摄开口二等（耕麦）（主要）
	梗摄合口二三等（部分）
-ɐŋ	曾摄开口一等（主要）
	曾摄开口三等（个别）
	梗摄开口二等（庚陌）晓组和少数见组
	梗摄开口二等（耕麦）（部分）
	梗摄开口三四等（个别）
	梗摄合口二三等（小部分）
-iŋ	曾摄开口三等
	梗摄开口二等（耕麦）（小部分）
	梗摄开口三四等（主要）
	梗摄合口三四等（主要）
-uŋ	梗摄合口二三等（小部分）
	梗摄合口三四等（个别）
	通摄合口一三等（主要）
-ap	咸摄开口一等（主要）
	咸摄开口二等（主要）
	深摄开口三等（个别）
	山摄开口二等（少数）

续表

今读	中古音韵地位
-ɐp	咸摄开口一等见组、晓组、影组（主要）
	咸摄开口二等（少数）
	深摄开口三等（主要）
-ip	咸摄开口三四等（主要）
	深摄开口三等（个别）
-ɛp	咸摄开口四等（个别）
-at	咸摄开口二等（少数）
	咸摄合口三等
	山摄开口一等端组、泥组、精组
	山摄开口二等（主要）
	山摄合口二等见组、晓组、影组
	山摄合口三四等非组（部分）
-ɐt	山摄开口二等（少数）
	山摄合口三四等非组（部分）
	臻摄开口一三等（主要）
	臻摄合口一等部分帮组、端组、泥组，精组、见组、晓组、影组
	臻摄合口三等（主要）
-ɔt	山摄开口一等见组、晓组、影组
-it	山摄开口三四等
	山摄合口一等端组、泥组、精组（部分）
	山摄合口三四等（除非组外）（大部分）
	臻摄开口一三等（个别）
-ut	山摄合口一等帮组、见组、晓组、影组
	臻摄合口一等帮组（部分）
-ɜt	臻合三（个别）
-ak	宕摄开口一等（少数）
	江摄开口二等（少数）
	曾摄开口一等（个别）
	曾摄合口一三等（少数）

续表

今读	中古音韵地位
	梗摄开口二等（庚陌）（主要）
	梗摄开口二等（耕麦）（主要）
	梗摄开口三四等（个别）
	梗摄合口二三等（部分）
-ək	曾摄开口一等（主要）
	曾摄开口三等（小部分）
	梗摄开口二等（耕麦）（部分）
-ɔk	宕摄开口一等（主要）
	宕摄开口三等（部分）
	宕摄合口一三等（主要）
	江摄开口二等（主要）
	曾摄合口一三等（部分）
	梗摄合口二三等（部分）
	通摄合口一三等（个别）
-ɵk	宕摄开口三等（部分）
	江摄开口二等（少数）
-ɛk	宕摄开口三等（部分）
	梗摄开口二等（个别）
	梗摄开口三四等（部分）
-ɪk	深摄开口三等（个别）
	臻摄开口一三等（部分）
	曾摄开口三等（主要）
	曾摄合口一三等（少数）
	梗摄开口二等（庚陌）（个别）
	梗摄开口三四等（大部分）
	梗摄合口三四等
-uk	江摄开口二等（少数）
	通摄合口一三等（主要）

（三）声调与中古音对应关系

婆湾岛归侨疍家话一共有7个声调，其与中古声调系统的对应关系如下：

1. 婆湾岛疍家话今读为44调的，基本上来源于中古的阴平。

2. 婆湾岛疍家话今读为24调的，主要来源于中古的阴上。部分浊上字今读也为24调，其分化的条件大致是浊音清化后读为送气清音的字，包括送气清塞音、清塞擦音或清擦音。

3. 婆湾岛疍家话今读为21调的，主要来源于中古的阳平、部分阳上、阴去。

4. 婆湾岛疍家话今读为33调的，主要来源于中古的阴去。

5. 婆湾岛疍家话入声今读为5的，其来源与短元音和高元音有关，主要集中在 -ɐt、-ɐp、-ɐk、-ɪk、-uk 几个韵母字。

6. 婆湾岛疍家话入声今读为3的，主要来源于中古的全清入声和部分次清入声。部分阳入也混入该调。

7. 婆湾岛疍家话入声今读为21的，主要来源于中古的全浊入声。

第三节 关于婆湾岛疍家话性质的讨论

婆湾岛归侨自称疍家人，称自己所说的汉语方言是疍家话。根据庄初升（2009），岭南地区的疍家话有粤语性质的疍家话、土话、平话性质的疍家话和闽语性质的疍家话几种。通过分析，婆湾岛疍家话是一种混合方言。

（一）疍家话底层

庄初升（2009：129）根据1933年岭南社会研究所对二沙岛的疍家话的描述，将其特点概括为：（1）古疑母字读为零声母；（2）古泥来母今读不分；（3）没有以œ为主元音的韵母，广州话以œ为主元音的韵母相应地读为以ɔ为主元音的韵母。张双庆、庄初升（2003）对香港三门仔疍家话语音系统作过研究，归纳出14条语音特征，其中包含1933年二沙岛疍家话的三项特征，并指出"因为没有œ系韵母，使得宕开一、三等与及江摄不分，这是疍家话非常重要的一个特点。"庄文（2009）列举的三项特征，婆湾岛疍家话均有反映，现举例如下：

1. 古疑母读为零声母。婆湾岛疍家话部分古疑母洪音读零声母，如下表。

蛾 ɔ²¹	鹅 ɔ⁴⁴	俄 ɔ²¹/ɔ²⁴	衙 a²¹	捱 ai²¹	毅 ei²¹/ŋei²¹	鳄 ɔk²¹	岳 ɔk²¹

2. 古泥来母今读不分。婆湾岛疍家话泥来不分，同读为l，如下表。

糯泥=螺来lɔ²¹	奴泥=路来lou²¹	女泥=吕来lui²¹	你泥=李来lei²⁴	脑你=老来lou²⁴
难泥=烂来lan²¹	年泥=连来lin²¹	囊泥=郎来lɔn²¹	诺泥=烙来lɔk³	溺泥=历来lɪk²¹

3. 宕开三主元音读ɔŋ。除了庄组字，宕开三部分字的又读为ɔŋ/ɔk，如下表。

章tsɐŋ⁴⁴/tsɔŋ⁴⁴	樟tsɐŋ⁴⁴/tsɔŋ⁴⁴	姜kɐŋ⁴⁴/kɔŋ⁴⁴	尚sɐŋ²¹/sɔŋ²¹	向hɐŋ³³/hɔŋ³³	着~衫tsɐk³/tsɔk³
着~睡tsɛk²¹/tsɔk²¹	焯tshɔk³	脚kɛk³/kɔk³	约jɛk³/jɔk³	药jɛk²¹/jɔk²	

除了这几条共同的特征，婆湾岛疍家话与香港三门仔疍家话也有一些相同的特点，例如广州话的ɔi、œy、ui三韵在三门仔疍家话中合为一类，婆湾岛疍家话中也还可以看得出来这种痕迹，见下表。

	趋	取	娶	趣	聚	须	需	再	腮	鳃	罪	岁	髓
婆湾岛	tshui⁴⁴	tshui²⁴	tshui²⁴	tshui³³	tsui²¹	sui⁴⁴	sui⁴⁴	tsui³³	sui⁴⁴	sui⁴⁴	tsui²¹	sui³³	sui³³
广州	tshœy⁵⁵	tshœy³⁵	tshœy³⁵	tshœy³³	tsœy²¹	sœy⁵⁵	sœy⁵⁵	tsɔi³³	sɔi⁵⁵	sɔi⁵⁵	tsui²¹	sui²¹	sui³⁵

再如三门仔疍家话相当于广州话的下阴入与阳入合并，婆湾岛疍家话也有这种现象，见下表。

	猎	捷	涉	列	活	劣	袜	月	粤	略	跃	力
婆湾岛	lit³	tsit³	sit³	lit³	wut³	lit³	mat³	jit³	jit³	lɛk³	jɛk³	lɪk³
广州	lip²	tsit²	sip²	lit²	wut²	lit²	mat²	jyt²	jyt²	lœk²	jœk²	lɪk²

所以婆湾岛疍家话：

捷下阴入=节阳入tsit³；涉下阴入=设阳入sit³；袜下阴入=抹阳入mat³；跃下阴入=约阳入jɛk³。

上述特征，除了古泥来母的表现比较一致之外，余下的几项特征在婆湾岛疍家话中并不成系统，可见它们已经是残存的底层现象。

（二）海防粤语的特点

婆湾岛疍家话具有很多海防粤语的特点，下面分项介绍。

1. 精、知、章、庄合为一套声母，无边擦音ɬ。例如：津精=珍知=臻庄=真章tsɐn⁴⁴；此清=耻彻=齿昌tshi²⁴；秀心=瘦生=兽书sɐu³³。

2. 日母今读j-，疑母开口洪音今读ŋ-，细音今读j-。
（1）日母今读j-。

	惹	如	饶	柔	任	然	绒	日	若
婆湾岛	jɛ²⁴	ji²¹	jiu²¹	jɐu²¹	jɐm²¹	jin²¹	juŋ²¹	jɐt²¹	juk²¹
海防	jɛ¹³	jy²¹	jiu²¹	jɐu²¹	jɐm²¹	jin²¹	juŋ²¹	jɐt²¹	jœk²¹

（2）疑母今读，洪音对ŋ-，细音读j-。

	卧	雅	咬	昂	岳	仪	研	仰	月
婆湾岛	ŋɔ²¹	ŋa²⁴	ŋau²⁴	ŋɔŋ²¹	ŋɔk²¹	ji²¹	jin²¹	jɵŋ²⁴	jit²¹
海防	ŋɔ²²	ŋa¹³	ŋau¹³	ŋɔŋ²¹	ŋɔk²	ji²¹	jin²¹	jœŋ¹³	jyt²

3. 蟹开三、四，止开三今读的音值与格局

婆湾岛疍家话这两个韵摄虽然今读有个别不整齐现象，但是仍然可以看出其与海防粤语大致相同的格局。婆湾岛疍家话与海防粤语蟹摄开口三四等今读ɐi，止摄开口三等今读按声母不同分为两类：（A）帮组、端组、泥来母、见溪群母、晓母今读主要为ei（婆湾岛少数读为ɐi）；（B）精组、知组、庄组（部分读ɐi）、章组、日母、疑母、影组今读i。举例如下：

（1）蟹摄开口三四等，婆湾岛归侨粤语与海防粤语同读ɐi。

	蔽开三	例开三	滞开三	世开三	艺开三	批开四	泥开四	洗开四	系开四
婆湾岛	pɐi³³	lɐi²¹	tsɐi²¹	sɐi³³	ŋɐi²¹	pʰɐi⁴⁴	lɐi²¹	sɐi²⁴	hɐi²¹
海防	pɐi³³	lɐi²¹	tsɐi²¹	sɐi³³	ŋɐi²¹	pʰɐi⁵⁵	nɐi²¹	sɐi³⁵	hɐi²²

（2）止摄开口三等（A），婆湾岛归侨粤语与海防粤语同读ei。

	碑	美	地	离	你	寄	欺	戏	喜
婆湾岛	pei⁴⁴	mei²⁴	tei²¹	lei²¹	lei²⁴	kei³³	hei⁴⁴	hei³³	hei²⁴
海防	pei⁵⁵	mei¹³	tei²¹	lei²¹	nei¹³	kei³³	hei⁵⁵	hei³³	hei³⁵

（3）止摄开口三等（B），婆湾岛归侨粤语与海防粤语同读i。

	紫	慈	智	柿	止	耳	疑	椅	异
婆湾岛	tsi²⁴	tsʰi²¹	tsi³³	si²¹	tsi²⁴	ji²⁴	ji²¹	ji²⁴	ji²¹
海防	tsi³⁵	tsʰi²¹	tsi³³	si²¹	tsi³⁵	ji¹³	ji²¹	ji³⁵	ji²¹

（4）海防粤语遇摄合口一等帮组、端组、精组与效摄开口一等今读同韵，婆湾岛疍家话大致也是这样一种格局。

	遇合一					效开一			
	补	赌	鲁	醋	酥	保	倒	捞	躁	高
婆湾岛	pou²⁴	tou²⁴	lou²¹	tsʰou³³/tsʰu³³	sou⁴⁴	pou²⁴	tou²⁴	lou²¹	tsʰou³³	kou⁴⁴
海防	pou³⁵	tou³⁵	lou²¹	tsʰou³³	sou⁵⁵	pou³⁵	tou³⁵	lou²¹	tsʰou³³	kou⁵⁵

（三）广宁归侨粤语的特点

婆湾岛疍家话也具有一些明显的广宁归侨粤语的语音特色，主要如下（以姑苏岛群岛为例）。

1. 缺乏撮口呼。婆湾岛疍家话缺乏撮口呼，与广宁归侨粤语相同而与海防粤语不同。

	猪	暑	厨	雨	端	酸	选	船	尊	孙	枪
婆湾岛	tsi⁴⁴	si²⁴	tsʰi²¹	ji²⁴	tin⁴⁴	sin⁴⁴	sin²⁴	sin²¹	tsin⁴⁴	sin³³	tsʰeŋ⁴⁴
姑苏岛群岛	tsi⁵⁵	si³⁵	tsʰi²¹	ji³⁵	tin⁵⁵	ɬin⁵⁵	ɬin³⁵	sin²¹	tsin⁵⁵	ɬin⁵⁵	tsʰɛŋ⁵⁵
海防	tsy⁵⁵	sy³⁵	tsʰy²¹	jy³⁵	tyn⁵⁵	syn⁵⁵	syn³⁵	syn²¹	tsyn⁵⁵	syn⁵⁵	tsʰœŋ⁵⁵

2. 山开三、四，山合一舌音、齿音，山合三（唇音除外），山合四，臻合一唇音、齿音今读同韵，均读 in。

（1）山摄开口三四等今读 in。

	山开三						山开四			
	鞭	箭	善	建	薛	杰	边	荐	肩	铁	结
婆湾岛	pin⁴⁴	tsin³³	sin²¹	kin³³	sit³	kit²¹	pin⁴⁴	tsin³³	kin⁴⁴	tʰit³	kit³
姑苏岛群岛	pin⁵⁵	tsin³³	sin²¹	kin³³	ɬit³	kit²¹	pin⁵⁵	tsin³³	kin⁵⁵	tʰit³	kit³
海防	pin⁵⁵	tsin³³	sin²¹	kin³³	sit³	kit²	pin⁵⁵	tsin³³	kin⁵⁵	tʰit³	kit³

（2）山摄合口一、三、四等今读 in。

	山合一				山合三				山合四		
	端	暖	算	脱	恋	串	元	月	玄	犬	血
婆湾岛	tin⁴⁴	lin²⁴	sin³³	tʰit³	lin²¹	tsʰin³³	jin²¹	jit²¹	jin²¹	hin²⁴	hit³
姑苏岛群岛	tin⁵⁵	nin³⁵	ɬin³³	tʰit³	lin²¹	tsʰin³³	jin²¹	jit²¹	jin²¹	hin³⁵	hit³
海防	tyn⁵⁵	nyn¹³	syn³³	tʰyt³	lyn²¹	tsʰyn³³	jyn²¹	jyt²¹	jyn²¹	hyn³⁵	hyt³

（3）臻摄合口一等今读in。

	屯	豚	嫩	尊	寸	孙	损
婆湾岛	tʰin²¹	tʰin²¹	lin²¹	tsin⁴⁴	tsʰin³³	sin⁴⁴	sin²⁴
姑苏岛群岛	ten²¹	tʰin²¹	nin²¹	tsin⁵⁵	tsʰin³³	ɬin⁵⁵	ɬin³⁵
海防	tʰyn²¹	tʰyn²¹	nyn²¹	tsyn⁵⁵	tsʰyn³³	syn⁵⁵	syn³⁵

（四）混合特点

以上是大致的情况，其实在婆湾岛疍家话中，更多的是同一个中古韵摄里海防粤语的成分与广宁归侨粤语成分并存。下面主要从声调、声母和韵母的情况展开说明。

1. 调类

婆湾岛疍家话有7个调类，这与广宁归侨粤语、海防归侨粤语的调类相同，应该是北部湾西侧粤语的区域性特征。它们与9个调类的广州粤语不同。

声调对照表

	阴平	阳平	阴上	阳上	阴去	阳去	阴入	中入	阳入
婆湾岛	44	21	24	21	33	21	5	3	21
姑苏岛群岛	55	21	35	21	33	21	5	3	21
海防	55	21	35	21	33	21	5	3	21
广州	55/53	21	35	13	33	22	5	3	2

北部湾西侧粤语阳平、阳上、阳去合为一类，今调值为21。

2. 声母

（1）匣母遇摄合口一等今读，姑苏岛归侨粤语今读f-，海防粤语今读w-，婆湾岛疍家话一部分读f-，一部分读w-。

匣母遇摄合口一等今读表

	胡	湖	狐	壶	乎	葫	鹕	户	互	护
婆湾岛	fu²¹	wu²¹	fu²¹	wu²¹	fu⁴⁴	fu²¹/pʰou²¹	fu²¹	wu²¹/fu²¹	fu²¹	wu²¹
姑苏岛群岛	fu²¹	fu²¹	fu²¹	fu²¹	fu²¹	fu²¹	fu²¹	fu²¹	fu²¹	fu²¹
海防	wu²¹	wu²¹	wu²¹	wu²¹	wu²¹	wu²¹	wu²¹	wu²¹	wu²¹	syn²¹

上表中10个例字，姑苏岛群岛归侨粤语声母全部读f-，海防粤语声母9个读w-，婆湾岛疍家话声母读f-的6个，读w-的4个。

(2) 匣母细音今读，姑苏岛归侨粤语匣母细音今读主要为h-，少量读j-；海防粤语今读主要为j-，少量读h-；婆湾岛疍家话则h-、j-各占一半。

匣母细音今读表

	系	携	惠	嫌	协	贤	弦	现	玄	悬	县	眩	穴	形	刑
婆湾岛	hɐi²¹	kʰʷɐi²¹	wɐi²¹	him²¹	hip²¹	hin²¹	hin²¹	jin²¹	jin²¹	jin²¹	jin²¹	jin²¹	hip²¹	jŋ²¹	jŋ²¹
姑苏岛群岛	hɐi²¹	kʰʷɐi²¹	wɐi²¹	him²¹	hip²¹	hin²¹	hin²¹	hin²¹	hin²¹	hin²¹	hin²¹	hin²¹	hit²¹	jŋ²¹	jŋ²¹
海防	hɐi²¹	kʰʷɐi²¹	wɐi²¹	jim²¹	hip²¹	jin²¹	jin²¹	jin²¹	jin²¹	jin²¹	jin²¹	jin²¹	jyt²¹	jŋ²¹	jŋ²¹

表中例字15个，其中"系"、"携"、"惠"、"协"、"形"、"刑"6字三个方言点声母相同。余下9字，姑苏岛全岛归侨粤语声母全部读h-，海防粤语全部读j-，婆湾岛4个读h-，5个读j-。

3. 韵母

婆湾岛疍家话的韵母情况比较复杂，下面主要以遇摄合口一等唇音、舌音和齿音，宕摄开口三等今读，效摄开口一等今读为例展开说明。

(1) 遇摄合口一等唇音、舌音和齿音的读音情况见下表。

遇摄合口一等唇音、舌音、齿音今读表

与姑苏岛相同（26个）	与海防相同（29个）	两读（8个）
菩 pʰɔ²¹、模～子mu⁴⁴、都 tu⁴⁴、堵 tu²⁴、捕 pʰu²⁴、吐 tʰu³³、兔 tʰu³³、徒 tʰu²¹、屠 tʰu²¹、途 tʰu²¹、涂 tʰu²¹、图 tʰu²¹、杜 tu²¹、度 tu²¹、镀 tu²¹、卢 lu²¹、鲁 lu²⁴、路 lu²¹、祖 tsu²⁴、组 tsu²⁴、粗 tsʰu⁴⁴、错 tsʰɔ³³、苏 su⁴⁴、诉 su³³、塑 sɔk³、嗉 su³³	补 pou²⁴、谱 pʰou²⁴、布 pou³³、佈 pou³³、铺～设 pʰou⁴⁴、普 pʰou²⁴、铺店 pʰou³³、蒲 pʰou²¹、部 pou²¹、簿 pou²¹、步 pou²¹、埠 fɐu²¹、模～范 mou²¹、暮 mou²¹、慕 mou²¹、墓 mou²¹、赌 tou²⁴、妒 tou³³、土 tʰou²⁴、奴 lou²¹、努 lou²⁴、怒 lou²¹、房 lou²⁴、卤 lou²¹、做 tsou³³、措 tsʰou³³、错 tsʰɔ³³、酥 sou⁴⁴、塑 sɔk³	浦 pʰu²⁴/pʰou²⁴、怖 pou³³/pu³³、募 mou²¹/mu²¹、肚 tʰu²⁴/tʰou²⁴、渡 tu²¹/tou²¹、租 tsu⁴⁴ᵊ tsou⁴⁴、醋 tsʰu³³/tsʰou³³、素 sou³³/su³³

婆湾岛疍家话遇摄合口一等唇音、舌音、齿音的今读主要为u、ou，少数读ɔ和ɐu，入声读ɔk，其中与姑苏岛相同的26个，与海防粤语相同的29个，两读的8个。

(2) 婆湾岛疍家话宕摄开口三等存在三个层次：oŋ/ɔk是疍家话原有的层次，ɵŋ/ɵk是海防粤语的层次，ɛŋ/ɛk是姑苏岛（青仑山）的层次。从数量上看，原有层次已经磨损得很厉害，它们仅以又读的身份出现；读近海防粤语①的字76个，广宁粤语（姑苏岛青仑山）的字39个。如下②：

---

① 婆湾岛疍家话的ɵŋ/ɵk，主元音发音时唇形较œ松弛，舌位偏央。

② 厂、瓢两字韵母三个方言点相同，均读为ɔŋ；若、蘁两字三个方言点均不相同，婆湾岛疍家话分别为juk²¹、kɔŋ⁴⁴，姑苏岛群岛分别读为nʲiɛk²¹、kɛŋ⁵⁵，海防粤语分别读为jɵk²¹、kœŋ⁵⁵。

宕摄开口三等今读比较表

ɵŋ/ɵk	ɛŋ/ɛk
娘 lɵŋ²¹、酿 jɵŋ²¹、良 lɵŋ²¹、凉 lɵŋ²¹、量测 ~ lɵŋ²¹、粮 lɵŋ²¹、梁 lɵŋ²¹、粱 lɵŋ²¹、两 lɵŋ²⁴、亮 lɵŋ³³、谅 lɵŋ²¹、略 lɵk³、掠 lɵk²¹、将 ~来 tsɵŋ⁴⁴、浆 tsɵŋ⁴⁴、酱 tsɵŋ³³、将大 ~ tsɵŋ³³、爵 tsɵk³、雀 tsɵk³、枪 tsʰɵŋ⁴⁴、抢 tsʰɵŋ²⁴、鹊 tsɵk³、墙 tsʰɵŋ²¹、匠 tsɵŋ²¹、削 sɵk³、象 tsɵŋ²¹、像 tsɵŋ²¹、橡 tsɵŋ²¹、张 tsɵŋ⁴⁴、长生 ~ tsɵŋ⁴⁴、涨 tsɵŋ³³、帐 tsɵŋ³³、账 tsɵŋ³³、胀 tsɵŋ³³、着 ~衣 tsɵk³/tsɔk³、长 ~短 tsʰɵŋ²¹、肠 tsʰɵŋ²¹、场 tsʰɵŋ²¹、仗 tsɵŋ²¹/tsɵŋ³³、杖 tsɵŋ²¹、畅 tsʰɵŋ³³、章 tsɵŋ⁴⁴/tsɔŋ⁴⁴、樟 tsɵŋ⁴⁴/tsɔŋ⁴⁴、掌 tsɵŋ²⁴、障 tsɵŋ³³、瘴 tsɵŋ³³、昌 tsʰɵŋ⁴⁴、菖 tsʰɵŋ⁴⁴、唱 tsʰɵŋ³³、倡 tsʰɵŋ⁴⁴、绰 tsʰɵk³、商 sɵŋ⁴⁴、伤 sɵŋ⁴⁴、饷 hɵŋ²⁴、常 tsʰɵŋ²¹、芍 tsɵk³、让 jɵŋ²¹、疆 kɵŋ⁴⁴、僵 kɵŋ⁴⁴、缰 kɵŋ⁴⁴、姜 kɵŋ⁴⁴、羌 kɵŋ⁴⁴、强 kʰɵŋ²¹、强勉 ~ kʰɵŋ²⁴、仰 jɵŋ²⁴、香 hɵŋ⁴⁴、乡 hɵŋ⁴⁴、享 hɵŋ²⁴、向 hɵŋ³³/hɔŋ³³、央 jɵŋ⁴⁴、秧 jɵŋ⁴⁴、殃 jɵŋ⁴⁴、羊 jɵŋ²¹、杨 jɵŋ²¹、养 jɵŋ²⁴、样 jɵŋ²¹	辆 lɛŋ²⁴、量数 ~ lɛŋ²¹、蒋 tsɛŋ²⁴、奖 tsɛŋ²⁴、桨 tsɛŋ²⁴、相 ~互 sɛŋ⁴⁴、箱 sɛŋ⁴⁴、厢 sɛŋ⁴⁴、湘 sɛŋ⁴⁴、襄 sɛŋ⁴⁴、镶 sɛŋ⁴⁴、想 sɛŋ²⁴、相 ~貌 sɛŋ³³、详 tsʰɛŋ²¹、祥 tsʰɛŋ²¹、丈 tsɛŋ²¹、着睡 ~ tsɛk³/tsɔk³、酌 tsɛk³、焯 tsʰɔk³、赏 sɛŋ²⁴、尝 sɛŋ²¹、裳 sɛŋ²¹、偿 sɛŋ²¹、上 ~山 sɛŋ²⁴、尚 sɛŋ²¹/sɔŋ²¹、上 ~面 sɛŋ²¹、壤 jɛŋ²⁴、弱 jɛk³、脚 kɛk³/kɔk³、却 kɛk³、虐 jɛk³、响 hɛŋ²⁴、约 jɛk³/jɔk³、洋 jɛŋ²¹、阳 jɛŋ²¹、扬 jɛŋ²¹、疡 jɛŋ²¹、药 jɛk²¹/jɔk³、跃 jɛk³

（3）效摄开口一等字在姑苏岛粤语中今读主要为ɐu，在海防粤语中主要为ou，少数读为au，婆湾岛疍家话则ɐu、ou、au并存。情况如下：

效摄开口一等今读比较表

与姑苏岛同（9个）	与海防同（65个）	三地相同（4个）	与两地不同（2个）
刀 tɐu⁴⁴、叨 tɐu⁴⁴、岛 tɐu²⁴、劳 lɐu²¹、牢 lɐu²¹、涝 lɐu²¹、稿 kɐu²⁴、傲 ᵃɐu²¹/ŋᵃɐu²¹、蒿 hɐu⁴⁴	保 pou²⁴、堡 pou²⁴、宝 pou²⁴、报 pou³³、袍 pʰou²¹、抱 pʰou²¹、暴 pou²¹、菢 pou²¹/pɔ²¹、毛 mou²¹、冒 mou²¹、帽 mou²¹、倒 tou²⁴、到 tou³³、掏 tʰou²¹、讨 tʰou²⁴、套 tʰou³³、滔 tʰou⁴⁴、桃 tʰou²¹、逃 tʰou²¹、淘 tʰou²¹、陶 tʰou²¹、萄 tʰou²¹、涛 tʰou²¹/tʰou⁴⁴、道 tou²¹、稻 tou²¹、盗 tou²¹、导 tou²¹、脑 lou²⁴、恼 lou²⁴、唠 lou²¹、老 lou²⁴、遭 tsou⁴⁴、糟 tsou⁴⁴、早 tsou²⁴、枣 tsou²⁴、澡 tsʰou³³、躁 tsʰou³³、灶 tsou³³、操 tsou⁴⁴、草 tsʰou²⁴、糙 tsʰou⁴⁴/tsʰou³³、曹 tsʰou²¹、槽 tsʰou²¹、皂 tsou²¹、造 tsou²¹、骚 sou⁴⁴、臊 sou⁴⁴、扫 sou³³、嫂 sou²⁴、高 kou⁴⁴、膏 kou⁴⁴、篙 kou⁴⁴、羔 kou⁴⁴、告 kou³³、好 ~坏 hou²⁴、好爱 ~ hou³³、耗 hou³³、豪 hou²¹、壕 hou²¹、毫 hou²¹、号 hou²¹、浩 hou³³/hou²¹、袄 ou²⁴、懊 ou³³、奥 ou³³	考 hau²⁴、烤 hau²⁴/hau⁴⁴、靠 kʰau³³、熬 ŋau²¹	襃 pau⁴⁴、捞 lau⁴⁴

如前所述，婆湾岛的地理位置比较特殊，往北可以通过海路到达姑苏岛，往西南亦可坐船到达海防。

婆湾岛疍家话貌似受到海防粤语的强烈影响，而事实上似乎并非如此。据婆湾岛归侨介绍，越南解放前阮氏政权不允许疍家人在海防上岸，故而他们与海防的华侨华人接触机会很少。越南解放后，婆湾岛疍家人成立了两个渔业公社，成立了婆湾岛华侨中小学，海防的师资力量才开始到达岛上。但是由于生活所迫，疍家人大多还是过着之前的那种浮家泛宅的生活，小孩基本上都是与父母一起生活在"家口艇"上，十天半个月都不上岸一次，所以教育的普及率非常低，可见婆湾岛疍家话受到海防粤语的影响是非常有限的。由于海防粤语是广府粤语直接移植过去的，与广州话差距不大，而婆湾岛疍家话可能本来就是广府粤语性质的粤语，这样就很容易造成接触性渗透的假象。

第四节　单字读音

字音按照韵母的顺序来排列，同一个韵母再按声母的次序来排列。

a 鸦 a^{44}/$ŋa^{44}$，亞 a^{33}，阿~哥 a^{33}，餓 a^{21}，花 fa^{44}，化 fa^{33}，廈 ha^{21}，廈~門 ha^{21}，蝦 ha^{44}，遐 ha^{21}，瑕 ha^{21}，暇 ha^{21}，霞 ha^{21}，下 ha^{21}，夏 ha^{21}，也 ja^{24}，加 ka^{44}，家 ka^{44}，傢 ka^{44}，嘉 ka^{44}，假~真 ka^{24}，賈 ka^{24}，假~放 ka^{33}，架 ka^{33}，嫁 ka^{33}，稼 ka^{33}，價 ka^{33}，駕 ka^{33}，痂 la^{44}，拿 la^{21}，哪 la^{21}，那 la^{21}，挪 la^{21}，媽 ma^{44}，麻 ma^{21}，痲 ma^{21}，罵 ma^{21}，馬 ma^{21}，碼 ma^{24}，杈 $ŋa^{44}$，丫 $ŋa^{44}$，椏 $ŋa^{44}$，牙 $ŋa^{21}$，芽 $ŋa^{21}$，瓦 $ŋa^{21}$，啞 $ŋa^{24}$，雅 $ŋa^{24}$，巴 pa^{44}，芭 pa^{44}，疤 pa^{44}，笆 pa^{44}，吧 pa^{44}，爸 pa^{44}/pa^{21}，罷 pa^{21}，把 pa^{24}，把~柄 pa^{24}，垻 pa^{33}，壩 pa^{33}，霸 pa^{33}，杷 p^ha^{21}，爬 p^ha^{21}，耙 p^ha^{21}，琶 p^ha^{21}，鈀 p^ha^{21}，怕 p^ha^{33}，沙 sa^{44}，砂 sa^{44}，紗 sa^{44}，痧 sa^{44}，莎 sa^{44}，灑 sa^{24}，耍 sa^{24}，打 ta^{24}，他 t^ha^{44}，楂 tsa^{44}，渣 tsa^{44}，抓 tsa^{44}，炸 tsa^{33}，炸 tsa^{33}，詐 tsa^{33}，榨 tsa^{33}，叉 ts^ha^{44}，岔 ts^ha^{44}，差 ts^ha^{44}，釵 ts^ha^{44}，茶 ts^ha^{21}，查 ts^ha^{21}，搽 ts^ha^{21}，蛙 wa^{44}，窪 wa^{44}，娃 wa^{44}，華 wa^{21}，話 wa^{21}，畫 wa^{24}，瓜 k^wa^{44}，刮 k^wa^{24}，寡 k^wa^{24}，卦 k^wa^{33}，掛 k^wa^{33}，褂 k^wa^{33}，誇 $k^{wh}a^{44}$，垮 $k^{wh}a^{44}$，跨 $k^{wh}a^{44}$

ɔ 阿~胶 $ɔ^{44}$，鵝 $ɔ^{21}$，蛾 $ɔ^{21}$，俄 $ɔ^{24}$/$ɔ^{21}$，科 $fɔ^{44}$，火 $fɔ^{24}$，伙 $fɔ^{24}$，夥 $fɔ^{24}$，貨 $fɔ^{33}$，課 $fɔ^{33}$，何 $hɔ^{21}$，河 $hɔ^{21}$，荷~花 $hɔ^{21}$，荷~薄 $hɔ^{21}$，荷~负 $hɔ^{21}$，賀 $hɔ^{21}$，可 $hɔ^{24}$，哥 $kɔ^{44}$，歌 $kɔ^{44}$，果 $kɔ^{24}$，裹 $kɔ^{24}$，個 $kɔ^{33}$，過 $kɔ^{33}$，戈 $k^hɔ^{44}$，棵 $k^hɔ^{44}$，顆 $k^hɔ^{44}$，囉~唆 $lɔ^{44}$，螺 $lɔ^{21}$，羅 $lɔ^{21}$，騾 $lɔ^{21}$，蘿 $lɔ^{21}$，籮 $lɔ^{21}$，鑼 $lɔ^{21}$，糯 $lɔ^{21}$，臝 $lɔ^{21}$，裸 $lɔ^{21}$，摸 $mɔ^{44}$，摩 $mɔ^{44}$，魔 $mɔ^{44}$，磨~石 $mɔ^{21}$，磨~研 $mɔ^{21}$，餓 $ŋɔ^{21}$，卧 $ŋɔ^{21}$，我 $ŋɔ^{24}$，波 $pɔ^{44}$，玻 $pɔ^{44}$，菠 $pɔ^{44}$，孵 $pɔ^{21}$，播 $pɔ^{33}$，簸 $pɔ^{33}$，坡 $p^hɔ^{44}$，婆 $p^hɔ^{21}$，菩 $p^hɔ^{21}$，破 $p^hɔ^{33}$，梳 $sɔ^{44}$，疏 $sɔ^{44}$，蔬 $sɔ^{44}$，唆 $sɔ^{44}$，梭 $sɔ^{44}$，蓑 $sɔ^{44}$，傻 $sɔ^{44}$，所 $sɔ^{21}$，瑣 $sɔ^{21}$，鎖 $sɔ^{21}$，惰 $tɔ^{21}$，多 $tɔ^{44}$，朵 $tɔ^{24}$，躲 $tɔ^{24}$，剁 $tɔ^{33}$，馱 $t^hɔ^{21}$，駝 $t^hɔ^{21}$，妥 $t^hɔ^{21}$，舵 $t^hɔ^{21}$/t^hai^{24}，橢 $t^hɔ^{21}$，拖 $t^hɔ^{44}$，助 $tsɔ^{21}$，座 $tsɔ^{21}$，阻 $tsɔ^{24}$，左 $tsɔ^{24}$，佐 $tsɔ^{24}$，初 $ts^hɔ^{44}$，鋤 $ts^hɔ^{21}$，坐 $ts^hɔ^{21}$，楚 $ts^hɔ^{24}$/ts^hu^{24}，銼 $ts^hɔ^{33}$，錯 $ts^hɔ^{33}$，鍋 $wɔ^{44}$，倭 $wɔ^{44}$，窩 $wɔ^{44}$，蝸 $wɔ^{44}$，禾 $wɔ^{21}$，禍 $wɔ^{21}$

| ε | 耶 jε²¹, 椰 jε²¹, 爺 jε²¹, 夜 jε²¹, 惹 jε²⁴, 野 jε²⁴, 騎 kʰε²¹, 茄 kʰε²¹, 靴 hε⁴⁴, 余 sε²¹, 蛇 sε²¹, 射 sε²¹, 瀉 sε²³, 捨 sε²⁴, 社 sε²⁴, 麝 sε²⁴, 寫 sε²⁴, 舍 sε³³, 赦 sε³³, 卸 sε³³, 賒 sε⁴⁴, 些 sε⁴⁴, 爹 tε⁴⁴, 謝 tsε²¹, 姐 tsε²⁴, 者 tsε²⁴, 借 tsε³³, 蔗 tsε³³, 遮 tsε⁴⁴, 苴 tsʰε²¹, 邪 tsʰε²¹, 斜 tsʰε²¹, 扯 tsʰε²⁴, 且 tsʰε²⁴, 車 tsʰε⁴⁴ |

| i | 而 ji²¹, 兒 ji²¹, 二 ji²¹, 貳 ji²¹, 如 ji²¹, 儒 ji²¹, 吁 ji²¹, 夷 ji²¹, 宜 ji²¹, 移 ji²¹, 疑 ji²¹, 儀 ji²¹, 易 ji²¹, 異 ji²¹, 義 ji²¹, 誼 ji²¹, 議 ji²¹, 余 ji²¹, 榆 ji²¹, 愚 ji²¹, 漁 ji²¹, 餘 ji²¹, 遇 ji²¹, 喻 ji²¹, 御 ji²¹, 寓 ji²¹, 裕 ji²¹, 愈 ji²¹, 預 ji²¹, 豫 ji²¹, 禦 ji²¹, 譽 ji²¹, 虞 ji²¹, 耳 ji²⁴, 爾 ji²⁴, 擬 ji²⁴, 已 ji²⁴, 以 ji²⁴, 倚 ji²⁴, 椅 ji²⁴, 魚 ji²⁴, 逾 ji²⁴, 愉 ji²⁴, 予 ji²⁴, 宇 ji²⁴, 羽 ji²⁴, 雨 ji²⁴, 禹 ji²⁴, 與 ji²⁴, 語 ji²⁴, 意 ji³³, 懿 ji³³, 伊 ji⁴⁴, 衣 ji⁴⁴, 依 ji⁴⁴, 醫 ji⁴⁴, 姨 ji⁴⁴, 於 ji⁴⁴, 淤 ji⁴⁴, 于 ji⁴⁴, 彌阿-陀佛 li⁴⁴, 豉 si²¹, 時 si²¹, 士 si²¹, 氏 si²¹, 示 si²¹, 仕 si²¹, 事 si²¹, 侍 si²¹, 柿 si²¹, 是 si²¹, 視 si²¹, 嗜 si²¹, 匙 si²¹, 殊 si²¹, 薯 si²¹, 豎 si²¹, 樹 si²¹, 伺 si²¹, 竪 si²¹, 史 si²⁴, 屎 si²⁴, 市 si²⁴, 暑 si²⁴, 鼠 si²⁴, 試 si³³, 署 si³³, 恕 si³³, 庶 si³³, 施 si⁴⁴, 屍 si⁴⁴, 師 si⁴⁴, 獅 si⁴⁴, 詩 si⁴⁴, 書 si⁴⁴, 舒 si⁴⁴, 樞 si⁴⁴, 輸 si⁴⁴, 司 si⁴⁴, 私 si⁴⁴, 思 si⁴⁴, 斯 si⁴⁴, 絲 si⁴⁴, 池 tsʰi²¹, 持 tsʰi²¹, 馳 tsʰi²¹, 遲 tsʰi²¹, 厨 tsʰi²¹, 祠 tsʰi²¹, 瓷 tsʰi²¹, 詞 tsʰi²¹, 慈 tsʰi²¹, 磁 tsʰi²¹, 餈 tsʰi²¹, 辭 tsʰi²¹, 臍 tsʰi²¹, 寺 tsʰi²¹, 飼 tsʰi²¹, 痔 tsʰi²¹, 耻 tsʰi²⁴, 齒 tsʰi²⁴, 杵 tsʰi²⁴, 此 tsʰi²⁴, 始 tsʰi²⁴, 柱 tsʰi²⁴, 紫 tsi²⁴, 廁 tsʰi³³, 翅 tsʰi³³, 處 tsʰi³³, 次 tsʰi³³, 刺 tsʰi³³, 賜 tsʰi³³, 似 tsʰi³³, 儲 tsʰi³³/tsʰi²⁴, 撕 tsʰi⁴⁴, 癡 tsʰi⁴⁴/tsi⁴⁴, 已 tsi²¹, 治 tsi²¹, 住 tsi²¹, 箸 tsi²¹, 自 tsi²¹, 字 tsi²¹, 只 tsi²⁴, 址 tsi²⁴, 指 tsi²⁴, 紙 tsi²⁴, 趾 tsi²⁴, 主 tsi²⁴, 煮 tsi²⁴, 梓 tsi²⁴, 姊 tsi²⁴, 處 tsi³³, 至 tsi³³, 志 tsi³³, 致 tsi³³, 智 tsi³³, 痣 tsi³³, 置 tsi³³, 稚 tsi³³, 誌 tsi³³, 緻 tsi³³, 苧 tsi³³, 注 tsi³³, 著 tsi³³, 蛆 tsi⁴⁴, 之 tsi⁴⁴, 支 tsi⁴⁴, 芝 tsi⁴⁴, 枝 tsi⁴⁴, 知 tsi⁴⁴, 肢 tsi⁴⁴, 脂 tsi⁴⁴, 蜘 tsi⁴⁴, 止 tsi⁴⁴, 旨 tsi⁴⁴, 朱 tsi⁴⁴, 珠 tsi⁴⁴, 株 tsi⁴⁴, 硃 tsi⁴⁴, 蛛 tsi⁴⁴, 誅 tsi⁴⁴, 豬 tsi⁴⁴, 諸 tsi⁴⁴, 滋 tsi⁴⁴, 咨 tsi⁴⁴, 資 tsi⁴⁴ |

| u | 扶 fu²¹, 芙 fu²¹, 符 fu²¹, 輔 fu²¹, 腐 fu²¹, 父 fu²¹, 付 fu²¹, 附 fu²¹, 負 fu²¹, 傅 fu²¹, 賦 fu²¹, 狐 fu²¹, 胡 fu²¹, 葫 fu²¹, 蝴 fu²¹, 鬍 fu²¹, 互 fu²¹, 瓠 fu²¹/pʰou²¹, 芋 fu²¹/wu²¹, 府 fu²⁴, 俯 fu²⁴, 腑 fu²⁴, 撫 fu²⁴, 虎 fu²⁴, 滸 fu²⁴, 苦 fu²⁴, 婦 fu²⁴/fu²¹, 咐 fu³³, 赴 fu³³, 副 fu³³, 富 fu³³, 戽 fu³³, 褲 fu³³, 夫 fu⁴⁴, 麩 fu⁴⁴, 敷 fu⁴⁴, 膚 fu⁴⁴, 俘 fu⁴⁴, 乎 fu⁴⁴, 呼 fu⁴⁴, 古 ku²⁴, 股 ku²⁴, 牯 ku²⁴, 鼓 ku²⁴, 固 ku³³, 故 ku³³, 雇 ku³³, 錮 ku³³, 顧 ku³³, 估 ku⁴⁴, 孤 ku⁴⁴, 姑 ku⁴⁴, 辜 ku⁴⁴, 盧 lu²¹, 蘆 lu²¹, 廬 lu²¹, 爐 lu²¹, 鸕 lu²¹, 路 lu²¹, 露 lu²¹, 驢 lu²¹, 魯 lu²⁴, 櫓 lu²⁴, 霧 mu²¹, 母 mu²⁴, 拇 mu²⁴, 侮 mu²⁴, 舞 mu²⁴, 鵡 mu²⁴, 摹 mu⁴⁴, 模 mu⁴⁴, 巫 mu⁴⁴, 誣 mu⁴⁴, 漱 su³³, 訴 su³³, 嗉 su³³, 蘇 su⁴⁴, 徒 tʰu²¹, 途 tʰu²¹, 屠 tʰu²¹, 圖 tʰu²¹, 肚 tʰu²⁴/tʰou²⁴, 吐 tʰu³³, 兔 tʰu³³, 唾 tʰu³³, 礎 tsʰu²⁴, 醋 tsʰu³³, 粗 tsʰu⁴⁴, 組 tsu²⁴, 祖 tsu²⁴, 租 tsu⁴⁴/tsou⁴⁴, 庫 fu³³, 箍 kʰu⁴⁴, 枯 kʰu⁴⁴, 募 mou²¹/mu²¹, 務 mou²¹/mu²¹, 武 mou²⁴/mu²⁴, 捕 pʰu²⁴, 浦 pʰu²⁴/pʰou²⁴, 杜 tu²¹, 度 tu²¹, 鍍 tu²⁴, 堵 tu²⁴, 都 tu⁴⁴, 都(市) tu⁴⁴, 壺 wu²¹, 湖 wu²¹, 護 wu²¹, 污 wu²¹, 戶 wu²¹/fu²¹, 惡 wu³³, 烏 wu⁴⁴, 塢 wu⁴⁴ |

ai 捱 ai²¹, 艾 ai³³, 埃 ai⁴⁴, 快 fai³³, 塊 fai³³, 筷 fai³³, 解 kai²⁴, 尬 kai³³, 介 kai³³, 戒 kai³³, 芥 kai³³, 届 kai³³, 界 kai³³, 疥 kai³³, 佳 kai⁴⁴, 皆 kai⁴⁴, 階 kai⁴⁴, 街 kai⁴⁴, 拐 kʷai²⁴, 怪 kʷai³³, 乖 kʷai⁴⁴, 孩 hai²¹, 鞋 hai²¹, 諧 hai²¹, 械 hai²¹, 懈 hai³³, 蟹 hai²⁴, 賴 lai²¹, 乃 lai²⁴, 奶 lai²⁴, 癩 lai³³, 拉 lai⁴⁴, 埋 mai²¹, 賣 mai³³, 邁 mai³³, 買 mai²⁴, 崖 ŋai²¹, 涯 ŋai²¹, 艾 ŋai²¹, 挨 ŋai⁴⁴, 敗 pai²¹, 稗 pai²¹, 擺 pai²⁴, 拜 pai³³, 牌 pʰai²¹, 派 pʰai³³, 璽 sai²⁴, 曬 sai³³, 大 tai²¹, 第 tai²¹/tei²¹, 帶 tai³³, 戴 tai³³, 獃 tai⁴⁴, 貸 tʰai³³, 太 tʰai³³, 泰 tʰai³³, 態 tʰai³³, 梯 tʰai⁴⁴, 提 tʰai²¹, 寨 tsai²¹, 債 tsai³³, 齋 tsai⁴⁴, 柴 tsʰai²¹, 猜 tsʰai⁴⁴, 差出 tsʰai⁴⁴, 搓 tsʰai⁴⁴, 歪 wai⁴⁴, 淮 wai²¹, 槐 wai²¹, 懷 wai²¹, 壞 wai²¹

ei 廢 fei³³, 肺 fei³³, 費 fei³³, 繫 hei²¹, 系 hei²¹, 係 hei²¹, 計 kei³³, 髻 kei³³, 繼 kei³³, 鷄 kei⁴⁴, 啓 kʰei²⁴/kʰai²⁴, 契 kʰei³³, 稽 kʰei⁴⁴, 奚 kʰei⁴⁴, 溪 kʰei⁴⁴, 癸 kʷʰei²¹, 奎 kʷʰei²¹, 逵 kʷʰei²¹, 葵 kʷʰei²¹, 攜 kʷʰei²¹, 愧 kʷʰei³³, 潰 kʷʰei³³, 規 kʷʰei⁴⁴, 盔 kʷʰei⁴⁴, 窺 kʷʰei⁴⁴, 虧 kʷʰei⁴⁴, 跪 kʷei²¹, 櫃 kʷei²¹, 軌 kʷei²⁴, 鬼 kʷei²⁴, 詭 kʷei²⁴, 瑰 kʷei³³, 桂 kʷei³³, 貴 kʷei³³, 季 kʷei³³, 圭 kʷei⁴⁴, 閨 kʷei⁴⁴, 龜 kʷei⁴⁴, 歸 kʷei⁴⁴, 迷 mei²¹, 謎 mei²¹, 米 mei²⁴, 黎 lei²¹, 例 lei²¹, 荔 lei²¹, 勵 lei²¹, 麗 lei²¹, 尼 lei²¹, 泥 lei²¹, 禮 lei²⁴, 膩 lei³³, 陛 pei²¹, 敝 pei²¹, 閉 pei³³, 蔽 pei³³, 憋 pei³³, 泌 pei³³, 秘 pei³³, 跛 pei⁴⁴, 批 pʰei⁴⁴, 逝 sei²¹, 誓 sei²¹, 駛 sei²⁴, 洗 sei²⁴, 使 sei²⁴/si²⁴, 世 sei³³, 勢 sei³³, 細 sei³³, 婿 sei³³, 棲 sei⁴⁴, 篩 sei⁴⁴, 犀 sei⁴⁴, 篩 sei⁴⁴（學生：sᵃei⁴⁴）, 西 sei⁴⁴, 弟 tei²¹, 遞 tei²¹, 隸 tei²¹, 抵 tei²⁴, 底 tei²⁴, 帝 tei³³, 蒂 tei³³, 低 tei⁴⁴, 堤 tʰei⁴⁴, 啼 tʰei²¹, 蹄 tʰei²¹, 題 tʰei²¹, 體 tʰei²⁴, 剃 tʰei³³, 涕 tʰei³³, 屜 tʰei³³, 替 tʰei³³, 滯 tsei³³, 擠 tsei³³, 祭 tsei³³, 際 tsei³³, 濟 tsei³³, 制 tsei³³, 製 tsei³³, 劑 tsei⁴⁴, 齊 tsʰei²¹, 砌 tsʰei³³, 妻 tsʰei⁴⁴, 凄 tsʰei⁴⁴, 惠 wei²¹, 桅 wei²¹, 唯 wei²¹, 帷 wei²¹, 惟 wei²¹, 圍 wei²¹, 爲作 wei²¹, 爲因 wei²¹, 違 wei²¹, 維 wei²¹, 位 wei²¹, 胃 wei²¹, 衛 wei²¹, 謂 wei²¹, 遺 wei²¹, 毀 wei²⁴, 委 wei²⁴, 偉 wei²⁴, 葦 wei²¹, 緯 wei²¹, 慧 wei³³, 諱 wei³³, 穢 wei³³, 畏 wei³³, 慰 wei³³, 餧 wei³³, 威 wei⁴⁴, 危 ŋei²¹, 魏 ŋei²¹, 藝 ŋei²¹, 毅 ŋei²¹/ei²¹, 僞 ŋei²¹/wei²¹, 矮 ŋei²⁴, 蟻 ŋei²⁴, 萎 ŋei²⁴/wei²⁴

ɔi 藹 ɔi²⁴, 愛 ɔi³³, 亥 hɔi²¹, 害 hɔi²¹, 海 hɔi²⁴, 凱 hɔi²⁴, 開 hɔi⁴⁴, 改 kɔi²⁴, 蓋 kɔi³³, 該 kɔi⁴⁴, 丐 kʰɔi³³, 溉 kʰɔi³³, 概 kʰɔi³³, 慨 kʰɔi³³, 來 lɔi²¹, 奈 lɔi²¹, 耐 lɔi²¹, 內 lɔi²¹, 礙 ŋɔi²¹, 外 ŋɔi²¹, 哀 ŋɔi²¹, 賽 sɔi³³, 代 tɔi²¹, 殆 tɔi²¹, 待 tɔi²¹, 怠 tɔi²¹, 袋 tɔi²¹, 台 tʰɔi²¹, 苔 tʰɔi²¹, 臺 tʰɔi²¹, 擡 tʰɔi²¹, 胎 tʰɔi⁴⁴, 在 tsɔi²¹, 宰 tsɔi²⁴, 載 tsɔi³³, 災 tsɔi⁴⁴, 栽 tsɔi⁴⁴, 才 tsʰɔi²¹, 材 tsʰɔi²¹, 財 tsʰɔi²¹, 裁 tsʰɔi²¹, 纔 tsʰɔi²¹, 豺 tsʰɔi²¹, 彩 tsʰɔi²⁴, 睬 tsʰɔi²⁴, 採 tsʰɔi³³, 菜 tsʰɔi³³, 蔡 tsʰɔi³³, 塞 tsʰɔi³³/sɐk⁵

ei 肥 fei²¹, 吠 fei²¹, 匪 fei²⁴, 翡 fei²⁴, 妃 fei⁴⁴, 非 fei⁴⁴, 飛 fei⁴⁴, 菲 fei⁴⁴, 揮 fei⁴⁴, 輝 fei⁴⁴, 徽 fei⁴⁴, 起 hei²⁴, 豈 hei²⁴, 喜 hei²⁴, 汽 hei³³, 氣 hei³³, 棄 hei³³, 器 hei³³, 去 hei³³, 嬉 hei³³, 戲 hei³³, 許 hei⁴⁴, 欺 hei⁴⁴, 希 hei⁴⁴, 稀 hei⁴⁴, 熙 hei⁴⁴, 犧 hei⁴⁴, 虛 hei⁴⁴, 墟 hei⁴⁴, 技 kei²¹, 忌 kei²¹, 妓 kei²¹, 具 kei²¹, 俱 kei²¹, 據 kei²¹, 懼 kei²¹, 己 kei²⁴, 幾~个 kei²⁴, 幾~乎 kei²⁴, 紀 kei²⁴, 矩 kei²⁴, 舉 kei²⁴, 杞 kei²⁴, 祀 kei²⁴, 既 kei³³, 記 kei³³, 寄 kei³³

句 kei^{33}，鋸 kei^{33}，車_马炮 kɛi^{44}，肌 kei^{44}，飢 kei^{44}，基 kei^{44}，箕 kei^{44}，機 kei^{44}，譏 kei^{44}，饑 kei^{44}，几 kei^{44}，居 kei^{44}，其 kei^{44}，期 k^{h}ei^{21}，祁 k^{h}ei^{21}，岐 k^{h}ei^{21}，其 k^{h}ei^{21}，奇 k^{h}ei^{21}，祈 k^{h}ei^{21}，棋 k^{h}ei^{21}，旗 k^{h}ei^{21}，鰭 k^{h}ei^{21}，渠 k^{h}ei^{21}，陡(训读) k^{h}ei^{24}，徛 k^{h}ei^{24}，拒 k^{h}ei^{24}，距 k^{h}ei^{24}，企 k^{h}ei^{24}，佢 k^{h}ei^{33}，拘 k^{h}ei^{44}，區 k^{h}ei^{44}，軀 k^{h}ei^{44}，驅 k^{h}ei^{44}，梨 lei^{21}，犁 lei^{21}，貍 lei^{21}，鰲 lei^{21}，離 lei^{21}，籬 lei^{21}，吏 lei^{21}，利 lei^{21}，莉 lei^{21}，痢 lei^{21}，厲 lei^{21}，李 lei^{24}，里 lei^{24}，理 lei^{24}，裏 lei^{24}，鯉 lei^{24}，履 lei^{24}，你 lei^{24}，璃 lei^{44}，餌 lei^{44}，眉 mei^{21}，楣 mei^{21}，微 mei^{21}，薇 mei^{21}，未 mei^{21}，味 mei^{21}，美 mei^{24}，尾 mei^{24}，斃 pei^{21}，鼻 pei^{21}（p^{v}ei^{21}），比 pei^{24}，俾 pei^{24}，被_打 pei^{24}/pei^{21}，庇 pei^{33}，痹 pei^{33}，臂 pei^{33}，卑 pei^{44}，悲 pei^{44}，碑 pei^{44}，蓖 pei^{44}，備 p^{v}ei^{21}，算 pei^{21}，弊 pei^{21}，幣 pei^{21}，篦 pei^{21}，避 pei^{21}，皮 p^{h}ei^{21}，枇 p^{h}ei^{21}，疲 p^{h}ei^{21}，琵 p^{h}ei^{21}，脾 p^{h}ei^{21}，被_子 p^{h}ei^{24}，彼 p^{h}ei^{24}，鄙 p^{h}ei^{24}，婢 p^{h}ei^{24}，屁 p^{h}ei^{33}，胚 p^{h}ei^{44}，丕 p^{h}ei^{44}，坯 p^{h}ei^{44}，披 p^{h}ei^{44}，死 sei^{24}，四 sei^{33}，肆 sei^{33}，地 tei^{21}

ui 賄 fui^{24}，悔 fui^{33}，灰 fui^{44}，恢 fui^{44}，銳 jui^{21}，釉 jui^{21}，乳 jui^{24}，蕊 jui^{24}/jui^{21}，錐 jui^{44}，劊 k^{h}ui^{24}，檜 k^{h}ui^{24}，魁 k^{h}ui^{44}，玫 mui^{21}，莓 mui^{21}，梅 mui^{21}，媒 mui^{21}，煤 mui^{21}，妹 mui^{21}/mui^{44}，每 mui^{24}，枚 mui^{44}，殕 mui^{44}，雷 lui^{21}，累_劳 lui^{21}，累_积 lui^{21}，淚 lui^{21}，擂 lui^{21}，類 lui^{21}，慮 lui^{21}，濾 lui^{21}/lei^{21}，壘 lui^{21}，呂 lui^{24}，旅 lui^{24}，屢 lui^{24}，女 lui^{24}，陪 p^{h}ui^{21}，培 p^{h}ui^{21}，裴 p^{h}ui^{21}，賠 p^{h}ui^{21}，倍 p^{h}ui^{24}，沛 p^{h}ui^{33}，佩 p^{h}ui^{33}，配 p^{h}ui^{33}，背 pui^{21}，疿 pui^{21}/fei^{21}，貝 pui^{33}，背 pui^{33}，狽 pui^{33}，輩 pui^{33}，杯 pui^{44}，垂 sui^{21}，瑞 sui^{21}，誰 sui^{21}，睡 sui^{21}，髓 sui^{21}，遂 sui^{21}，隧 sui^{21}，穗 sui^{21}，水 sui^{24}，粹 sui^{33}，帥 sui^{33}，稅 sui^{33}，碎 sui^{33}，歲 sui^{33}，腮 sui^{44}，鰓 sui^{44}，衰 sui^{44}，雖 sui^{44}，須 sui^{44}，需 sui^{44}，腿 t^{h}ui^{24}，退 t^{h}ui^{33}，蛻 t^{h}ui^{33}，褪 t^{h}ui^{33}，推 t^{h}ui^{44}，槌 ts^{h}ui^{21}，錘 ts^{h}ui^{21}，隨 ts^{h}ui^{21}，除 ts^{h}ui^{21}/ts^{h}i^{21}，徐 ts^{h}ui^{21}/ts^{h}i^{21}，揣 ts^{h}ui^{24}，取 ts^{h}ui^{24}，娶 ts^{h}ui^{33}，脆 ts^{h}ui^{33}，翠 ts^{h}ui^{33}，趣 ts^{h}ui^{33}，吹 ts^{h}ui^{44}，炊 ts^{h}ui^{44}，崔 ts^{h}ui^{44}，催 ts^{h}ui^{44}，趨 ts^{h}ui^{44}，聚 tsui^{21}，序 tsui^{21}，叙 tsui^{21}，罪 tsui^{21}，墜 tsui^{21}，贅 tsui^{21}，嘴 tsui^{24}，再 tsui^{33}，醉 tsui^{33}，最 tsui^{33}，追 tsui^{44}，隊 tui^{21}，兌 tui^{33}，碓 tui^{33}，對 tui^{33}，堆 tui^{44}，徊 wui^{21}，回 wui^{21}，茴 wui^{21}，匯 wui^{21}，會_开 wui^{21}，彙 wui^{21}，繪 wui^{21}，會_不 wui^{24}，煨 wui^{44}

au 茅 mau^{21}，卯 mau^{24}，貓 mau^{44}，孝 hau^{33}，校 hau^{21}，效 hau^{21}，考 hau^{24}，巧 hau^{24}，烤 hau^{24}/hau^{44}，酵 hau^{33}，敲 hau^{44}，搞 kau^{24}，狡 kau^{24}，絞 kau^{24}，餃 kau^{24}，攪 kau^{24}，鉸 kau^{33}，教 kau^{33}，較 kau^{33}，臼 kau^{24}，覺_睡 kau^{33}，校_对 kau^{33}，交 kau^{44}，郊 kau^{44}，膠 kau^{44}，撓 lau^{21}，鬧 lau^{21}，撈 lau^{44}，矛 mau^{21}，錨 mau^{21}，茂 mau^{21}，貌 mau^{21}，畝 mau^{24}，牡 mau^{24}，戊 mau^{24}，熬 ŋau^{21}，咬 ŋau^{21}，坳 ŋau^{33}，鮑 pau^{24}，豹 pau^{33}，包 pau^{44}，胞 pau^{44}，褒 pau^{44}，鮑 pau^{44}，泡 p^{h}au^{33}，鉋 p^{h}au^{21}，刨 p^{h}au^{21}，跑 p^{h}au^{21}，炮 p^{h}au^{33}，抛 p^{h}au^{44}，泡_水 p^{h}au^{44}，雹 p^{h}au^{44}/pɔk^{21}，哨 sau^{33}，潲 sau^{33}，梢 sau^{44}，櫂 tsau^{21}，驟 tsau^{21}，爪 tsau^{24}，找 tsau^{24}，罩 tsau^{33}，吵 ts^{h}au^{24}，炒 ts^{h}au^{24}，抄 ts^{h}au^{44}，鈔 ts^{h}au^{44}，靠 k^{h}au^{33}

eu	傲 ᵃeu²¹, 埠 feu²¹, 浮 feu²¹, 阜 feu²¹, 否 feu²⁴, 侯 heu²¹, 喉 heu²¹, 猴 heu²¹, 后 heu²¹, 後 heu²¹, 候 heu²¹, 鱟 heu²¹, 厚 heu²⁴, 口 heu²⁴, 蒿 heu⁴⁴, 薅 heu⁴⁴, 柔 jeu²¹, 揉 jeu²¹, 尤 jeu²¹, 由 jeu²¹, 油 jeu²¹, 郵 jeu²¹, 猶 jeu²¹, 游 jeu²¹, 又 jeu²¹, 右 jeu²¹, 柚 jeu²¹, 祐 jeu²¹, 幼 jeu²¹, 有 jeu²⁴, 西 jeu²¹, 誘 jeu²¹, 竹 jeu²¹, 丘 jeu⁴⁴, 邱 jeu⁴⁴, 休 jeu⁴⁴, 幽 jeu⁴⁴, 悠 jeu⁴⁴, 憂 jeu⁴⁴, 優 jeu⁴⁴, 舊 keu²¹, 槁 keu²⁴, 狗 keu²⁴, 九 keu²⁴, 久 keu²⁴, 韭 keu²⁴, 夠 keu³³, 究 keu³³, 灸 keu³³, 咎 keu³³, 救 keu³³, 鳩 keu⁴⁴, 求 kʰeu²¹, 球 kʰeu²¹, 舅 kʰeu²⁴, 構 kʰeu³³, 購 kʰeu³³, 叩 kʰeu³³, 扣 kʰeu³³, 寇 kʰeu³³, 溝 kʰeu⁴⁴, 鬮 kʰeu⁴⁴, 摳 kʰeu⁴⁴, 佝 kʰeu⁴⁴, 牢 leu²¹, 勞 leu²¹, 澇 leu²¹, 溜 leu²¹, 留 leu²¹, 流 leu²¹, 琉 leu²¹, 硫 leu²¹, 榴 leu²¹, 劉 leu²¹, 餾 leu²¹, 樓 leu²¹, 摟 leu²¹, 簍 leu²¹, 陋 leu²¹, 漏 leu²¹, 縷 leu²¹, 柳 leu²⁴, 扭 leu²⁴, 紐 leu²⁴, 牛 ŋeu²¹, 偶 ŋeu²⁴, 嘔 ŋeu²⁴, 藕 ŋeu²⁴, 漚 ŋeu²⁴/eu³³, 勾 ŋeu⁴⁴, 鉤 ŋeu⁴⁴, 歐 ŋeu⁴⁴, 區 ŋeu⁴⁴, 毆 ŋeu⁴⁴/eu⁴⁴, 仇 seu²¹, 愁 seu²¹, 受 seu²¹, 授 seu²¹, 售 seu²¹, 壽 seu²¹, 稍 sau²⁴, 抖 seu²⁴, 手 seu²⁴, 守 seu²⁴, 首 seu²⁴, 搜 seu²⁴, 蒐 seu²⁴, 瘦 seu³³, 獸 seu³³, 嗽 seu³³, 秀 seu³³, 銹 seu³³, 繡 seu³³, 收 seu⁴⁴, 修 seu⁴⁴, 羞 seu⁴⁴, 豆 teu²¹, 島 teu²⁴, 斗 teu²⁴, 逗 teu³³, 鬥 teu³³, 刀 teu⁴⁴, 叨 teu⁴⁴, 兜 teu⁴⁴, 投 tʰeu²¹, 頭 tʰeu²¹, 敨 tʰeu³³, 透 tʰeu³³, 偷 tʰeu⁴⁴, 就 tseu²¹, 袖 tseu²¹, 酒 tseu²⁴, 走 tseu²⁴, 咒 tseu³³, 紂 tseu³³, 晝 tseu³³, 縐 tseu³³, 奏 tseu³³, 皺 tseu³³/jeu³³, 舟 tseu⁴⁴, 州 tseu⁴⁴, 周 tseu⁴⁴, 洲 tseu⁴⁴, 週 tseu⁴⁴, 鄒 tseu⁴⁴, 酬 tsʰeu²¹, 綢 tsʰeu²¹, 籌 tsʰeu²¹, 囚 tsʰeu²¹, 丑 tsʰeu²⁴, 醜 tsʰeu²⁴, 臭 tsʰeu³³, 湊 tsʰeu³³, 嗅 tsʰeu³³, 抽 tsʰeu⁴⁴, 秋 tsʰeu⁴⁴
ou	襖 ou³³, 奥 ou³³, 澳 ou³³, 懊 ou³³, 毫 hou²¹, 豪 hou²¹, 壕 hou²¹, 號 hou²¹, 酷 hou²¹, 好_坏 hou²⁴, 好_爱 hou³³, 耗 hou³³, 浩 hou³³/hou²¹, 告 kou³³, 高 kou⁴⁴, 羔 kou⁴⁴, 膏 kou⁴⁴, 篙 kou⁴⁴, 糕 kou⁴⁴, 嘮 lou²¹, 鷺 lou²¹, 奴 lou²¹, 怒 lou²¹, 老 lou²⁴, 虜 lou²⁴, 滷 lou²⁴, 惱 lou²⁴, 腦 lou²⁴, 努 lou²⁴, 毛 mou²¹, 冒 mou²¹, 帽 mou²¹, 貿 mou²¹, 模 mou²¹, 墓 mou²¹, 慕 mou²¹, 暮 mou²¹, 無 mou²¹, 謀 mou²¹/mau²¹, 某 mou²¹/mau²⁴, 蟆 mou⁴⁴, 袍 pʰou²¹, 葡 pʰou²¹, 蒲 pʰou²¹, 抱 pʰou²⁴, 甫 pʰou²⁴, 脯 pʰou²⁴, 普 pʰou²⁴, 譜 pʰou²⁴, 剖 pʰou²⁴/peu²⁴, 鋪_店 pʰou³³, 鋪_开 pʰou⁴⁴, 暴 pou²¹, 步 pou²¹, 部 pou²¹, 簿 pou²¹, 瀑 pou²¹, 曝 pou²¹, 爆 pou²¹/pau³³, 菢 pou²¹/pɔ²¹, 保 pou²⁴, 堡 pou²⁴, 寶 pou²⁴, 補 pou²⁴, 斧 pou²⁴/fu²⁴, 報 pou³³, 布 pou³³, 佈 pou³³, 怖 pou³³/pu³³, 嫂 sou²¹, 數 sou²⁴/sou³³/su²⁴, 掃 sou³³, 數 sou³³/su³³, 素 sou³³/su³³, 緒 sou³³/su³³, 騷 sou⁴⁴, 臊 sou⁴⁴, 酥 sou⁴⁴, 鬚 sou⁴⁴, 掏 tʰou²¹, 逃 tʰou²¹, 桃 tʰou²¹, 陶 tʰou²¹, 萄 tʰou²¹, 淘 tʰou²¹, 塗 tʰou²¹, 濤 tʰou²¹/tʰou⁴⁴, 討 tʰou²⁴, 土 tʰou²⁴, 套 tʰou³³, 滔 tʰou⁴⁴, 導 tou²¹, 盜 tou²¹, 道 tou²¹, 稻 tou²¹, 妒 tou²¹, 渡 tou²¹, 倒 tou²⁴, 搗 tou²⁴, 賭 tou²⁴, 糾 tou²⁴, 到 tou³³, 曹 tsʰou²¹, 槽 tsʰou²¹, 巢 tsʰou²¹, 草 tsʰou²⁴, 措 tsʰou³³, 澡 tsʰou³³, 燥 tsʰou³³, 躁 tsʰou³³, 操 tsʰou⁴⁴, 糙 tsʰou⁴⁴/tsʰou³³, 皂 tsou²¹, 造 tsou²¹, 宙 tsou²¹, 做 tsou²¹, 早 tsou²⁴, 棗 tsou²⁴, 竈 tsou³³, 遭 tsou⁴⁴, 糟 tsou⁴⁴
ɛu	繚 lɛu²⁴, 繳 kɛu²⁴

| iu | 曉 hiu²⁴, 僥 hiu²⁴/hiu⁴⁴, 嚣 hiu⁴⁴, 橈 jiu²¹, 饒 jiu²¹, 姚 jiu²¹, 窰 jiu²¹, 堯 jiu²¹, 搖 jiu²¹, 遙 jiu²¹, 謠 jiu²¹, 耀 jiu²¹, 鷂 jiu²¹, 澆 jiu²¹, 擾 jiu²⁴, 繞 jiu²⁴, 舀 jiu²⁴, 要 jiu³³, 夭 jiu¹¹, 妖 jiu⁴⁴, 腰 jiu⁴⁴, 邀 jiu⁴⁴, 要 jiu⁴⁴/jiu³³, 轎 kʰiu²¹, 喬 kʰiu²¹, 僑 kʰiu²¹, 蕎 kʰiu²¹, 橋 kʰiu²¹, 朽 kʰiu²⁴/leu²⁴, 竅 kʰiu³³, 叫 kiu³³, 嬌 kiu⁴⁴, 驕 kiu⁴⁴, 聊 liu²¹, 寥 liu²¹, 撩 liu²¹, 遼 liu²¹, 療 liu²¹, 料 liu²¹, 廖 liu²¹, 瞭 liu²¹, 尿 liu²¹, 了 liu²⁴, 鳥 liu²⁴, 查 liu²⁴, 苗 miu²¹, 描 miu²¹, 妙 miu²¹, 廟 miu²¹, 謬 miu²¹, 秒 miu²⁴, 渺 miu²⁴, 藐 miu²⁴, 嫖 pʰiu²¹, 漂 pʰiu³³, 票 pʰiu³³, 鰾 pʰiu⁴⁴, 漂 pʰiu⁴⁴, 飄 pʰiu⁴⁴, 瓢 pʰiu⁴⁴, 表 piu²⁴, 彪 piu⁴⁴, 標 piu⁴⁴, 錶 piu⁴⁴, 韶 siu²¹, 紹 siu²¹, 沼 siu²¹, 兆 siu²¹/tsʰiu²¹, 少 siu²⁴, 小 siu²⁴, 鞘 siu³³, 少 siu³³, 邵 siu³³, 笑 siu³³, 燒 siu⁴⁴, 肖 siu⁴⁴, 逍 siu⁴⁴, 消 siu⁴⁴, 宵 siu⁴⁴, 硝 siu⁴⁴, 霄 siu⁴⁴, 銷 siu⁴⁴, 蕭 siu⁴⁴, 簫 siu⁴⁴, 調 tʰiu²¹, 條 tʰiu²¹, 跳 tʰiu³³, 鍬 tʰiu⁴⁴, 挑 tʰiu⁴⁴, 掉 tiu²¹, 調 tiu²¹, 吊 tiu³³, 釣 tiu³³, 刁 tiu⁴⁴, 凋 tiu⁴⁴, 彫 tiu⁴⁴, 貂 tiu⁴⁴, 雕 tiu⁴⁴, 丟 tiu⁴⁴, 朝 tsʰiu²¹, 潮 tsʰiu²¹, 超 tsʰiu⁴⁴, 焦 tsʰiu⁴⁴, 悄 tsʰiu⁴⁴, 昭 tsʰiu⁴⁴, 詔 tsiu²¹, 趙 tsiu²¹, 剿 tsiu²⁴, 照 tsiu³³, 朝 tsiu⁴⁴, 椒 tsiu⁴⁴, 蕉 tsiu⁴⁴, 樵 tsiu⁴⁴, 瞧 tsiu⁴⁴, 招 tsiu⁴⁴, 召 tsiu⁴⁴/tsiu²¹ |

| an | 晏 an³³/ŋan³³, 帆 fan²¹, 藩 fan²¹, 凡 fan²¹, 煩 fan²¹, 繁 fan²¹, 犯 fan²¹, 泛 fan²¹, 飯 fan²¹, 範 fan²¹, 范 fan²¹, 反 fan²⁴, 販 fan³³, 番 fan⁴⁴, 翻 fan⁴⁴, 藩 fan⁴⁴/fan²¹, 閑 han²¹, 柬 kan²⁴, 揀 kan²⁴, 繭 kan²⁴, 簡 kan²⁴, 鹼 kan²⁴, 諫 kan²¹, 鰥 kan²¹, 間 kan³³, 奸 kan⁴⁴, 艱 kan⁴⁴, 慣 kʷan³³, 關 kʷan⁴⁴, 攔 lan²¹, 蘭 lan²¹, 欄 lan²¹, 濫 lan²¹, 爛 lan²¹, 難困lan²¹, 難灾lan²¹, 懶 lan²⁴, 饅 man²¹, 鰻 man²¹, 蠻 man²¹, 蔓 man²¹, 幔 man²¹, 漫 man²¹, 慢 man²¹, 頑皮man²¹, 萬 man²¹, 晚 man²⁴, 顏 ŋan²¹, 雁 ŋan²¹, 諺 ŋan²¹, 眼 ŋan²⁴, 辦 pan²¹, 扮 pan²¹/pan³³, 扳 pan²⁴, 板 pan²⁴, 版 pan²⁴, 襻 pan³³, 班 pan⁴⁴, 斑 pan⁴⁴, 頒 pan⁴⁴, 攀 pʰan²⁴, 潺 san²¹, 饞 san²¹, 散松san²⁴, 傘 san³³, 散~发san³³, 疝 san³³, 山 san⁴⁴, 删 san⁴⁴, 珊 san⁴⁴, 閂 san⁴⁴, 但 tan²¹, 蛋 tan²¹, 彈 tan²¹, 旦 tan³³, 誕 tan³³, 丹 tan⁴⁴, 單 tan⁴⁴, 彈~琴tʰan²¹, 壇 tʰan²¹, 檀 tʰan²¹, 坦 tʰan²⁴, 毯 tʰan²⁴, 炭 tʰan³³, 歎 tʰan³³, 坍 tʰan⁴⁴, 攤 tʰan⁴⁴, 灘 tʰan⁴⁴, 癱 tʰan⁴⁴, 棧 tsan²¹, 賺 tsan²¹, 盞 tsan²⁴, 贊 tsan³³, 瓚 tsan³³, 讚 tsan³³, 殘 tsʰan²¹, 慚 tsʰan²¹, 纏 tsʰan²¹, 產 tsʰan²⁴, 鏟 tsʰan²⁴, 燦 tsʰan³³, 餐 tsʰan⁴⁴, 還~是wan²¹, 還归wan²¹, 環 wan²¹, 幻 wan²¹, 宦 wan²¹, 患 wan²¹, 挽 wan²⁴, 彎 wan⁴⁴, 灣 wan⁴⁴ |

| ɐn | 焚 fɐn²¹, 份 fɐn²¹, 忿 fɐn²¹, 墳 fɐn²¹, 粉 fɐn²⁴, 憤 fɐn²⁴, 奮 fɐn²⁴, 畚 fɐn³³, 糞 fɐn³³, 睏 fɐn³³, 訓 fɐn³³, 分 fɐn⁴⁴, 芬 fɐn⁴⁴, 吩 fɐn⁴⁴, 紛 fɐn⁴⁴, 昏 fɐn⁴⁴, 婚 fɐn⁴⁴, 葷 fɐn⁴⁴, 熏 fɐn⁴⁴, 勳 fɐn⁴⁴, 薰 fɐn⁴⁴, 燻 fɐn⁴⁴, 痕 hɐn²¹, 恨 hɐn²¹, 限 hɐn²¹, 很 hɐn²⁴, 狠 hɐn²⁴, 懇 hɐn²⁴, 肯 hɐn²⁴/hɐn²⁴, 墾 hɐn²⁴/hɐn²⁴, 人 jɐn²¹, 仁 jɐn²¹, 刃 jɐn²¹, 紝 jɐn²¹, 韌 jɐn²¹, 閏 jɐn²¹, 潤 jɐn²¹, 寅 jɐn²¹, 孕 jɐn²¹, 穎 jɐn²¹/jɐn³³, 忍 jɐn²⁴, 引 jɐn²⁴, 隱 jɐn²⁴, 癮 jɐn²⁴, 印 jɐn³³, 孕 jɐn³³/jɐn³³, 恩 jɐn⁴⁴, 欣 jɐn⁴⁴, 因 jɐn⁴⁴, 姻 jɐn⁴⁴, 殷 jɐn⁴⁴, 僅 kɐn²⁴, 緊 kɐn²⁴, 儘 kɐn²⁴, 謹 kɐn²⁴, 根 kɐn⁴⁴, 跟 kɐn⁴⁴, 巾 kɐn⁴⁴, 斤 kɐn⁴⁴, 筋 kɐn⁴⁴, 庚 kɐn⁴⁴/kaŋ⁴⁴, 芹 kʰɐn²¹, 勤 kʰɐn²¹, 近 kʰɐn²¹/kɐn²¹, 裙 kʷʰɐn²¹, 群 kʷʰɐn²¹, 綑 kʷʰɐn²⁴, 困 kʷʰɐn³³, 坤 kʷʰɐn⁴⁴, 昆 kʷʰɐn⁴⁴, 崑 kʷʰɐn⁴⁴, 郡 kʷʰɐn³³, 滾 kʷʰɐn²⁴, 棍 kʷʰɐn³³, 君 kʷʰɐn⁴⁴, 軍 kʷʰɐn⁴⁴, 鈞 kʷʰɐn⁴⁴, 菌 kʷʰɐn²⁴, 均 kʷʰɐn⁴⁴, 銀 ŋɐn²¹, 鄰 lɐn²¹, 燐 lɐn²¹, 磷 lɐn²¹, 鱗 lɐn²¹, 倫 lɐn²¹, 崙 lɐn²¹, 淪 lɐn²¹, 輪 lɐn²¹, 論 lɐn²¹, 民 mɐn²¹, 文 mɐn²¹, 紋 mɐn²¹, 聞 mɐn²¹, |

問 men²¹, 敏 men²⁴, 閩 men²⁴, 吻 men²⁴, 蚊 men⁴⁴, 笨 pen²¹, 稟 pen²⁴, 奔 pen⁴⁴, 彬 pen⁴⁴, 賓 pen⁴⁴, 濱 pen⁴⁴, 殯 pen⁴⁴, 鬢 pen⁴⁴, 浜 pen⁴⁴/pɔŋ⁴⁴, 貧 pʰen²¹, 頻 pʰen²¹, 品 pʰen²⁴, 噴 pʰen³³, 辰 sen²¹, 晨 sen²¹, 純 sen²¹, 醇 sen²¹, 娠 sen²¹, 神 sen²¹, 慎 sen²¹, 順 sen²¹, 腎 sen²⁴, 筍 sen²⁴, 榫 sen²⁴, 信 sen³³, 訊 sen³³, 迅 sen³³, 訊 sen³³, 申 sen⁴⁴, 伸 sen⁴⁴, 身 sen⁴⁴, 辛 sen⁴⁴, 新 sen⁴⁴, 薪 sen⁴⁴, 沌 ten²¹, 鈍 ten²¹, 頓 ten²¹, 盾 ten²⁴/ten²¹, 扽 ten³³, 敦 ten⁴⁴, 墩 ten⁴⁴, 臀 tʰen²¹/tʰen⁴⁴, 吞 tʰen⁴⁴, 飩 tʰen⁴⁴, 盡 tsen²¹, 陣 tsen²¹, 准 tsen²⁴, 晉 tsen³³, 進 tsen³³, 俊 tsen³³, 圳 tsen³³, 振 tsen³³, 震 tsen³³, 鎮 tsen³³, 津 tsen⁴⁴, 珍 tsen⁴⁴, 真 tsen⁴⁴, 臻 tsen⁴⁴, 曾 tsʰen²¹, 層 tsʰen²¹, 臣 tsʰen²¹, 陳 tsʰen²¹, 塵 tsʰen²¹, 唇 tsʰen²¹, 存 tsʰen²¹, 秦 tsʰen²¹, 旬 tsʰen²¹, 巡 tsʰen²¹, 循 tsʰen²¹, 蠢 tsʰen²⁴, 疹 tsʰen²⁴, 診 tsʰen²⁴, 趁 tsʰen³³, 襯 tsʰen³³, 櫬 tsʰen³³, 春 tsʰen⁴⁴, 親 tsʰen⁴⁴, 渾 wen²¹, 魂 wen²¹, 暈 wen²¹, 勻 wen²¹, 耘 wen²¹, 云 wen²¹, 雲 wen²¹, 運 wen²¹, 韻 wen²¹, 混 wen²⁴, 穩 wen²⁴, 尹 wen²⁴, 允 wen²⁴, 溫 wen⁴⁴, 瘟 wen⁴⁴

ɔn 按 ɔn³³, 案 ɔn³³/ŋɔn³³, 安 ɔn⁴⁴, 鼾 hɔn²¹, 寒 hɔn²¹, 韓 hɔn²¹, 汗 hɔn²¹, 銲 hɔn²¹, 翰 hɔn²¹, 罕 hɔn²⁴, 旱 hɔn²⁴, 刊 hɔn⁴⁴, 漢 hɔn³³, 看 hɔn³³, 幹 kɔn³³, 肝 kɔn⁴⁴, 竿 kɔn⁴⁴, 桿 kɔn²⁴, 趕 kɔn²⁴, 干 kɔn⁴⁴, 乾 kɔn⁴⁴, 岸 ŋɔn²¹

in 賢 hin²¹, 遣 hin²⁴, 犬 hin²⁴, 顯 hin²⁴, 勸 hin³³, 憲 hin³³, 獻 hin³³, 牽 hin⁴⁴, 圈 hin⁴⁴, 掀 hin⁴⁴, 軒 hin⁴⁴, 鉛 jin²¹, 然 jin²¹, 燃 jin²¹, 丸 jin²¹, 完 jin²¹, 弦 jin²¹, 現 jin²¹, 縣 jin²¹, 懸 jin²¹, 眩 jin²¹, 焉 jin²¹, 延 jin²¹, 言 jin²¹, 沿 jin²¹, 研 jin²¹, 筵 jin²¹, 閻 jin²¹, 檐 jin²¹, 元 jin²¹, 袁 jin²¹, 原 jin²¹, 員 jin²¹, 園 jin²¹, 圓 jin²¹, 猿 jin²¹, 源 jin²¹, 緣 jin²¹, 院 jin²¹, 願 jin²¹, 阮 jin²⁴, 軟 jin²⁴, 演 jin²⁴, 遠 jin²⁴, 宛 jin²⁴/wun²⁴, 宴 jin³³, 堰 jin³³, 燕~国 jin³³, 燕 jin³³, 豔 jin³³, 怨 jin³³, 咽 jin⁴⁴, 胭 jin⁴⁴, 煙 jin⁴⁴, 嚥 jin⁴⁴, 冤 jin⁴⁴, 淵 jin⁴⁴, 乾 kʰin²¹, 拳 kʰin²¹, 權 kʰin²¹, 圈 kʰin⁴⁴, 儉 kin²¹, 件 kin²¹, 健 kin²¹, 腱 kin²¹, 卷 kin²⁴, 捲 kin²⁴, 見 kin³³, 建 kin³³, 鍵 kin³³, 眷 kin³³, 券 kin³³, 肩 kin⁴⁴, 堅 kin⁴⁴, 捐 kin⁴⁴, 絹 kin⁴⁴, 連 lin²¹, 蓮 lin²¹, 憐 lin²¹, 聯 lin²¹, 楝 lin²¹, 練 lin²¹, 鍊 lin²¹, 鏈 lin²¹, 亂 lin²¹, 嫩 lin²¹, 年 lin²¹, 戀 lin²⁴, 卵 lin²⁴, 捏 lin²⁴, 暖 lin²⁴, 眠 min²¹, 棉 min²¹, 綿 min²¹, 面 min²¹, 麵 min²¹, 免 min²⁴, 勉 min²⁴, 緬 min²⁴, 遍 pʰin³³, 片 pʰin³³, 騙 pʰin³³, 蝙 pʰin⁴⁴, 編 pʰin⁴⁴, 偏 pʰin⁴⁴, 篇 pʰin⁴⁴, 瓣 pin²¹, 汴 pin²¹, 便 pin²¹, 辨 pin²¹, 辯 pin²¹, 貶 pin²⁴, 變 pin³³, 鞭 pin⁴⁴, 邊 pin⁴⁴, 辮 pin⁴⁴, 禪 sin²¹, 蟬 sin²¹, 船 sin²¹, 善 sin²¹, 膳 sin²¹, 羨 sin²¹, 旋 sin²¹, 玄 sin²¹/jin²¹, 損 sin²⁴, 選 sin²⁴, 癬 sin²⁴, 篡 sin³³, 搧 sin³³, 扇 sin³³, 蒜 sin³³, 算 sin³³, 綫 sin³³, 酸 sin⁴⁴, 孫 sin⁴⁴, 仙 sin⁴⁴, 先 sin⁴⁴, 鮮 sin⁴⁴, 宣 sin⁴⁴, 田 tʰin²¹, 填 tʰin²¹, 團 tʰin²¹, 糰 tʰin²¹, 屯 tʰin²¹, 囤 tʰin²¹, 豚 tʰin²¹, 斷 tʰin²⁴, 天 tʰin⁴⁴, 奠 tin²¹, 電 tin²¹, 殿 tin²¹, 段 tin²¹, 緞 tin²¹, 鍛 tin²¹, 典 tin²⁴, 短 tin²⁴, 顛 tin⁴⁴, 癲 tin⁴⁴, 端 tin⁴⁴, 傳~达 tsʰin²¹, 前 tsʰin²¹, 錢 tsʰin²¹, 全 tsʰin²¹, 泉 tsʰin²¹, 拴 tsʰin²¹, 喘 tsʰin²⁴, 餞 tsʰin²⁴, 淺 tsʰin²⁴, 傳~奇 tsʰin³³, 串 tsʰin³³, 躥 tsʰin³³, 竄 tsʰin³³, 寸 tsʰin³³, 川 tsʰin⁴⁴, 穿 tsʰin⁴⁴, 村 tsʰin⁴⁴, 殲 tsʰin⁴⁴, 千 tsʰin⁴⁴, 賤 tsin²¹, 濺 tsin²¹, 剪 tsin²¹, 踐 tsin²⁴, 碾 tsin²⁴, 展 tsin²⁴, 顫 tsin³³, 箭 tsin³³, 薦 tsin³³, 戰 tsin³³, 轉 tsin³³, 鑽 tsin³³, 煎 tsin⁴⁴, 氈 tsin⁴⁴, 專 tsin⁴⁴, 尊 tsin⁴⁴, 遵 tsin⁴⁴

| εn | 扁 pɛn²⁴，匾 pɛn²⁴ |

| un | 款 fun²⁴，歡 fun⁴⁴，寬 fun⁴⁴，管 kun²⁴，館 kun²⁴，冠 kun³³，貫 kun³³，灌 kun³³，罐 kun³³，官 kun⁴⁴，棺 kun⁴⁴，觀₋看 kun⁴⁴，觀₋寺 kun⁴⁴，冠 kun⁴⁴，瞞 mun²¹，門 mun²¹，悶 mun²¹，滿 mun²⁴，盤 pʰun²¹，盆 pʰun²¹，伴 pʰun²¹，胖 pʰun²⁴，拌 pʰun²⁴/pʰun²¹，判 pʰun²¹，叛 pʰun³³，潘 pʰun⁴⁴，本 pun²⁴，半 pun³³，般 pun⁴⁴，搬 pun⁴⁴，緩 wun²¹，換 wun²¹，喚 wun²¹，焕 wun²¹，援 wun²¹，玩 wun²¹/wan²⁴，豌 wun²¹，皖 wun²⁴，碗 wun²⁴，腕 wun²⁴ |

| am | 鹹 ham²¹，咸 ham²¹，喊 ham³³，敢 kam²⁴，感 kam²⁴，橄 kam²⁴，減 kam²⁴，尷 kam³³，鑑 kam³³，甘 kam⁴⁴，監₋视 kam⁴⁴，監₋狱 kam⁴⁴，艦 lam²¹，藍 lam²¹，籃 lam²¹，纜 lam²¹，男 lam²¹，南 lam²¹，覽 lam²⁴，攬 lam²⁴，欖 lam²⁴，巖 ŋam²¹，三 sam⁴⁴，衫 sam⁴⁴，膽 tam²⁴，擔₋重 tam³³，鴿 tam³³，耽 tam⁴⁴，擔₋当 tam⁴⁴，痰 tʰam²¹，談 tʰam²¹，潭 tʰam²¹，淡 tʰam²¹，探 tʰam³³，貪 tʰam⁴⁴，譚 tʰam⁴⁴，暫 tsam²¹，站 tsam²¹，眨 tsam²⁴，斬 tsam²⁴，簪 tsam⁴⁴/tsem⁴⁴，蠶 tsʰam²¹，讒 tsʰam²¹，慘 tsʰam²⁴，杉 tsʰam³³，參₋加 tsʰam⁴⁴，參人 tsʰam⁴⁴ |

| ɐm | 暗 ɐm³³，庵 ɐm⁴⁴，含 hɐm²¹，函 hɐm²¹，撼 hɐm²¹，憾 hɐm²¹，陷 hɐm²¹，砍 hɐm²⁴，勘 hɐm³³，坎 hɐm³³，蚶 hɐm⁴⁴，欽 hɐm⁴⁴，龕 hɐm⁴⁴，堪 hɐm⁴⁴，賃 jɐm²¹，壬 jɐm²¹，任 jɐm²¹，吟 jɐm²¹，淫 jɐm²¹，妊 jɐm²¹，飲 jɐm²⁴，音 jɐm⁴⁴，陰 jɐm⁴⁴，蔭 jɐm⁴⁴，撳 kɐm¹，錦 kɐm²⁴，禁 kɐm³³，泔 kɐm⁴⁴，柑 kɐm⁴⁴，今 kɐm⁴⁴，金 kɐm⁴⁴，琴 kʰɐm²¹，禽 kʰɐm²¹，擒 kʰɐm²¹，妗 kʰɐm²⁴，襟 kʰɐm⁴⁴，林 lɐm²¹，淋 lɐm²¹，臨 lɐm²¹，揞 ŋɐm²⁴，岑 sɐm²¹，甚 sɐm²¹，審 sɐm²⁴，沈 sɐm²⁴，嬸 sɐm²⁴，參人 sɐm⁴⁴，森 sɐm⁴⁴，深 sɐm⁴⁴，心 sɐm⁴⁴，芯 sɐm⁴⁴，枕 tsɐm²⁴，踭 tsɐm²⁴（训），浸 tsɐm³³，砧 tsɐm⁴⁴，針 tsɐm⁴⁴，斟 tsɐm⁴⁴，沉 tsʰɐm²¹，蕈 tsʰɐm²¹，尋 tsʰɐm²¹，滲 tsʰɐm³³，侵 tsʰɐm⁴⁴ |

| ɛm | 鉗 kʰɛm²¹，舔 lɛm²⁴（训） |

| im | 嫌 him²¹，險 him²⁴，欠 him³³，歉 him³³，謙 him⁴⁴，炎 jim²¹，嚴 jim²¹，鹽 jim²¹，焰 jim²¹，染 jim²⁴，淹 jim²⁴，閹 jim²⁴，掩 jim²⁴，厭 jim³³，檢 kim²⁴，劍 kim³³，兼 kim⁴⁴，搛 kim⁴⁴，廉 lim²¹，簾 lim²¹，鐮 lim²¹，鮎 lim²¹，念 lim²¹，驗 lim²¹，斂 lim²⁴，臉 lim²⁴，殮 lim²⁴，拈 lim⁴⁴，粘 lim⁴⁴，蟾 sim²¹，陝 sim²⁴，閃 sim²⁴，甜 tʰim²¹，墊 tʰim²⁴，簟 tʰim²⁴，添 tʰim⁴⁴，潛 tsʰim²¹，箋 tsʰim⁴⁴，遷 tsʰim⁴⁴，簽 tsʰim⁴⁴，籤 tsʰim⁴⁴，纖 tsʰim⁴⁴，漸 tsim²¹，佔 tsim³³，尖 tsim⁴⁴，黏 tsim⁴⁴，沾 tsim⁴⁴，瞻 tsim⁴⁴，占 tsim⁴⁴，點 tim²⁴，掂 tim³³，店 tim³³ |

| aŋ | 行₋为 haŋ²¹，坑 haŋ⁴⁴，耕 kaŋ⁴⁴，羹 kaŋ⁴⁴，更三₋半夜 kaŋ⁴⁴，梗 kʷʰaŋ²⁴，逛 kʷʰaŋ³³，框 kʷʰaŋ⁴⁴，眶 kʷʰaŋ⁴⁴，冷 laŋ²⁴，盲 maŋ²¹，猛 maŋ²⁴，孟 maŋ²¹，硬 ŋaŋ²¹，朋 pʰaŋ²¹，彭 pʰaŋ²¹，棚 pʰaŋ²¹，膨 pʰaŋ²¹，憑 pʰaŋ²¹，省₋长 saŋ²⁴，省節 saŋ²⁴，省反 saŋ²⁴，生 saŋ⁴⁴，牲 saŋ⁴⁴，甥 saŋ⁴⁴，爭 tsaŋ⁴⁴/tsɐŋ⁴⁴，橙 tsʰaŋ²⁴/tsʰɐn²¹，掌 tsʰaŋ³³，撐 tsʰaŋ⁴⁴，鐺 tsʰaŋ⁴⁴，橫 waŋ²¹ |

eŋ 鶯 eŋ⁴⁴, 行₍品₎ heŋ²¹, 桁 heŋ²¹, 衡 heŋ²¹, 杏 heŋ²¹, 幸 heŋ²¹, 恒 heŋ²¹/hen²¹, 銜 heŋ²¹/haŋ²¹, 亨 heŋ⁴⁴, 哼 heŋ⁴⁴, 耿 keŋ²⁴, 更₍加₎ keŋ³³, 哽 kʰeŋ²⁴, 能 leŋ²¹, 盟 meŋ²¹, 崩 peŋ⁴⁴, 鄧 teŋ²¹, 等 teŋ²⁴, 戥 teŋ²⁴, 凳 teŋ³³, 登 teŋ⁴⁴, 燈 teŋ⁴⁴, 瞪 teŋ⁴⁴, 贈 tseŋ²¹, 曾 tsɵŋ²¹, 差 tsɵŋ⁴⁴, 僧 tseŋ⁴⁴, 増 tseŋ⁴⁴, 甑 tseŋ¹¹, 呼 tseŋ¹¹, 峥 tseŋ¹¹, 腾 tʰeŋ²¹, 勝 tʰeŋ²¹, 騰 tʰeŋ²¹, 掏 weŋ⁴⁴, 轟 weŋ⁴⁴

iŋ 興₍旺₎ hiŋ³³, 慶 hiŋ³³, 卿 hiŋ⁴⁴, 馨 hiŋ⁴⁴, 興₍高₎ hiŋ⁴⁴, 兄 hiŋ⁴⁴, 認 jiŋ²¹, 仍 jiŋ²¹, 刑 jiŋ²¹, 形 jiŋ²¹, 型 jiŋ²¹, 迎 jiŋ²¹, 盈 jiŋ²¹, 瑩 jiŋ²¹, 螢 jiŋ²¹, 營 jiŋ²¹, 影 jiŋ²⁴, 映 jiŋ²⁴, 應₍答₎ jiŋ³³, 應₍當₎ jiŋ⁴⁴, 英 jiŋ⁴⁴, 嬰 jiŋ⁴⁴, 櫻 jiŋ⁴⁴, 纓 jiŋ⁴⁴, 鷹 jiŋ⁴⁴, 鸚 jiŋ⁴⁴, 蠅 jiŋ⁴⁴/jiŋ²¹, 澄 kʰiŋ²¹, 鯨 kʰiŋ²¹, 瓊 kʰiŋ²¹, 頃 kʰiŋ²⁴, 傾 kʰiŋ⁴⁴, 勁 kiŋ²¹, 競 kiŋ²¹, 景 kiŋ²⁴, 警 kiŋ²⁴, 境 kiŋ²⁴, 莖 kiŋ³³, 徑 kiŋ³³, 竟 kiŋ³³, 敬 kiŋ³³, 京 kiŋ⁴⁴, 荊 kiŋ⁴⁴, 經 kiŋ⁴⁴, 棱 liŋ²¹, 伶 liŋ²¹, 凌 liŋ²¹, 陵 liŋ²¹, 菱 liŋ²¹, 翎 liŋ²¹, 零 liŋ²¹, 鈴 liŋ²¹, 齡 liŋ²¹, 靈 liŋ²¹, 另 liŋ²¹, 令 liŋ²¹, 寧 liŋ²¹, 佞 liŋ²¹, 凝 liŋ²¹ (kʰiŋ²¹, 凝結成凍了), 領 liŋ²⁴, 拎 liŋ⁴⁴, 明 miŋ²¹, 鳴 miŋ²¹, 銘 miŋ²¹, 皿 miŋ²⁴, 平 pʰiŋ²¹, 坪 pʰiŋ²¹, 屏 pʰiŋ²¹, 瓶 pʰiŋ²¹, 萍 pʰiŋ²¹, 評 pʰiŋ²¹, 拚 pʰiŋ³³, 姘 pʰiŋ³³, 聘 pʰiŋ³³, 丙 piŋ²⁴, 秉 piŋ²⁴, 迸 piŋ³³, 並 piŋ³³, 併 piŋ³³/pʰiŋ³³, 冰 piŋ⁴⁴, 兵 piŋ⁴⁴, 成 siŋ²¹, 丞 siŋ²¹, 承 siŋ²¹, 城 siŋ²¹, 乘 siŋ²¹, 誠 siŋ²¹, 繩 siŋ²¹, 盛₍興₎ siŋ²¹, 盛₍飯₎ siŋ²¹, 醒 siŋ²⁴, 勝₍任₎ siŋ³³, 勝₍利₎ siŋ³³, 聖 siŋ³³, 性 siŋ³³, 姓 siŋ³³, 升 siŋ⁴⁴, 聲 siŋ⁴⁴, 星 siŋ⁴⁴, 猩 siŋ⁴⁴, 腥 siŋ⁴⁴/sɛŋ⁴⁴, 廷 tʰiŋ²¹, 亭 tʰiŋ²¹, 庭 tʰiŋ²¹, 停 tʰiŋ²¹, 蜓 tʰiŋ²¹, 挺 tʰiŋ²⁴, 定 tiŋ²¹, 鼎 tiŋ²⁴, 訂 tiŋ³³, 丁 tiŋ⁴⁴, 叮 tiŋ⁴⁴, 疔 tiŋ⁴⁴, 釘 tiŋ⁴⁴, 呈 tsʰiŋ²¹, 程 tsʰiŋ²¹, 澄 tsʰiŋ²¹, 懲 tsʰiŋ²¹, 情 tsʰiŋ²¹, 晴 tsʰiŋ²¹, 請 tsʰiŋ²⁴, 拯 tsʰiŋ²⁴, 稱 tsʰiŋ³³, 秤 tsʰiŋ³³, 稱 tsʰiŋ⁴⁴, 清 tsʰiŋ⁴⁴, 蜻 tsʰiŋ⁴⁴, 青 tsʰiŋ⁴⁴/tsʰɛŋ⁴⁴, 靜 tsiŋ²¹, 剩 tsiŋ²¹, 鄭 tsiŋ²¹, 靖 tsiŋ²¹, 整 tsiŋ²⁴, 癥 tsiŋ³³, 正 tsiŋ³³, 政 tsiŋ³³, 證 tsiŋ³³, 晶 tsiŋ⁴⁴, 睛 tsiŋ⁴⁴, 精 tsiŋ⁴⁴, 貞 tsiŋ⁴⁴, 偵 tsiŋ⁴⁴, 征 tsiŋ⁴⁴, 蒸 tsiŋ⁴⁴, 正 tsiŋ⁴⁴, 徵 tsiŋ⁴⁴, 榮 wiŋ²¹/juŋ²¹, 永 wiŋ²⁴, 泳 wiŋ²⁴, 詠 wiŋ²⁴

ɛŋ 享 hɛŋ²⁴, 響 hɛŋ⁴⁴, 輕 hɛŋ⁴⁴, 洋 jɛŋ²¹, 陽 jɛŋ²¹, 揚 jɛŋ²¹, 瘍 jɛŋ²¹, 贏 jɛŋ²¹, 壤 jɛŋ²⁴, 嚷 jɛŋ²⁴, 頸 kɛŋ²⁴, 鏡 kɛŋ³³, 驚 kɛŋ⁴⁴, 量 lɛŋ²¹, 輛 lɛŋ²¹, 嶺 lɛŋ²¹, 名 mɛŋ²¹/miŋ²¹, 命 mɛŋ²¹/miŋ²¹, 病 pɛŋ²¹, 餅 pɛŋ²⁴, 柄 pɛŋ³³, 便₍宜₎ pʰɛŋ²¹, 嘗 sɛŋ²¹, 償 sɛŋ²¹, 上₍面₎ sɛŋ²¹, 裳 sɛŋ²¹, 賞 sɛŋ²⁴, 上₍落₎ sɛŋ²⁴, 想 sɛŋ²⁴, 相₍承₎ sɛŋ³³, 相₍互₎ sɛŋ⁴⁴, 廂 sɛŋ⁴⁴, 湘 sɛŋ⁴⁴, 箱 sɛŋ⁴⁴, 襄 sɛŋ⁴⁴, 鑲 sɛŋ⁴⁴, 頂 tɛŋ²⁴/tiŋ²⁴, 錠 tɛŋ³³/tiŋ³³, 釘 tɛŋ⁴⁴/tiŋ⁴⁴, 艇 tʰɛŋ²¹, 汀 tʰɛŋ⁴⁴, 聽 tʰɛŋ⁴⁴, 廳 tʰɛŋ⁴⁴, 淨 tsɛŋ²¹, 丈 tsɛŋ²¹, 蔣 tsɛŋ²⁴, 獎 tsɛŋ²⁴, 槳 tsɛŋ²⁴, 井 tsɛŋ²⁴, 祥 tsʰɛŋ²¹, 翔 tsʰɛŋ²¹, 詳 tsʰɛŋ²¹

ɔŋ 防 fɔŋ²¹, 妨 fɔŋ²¹, 房 fɔŋ²¹, 仿 fɔŋ²⁴, 倣 fɔŋ²⁴, 紡 fɔŋ²⁴, 訪 fɔŋ²⁴, 晃 fɔŋ²⁴, 彷 fɔŋ²⁴, 放 fɔŋ³³, 方 fɔŋ⁴⁴, 坊 fɔŋ⁴⁴, 芳 fɔŋ⁴⁴, 肪 fɔŋ⁴⁴, 慌 fɔŋ⁴⁴, 謊 fɔŋ⁴⁴, 荒 fɔŋ⁴⁴, 行₍銀₎ hɔŋ²¹, 杭 hɔŋ²¹, 航 hɔŋ²¹, 巷 hɔŋ²¹, 項 hɔŋ²¹, 烘 hɔŋ³³, 閧 hɔŋ³³, 康 hɔŋ⁴⁴, 糠 hɔŋ⁴⁴, 匡 hɔŋ⁴⁴, 筐 hɔŋ⁴⁴, 港 kɔŋ²⁴, 講 kɔŋ²⁴, 稈 kɔŋ²⁴/kɔn²⁴, 廣 kɔŋ²⁴, 鋼 kɔŋ³³, 槓 kɔŋ³³, 降 kɔŋ³³, 岡 kɔŋ⁴⁴, 缸 kɔŋ⁴⁴, 剛 kɔŋ⁴⁴, 崗 kɔŋ⁴⁴, 綱 kɔŋ⁴⁴, 光 kɔŋ⁴⁴, 江 kɔŋ⁴⁴, 薑 kɔŋ⁴⁴, 狂 kʰɔŋ²¹, 抗 kʰɔŋ³³, 況 kʰɔŋ³³, 曠 kʰɔŋ³³, 礦 kʰɔŋ³³, 擴 kʰɔŋ³³, 狼 lɔŋ²¹, 廊 lɔŋ²¹, 螂 lɔŋ²¹, 浪 lɔŋ²¹,

囊 lɔŋ²¹，瓢 lɔŋ²¹，郎 lɔŋ²⁴，朗 lɔŋ²⁴，芒 mɔŋ²¹，忙 mɔŋ²¹，茫 mɔŋ²¹，亡 mɔŋ²¹，忘 mɔŋ²¹，望 mɔŋ²¹，莽 mɔŋ²⁴，蟒 mɔŋ²⁴，網 mɔŋ²⁴，妄 mɔŋ²⁴，芒 mɔŋ⁴⁴，謗 pɔŋ²¹，綁 pɔŋ²⁴，榜 pɔŋ²⁴，幫 pɔŋ⁴⁴，邦 pɔŋ⁴⁴，傍 pʰɔŋ²¹，滂 pʰɔŋ²¹，旁 pʰɔŋ²¹，螃 pʰɔŋ²¹，龐 pʰɔŋ²¹/pʰaŋ²¹，棒 pʰɔŋ²⁴，尚 sɔŋ²¹，嗓 sɔŋ²¹，爽 sɔŋ²⁴，喪 sɔŋ³³，桑 sɔŋ⁴⁴，嗓 sɔŋ⁴⁴，雙 sɔŋ⁴⁴，蕩 tɔŋ²¹，擋 tɔŋ²¹，檔 tɔŋ²⁴，黨 tɔŋ²⁴，當_作 tɔŋ³³，當_應 tɔŋ⁴⁴，唐 tʰɔŋ²¹，堂 tʰɔŋ²¹，棠 tʰɔŋ²¹，塘 tʰɔŋ²¹，糖 tʰɔŋ²¹，螳 tʰɔŋ²¹，躺 tʰɔŋ²⁴，趟 tʰɔŋ³³，熨 tʰɔŋ³³，湯 tʰɔŋ⁴⁴，燙 tʰɔŋ⁴⁴，臟 tsɔŋ²¹，撞 tsɔŋ²¹，狀 tsɔŋ²¹，葬 tsɔŋ³³，壯 tsɔŋ³³，贓 tsɔŋ⁴⁴，髒 tsɔŋ⁴⁴，裝 tsɔŋ⁴⁴，藏_西 tsɔŋ²¹，藏_收 tsʰɔŋ²¹，牀 tsʰɔŋ²¹，廠 tsʰɔŋ²¹，闖 tsʰɔŋ³³，創 tsʰɔŋ³³，倉 tsʰɔŋ⁴⁴，蒼 tsʰɔŋ⁴⁴，艙 tsʰɔŋ⁴⁴，窗 tsʰɔŋ⁴⁴，瘡 tsʰɔŋ⁴⁴，皇 wɔŋ²¹，黃 wɔŋ²¹，凰 wɔŋ²¹，蝗 wɔŋ²¹，蟥 wɔŋ²¹，簧 wɔŋ²¹，王 wɔŋ²¹，旺 wɔŋ²¹，枉 wɔŋ²⁴，往 wɔŋ²⁴，汪 wɔŋ⁴⁴，昂 ŋɔŋ²¹

eŋ 晌 heŋ²⁴，餉 heŋ²⁴，向 heŋ³³/hɔŋ³³，香 heŋ⁴⁴，鄉 heŋ⁴⁴，釀 jeŋ²¹，讓 jeŋ²¹，羊 jeŋ²¹，楊 jeŋ²¹，樣 jeŋ²¹，仰 jeŋ²⁴，養 jeŋ²⁴，央 jeŋ⁴⁴，殃 jeŋ⁴⁴，秧 jeŋ⁴⁴，強_大 kʰeŋ²¹，強_勉 kʰeŋ²¹，姜 keŋ⁴⁴，僵 keŋ⁴⁴，疆 keŋ⁴⁴，羌 keŋ⁴⁴，良 leŋ²¹，涼 leŋ²¹，梁 leŋ²¹，樑 leŋ²¹，糧 leŋ²¹，兩 leŋ²¹，諒 leŋ²¹，娘 leŋ²¹，亮 leŋ²¹/leŋ³³，兩 leŋ²⁴，商 seŋ⁴⁴，傷 seŋ⁴⁴，霜 seŋ⁴⁴/sɔŋ⁴⁴，孀 seŋ⁴⁴/sɔŋ⁴⁴，昌 tsʰeŋ⁴⁴，常 tsʰeŋ²¹，場 tsʰeŋ²¹，腸 tsʰeŋ²¹，牆 tsʰeŋ²¹，搶 tsʰeŋ²⁴，唱 tsʰeŋ³³，暢 tsʰeŋ³³，菖 tsʰeŋ⁴⁴，倡 tsʰeŋ⁴⁴，槍 tsʰeŋ⁴⁴，長 tseŋ²¹，匠 tseŋ²¹，象 tseŋ²¹，像 tseŋ²¹，橡 tseŋ²¹，杖 tseŋ²¹，長 tseŋ²⁴，掌 tseŋ²⁴，將 tseŋ³³，醬 tseŋ³³，漲 tseŋ³³，帳 tseŋ³³，脹 tseŋ³³，障 tseŋ³³，賬 tseŋ³³，瘴 tseŋ³³，仗 tseŋ³³/tsŋ³³，將 tseŋ⁴⁴，漿 tseŋ⁴⁴，章 tseŋ⁴⁴，張 tseŋ⁴⁴，樟 tseŋ⁴⁴/tsɔŋ⁴⁴

uŋ 逢 fuŋ²¹，馮 fuŋ²¹，縫 fuŋ²¹，縫 fuŋ²¹，奉 fuŋ²¹，俸 fuŋ²¹，鳳 fuŋ²¹，諷 fuŋ³³，封 fuŋ⁴⁴，風 fuŋ⁴⁴，峰 fuŋ⁴⁴，楓 fuŋ⁴⁴，蜂 fuŋ⁴⁴，瘋 fuŋ⁴⁴，鋒 fuŋ⁴⁴，豐 fuŋ⁴⁴，宏 huŋ²¹，虹 huŋ²¹，洪 huŋ²¹，紅 huŋ²¹，鴻 huŋ²¹，雄 huŋ²¹，熊 huŋ²¹，哄 huŋ²⁴，恐 huŋ²⁴，控 huŋ³³，空 huŋ⁴⁴，腔 huŋ⁴⁴，凶 huŋ⁴⁴，兇 huŋ⁴⁴，匈 huŋ⁴⁴，胸 huŋ⁴⁴，戎 juŋ²¹，茸 juŋ²¹，容 juŋ²¹，絨 juŋ²¹，蓉 juŋ²¹，溶 juŋ²¹，熔 juŋ²¹，融 juŋ²¹，用 juŋ²¹，擁 juŋ²⁴，甬 juŋ²⁴，勇 juŋ²⁴，涌 juŋ²⁴，翁 juŋ⁴⁴，庸 juŋ⁴⁴，雍 juŋ⁴⁴，臃 juŋ⁴⁴，窮 kʰuŋ²¹，吼 kʰuŋ²¹，孔 kʰuŋ²⁴，共 kuŋ²¹，拱 kuŋ²⁴，鞏 kuŋ²⁴，貢 kuŋ³³，工 kuŋ⁴⁴，弓 kuŋ⁴⁴，公 kuŋ⁴⁴，功 kuŋ⁴⁴，攻 kuŋ⁴⁴，宮 kuŋ⁴⁴，恭 kuŋ⁴⁴，蚣 kuŋ⁴⁴，躬 kuŋ⁴⁴，供 kuŋ⁴⁴，隆 luŋ²¹，龍 luŋ²¹，籠 luŋ²¹，聾 luŋ²¹，農 luŋ²¹，濃 luŋ²¹，弄 luŋ²¹，齈 luŋ²¹，攏 luŋ²¹，壟 luŋ²¹，蒙 muŋ²¹，夢 muŋ²¹，懵 muŋ²⁴，蓬 pʰuŋ²¹，篷 pʰuŋ²¹，碰 pʰuŋ³³，捧 puŋ²⁴，崇 suŋ²¹，宋 suŋ³³，送 suŋ³³，嵩 suŋ⁴⁴，鬆 suŋ⁴⁴，洞 tʰuŋ²¹，同 tʰuŋ²¹，桐 tʰuŋ²¹，童 tʰuŋ²¹，銅 tʰuŋ²¹，瞳 tʰuŋ²¹，筒 tʰuŋ²¹，捅 tʰuŋ²⁴，桶 tʰuŋ²⁴，統 tʰuŋ²⁴，痛 tʰuŋ³³，通 tʰuŋ⁴⁴，蟲 tsʰuŋ²¹，從 tsʰuŋ²¹，叢 tsʰuŋ²¹，松 tsʰuŋ²¹，重 tsʰuŋ²¹，寵 tsʰuŋ²⁴，衝 tsʰuŋ⁴⁴，恩 tsʰuŋ⁴⁴，葱 tsʰuŋ⁴⁴，聰 tsʰuŋ⁴⁴，充 tsʰuŋ⁴⁴，囪 tsʰuŋ⁴⁴（通：tʰuŋ⁴⁴），訟 tsuŋ²¹，頌 tsuŋ²¹，誦 tsuŋ²¹，仲 tsuŋ²¹，腫 tsuŋ²⁴，種_子 tsuŋ²⁴，種_植 tsuŋ³³，總 tsuŋ²⁴，中_奬 tsuŋ³³，眾 tsuŋ³³，縱 tsuŋ³³，糭 tsuŋ³³，春 tsuŋ⁴⁴，中_国 tsuŋ⁴⁴，忠 tsuŋ⁴⁴，盅 tsuŋ⁴⁴，衷 tsuŋ⁴⁴，終 tsuŋ⁴⁴，鍾 tsuŋ⁴⁴，鐘 tsuŋ⁴⁴，宗 tsuŋ⁴⁴，綜 tsuŋ⁴⁴，椶 tsuŋ⁴⁴，縱 tsuŋ⁴⁴/tsuŋ³³，動 tuŋ²¹，棟 tuŋ²¹，董 tuŋ²⁴，懂 tuŋ²⁴，凍 tuŋ³³，冬 tuŋ⁴⁴，東 tuŋ⁴⁴，甕 uŋ³³，壅 uŋ⁴⁴

at	乏 fat²¹（a、ɐ之間），伐 fat²¹/fɐt²¹，發 fat³，法 fat³，髮 fat³，刮 kʷat³，辣 lat²¹，瘌 lat³，捺 lat³，抹 mat³/mut³，押 ŋat³/at³，壓 ŋat³/at³，八 pat³，拔 pat³/pat²¹，撒 sat³，薩 sat³，殺 sat³，達 tat³，軋 tsat³，紮 tsat³，劄 tsat³，札 tsat³，擦 tsʰat³，察 tsʰat³，刷 tsʰat³，獺 tsʰat³，挖 wat²¹，滑 wat²¹，挖 wat³
ɐt	筏 fɐt²¹，罰 fɐt²¹，佛 fɐt²¹，佛 fɐt⁵，忽 fɐt⁵，窟 fɐt⁵，轄 hɐt³，乞 hɐt⁵，日 jɐt²¹，日 jɐt²¹，一 jɐt⁵，壹 jɐt⁵，吉 kɐt⁵，橘 kɐt⁵，咳 kɐt⁵，划﹍船 kʷɐt⁵，掘 kʷɐt⁵，倔 kʷɐt⁵，骨 kʷɐt⁵，律 lɐt²¹，率 lɐt⁵，密 mɐt²¹，蜜 mɐt²¹，抿 ﹍嘴 mɐt⁵，勿 mɐt²¹，物 mɐt²¹，襪 mɐt³，筆 pɐt⁵，溁 pɐt⁵，檳﹍榔 pɐt⁵，不 pɐt⁵，匹 pʰɐt⁵，實 sɐt²¹，朮 sɐt²¹，述 sɐt²¹，術 sɐt²¹，率 sɐt⁵，瑟 sɐt⁵，失 sɐt⁵，蝨 sɐt⁵，室 sɐt⁵，蟀 sɐt⁵，膝 sɐt⁵，戌 sɐt⁵，恤 sɐt⁵（恤衫：sɔt⁵），突 tɐt²¹/tɐk²¹，疾 tsɐt²¹，侄 tsɐt²¹，姪 tsɐt²¹，猝 tsɐt⁵，質 tsɐt⁵，卒 tsɐt⁵，出 tsʰɐt⁵，七 tsʰɐt⁵，漆 tsʰɐt⁵，屈 wɐt⁵，郁 wɐt⁵，鬱 wɐt⁵
it	熱 jit²¹，月 jit²¹，悅 jit²¹，越 jit²¹，閱 jit²¹，乙 jit³，粵 jit³，揭 kʰit³，決 kʰit³，訣 kʰit³，缺 kʰit³，蠍 kʰit³，傑 kit³，結 kit³，潔 kit³，列 lit³，劣 lit³，烈 lit³，裂 lit³，獵 lit³，滅 mit²¹，蔑 mit²¹，篾 mit²¹，撇 pʰit³³，別 pit²¹，鱉 pit³，必 pit⁵/pit³，舌 sit³，涉 sit³，設 sit³，說 sit³，泄 sit³，屑 sit³，薛 sit³，雪 sit³，鐵 tʰit³，脫 tʰit³，秩 tit²¹，跌 tit³，撤 tsʰit³，徹 tsʰit³，切 tsʰit³，絕 tsit³，截 tsit²¹，捷 tsit³，節 tsit³，折 tsit³，哲 tsit³，浙 tsit³，奪 tit²¹
ut	闊 fut³，括 kʰut³，沒 mut²¹，末 mut²¹，沫 mut²¹，抹 mut³，潑 pʰut³，勃 put²¹，脖 put²¹，鉢 put³，撥 put³，活 wut³
ɔt	割 kɔt³，喝 hɔt³，渴 hɔt³，禿 tʰɔt⁵
ap	合 hap²¹，盒 hap²¹，峽 hap²¹，夾 kap²¹，匣 kap²¹，挾 kap²¹，鴿 kap³，甲 kap³，垃 lap²¹，臘 lap²¹，蠟 lap²¹，笠 lap²¹，納 lap²¹，鴨 ŋap³，沓 tap²¹，揭 tap²¹，踏 tap²¹，搭 tap³，答 tap³，塌 tʰap³，塔 tʰap³，集 tsap²¹，習 tsap²¹，襲 tsap²¹，雜 tsap²¹，閘 tsap²¹，柵 tsap³，鍘 tsap²¹，插 tsʰap³
ɛp	挾﹍菜 kɛp³
ɐp	洽 hɐp⁵，入 jɐp²¹，及 kɐp²¹，蛤 kɐp⁵，急 kɐp⁵，級 kʰɐp⁵，吸 kʰɐp⁵，立 lɐp²¹，粒 lɐp⁵，什 sɐp²¹，十 sɐp²¹，拾 sɐp²¹，濕 sɐp⁵，汁 tsɐp⁵，執 tsɐp⁵，撮 tsɐp⁵（訓），緝 tsʰɐp⁵，輯 tsʰɐp⁵

ip 狹 hip²¹, 協 hip²¹, 脅 hip²¹, 穴 hip²¹, 頁 jip²¹, 葉 jip²¹, 業 jip²¹, 醃 jip³, 劫 kip³, 澀 kip³, 拎 lip³, 聶 sip³, 攝 sip³, 楔 sip³, 帖 tʰip³, 貼 tʰip³, 牒 tip²¹, 碟 tip²¹, 蝶 tip²¹, 諜 tip²¹, 疊 tip²¹/tap²¹, 接 tsip³, 摺 tsip³, 褶 tsip³, 妾 tsʰip³

ak 客 hak³, 嚇 hak³, 黑 hak⁵, 格 kak³, 隔 kak³, 革 kak³/kap³, 肋 lak²¹, 陌 mak³, 額 ŋak²¹, 逆 ŋak³, 握 ŋak³, 白 pak²¹, 帛 pak²¹, 弼 pak²¹, 伯 pak³, 柏 pʰak³, 帕 pʰak³, 拍 pʰak³, 珀 pʰak³, 魄 pʰak³, 擇 tsak²¹, 澤 tsak²¹, 賊 tsak²¹, 摘 tsak³, 擲 tsak³, 責 tsak³, 宅 tsak³, 窄 tsak³, 策 tsʰak³, 拆 tsʰak³, 坼 tsʰak³, 彽 tsʰak³, 劃 wak²¹, 或 wak²¹, 惑 wak²¹

ɐk 核₋实 hɐk²¹, 覈 hɐk²¹, 核 hɐk³, 克 hɐk⁵, 刻 hɐk⁵, 勒 lɐk²¹, 脈 mɐk²¹, 墨 mɐk²¹, 默 mɐk²¹, 麥 mɐk²¹/mak²¹, 百 pɐk³/pak³, 北 pɐk⁵, 特 tɐk³, 得 tɐk⁵, 德 tɐk⁵, 側 tsɐk⁵, 鯽 tsɐk⁵, 則 tsɐk⁵, 冊 tsʰɐk³, 測 tsʰɐk⁵

ɪk 液 jɪk²¹, 腋 jɪk²¹, 亦 jɪk²¹, 役 jɪk²¹, 易₍交₎ jɪk²¹, 疫 jɪk²¹, 翼 jɪk²¹, 譯 jɪk²¹, 益 jɪk⁵, 億 jɪk⁵, 憶 jɪk⁵, 極 kɪk²¹, 激 kɪk⁵, 擊 kɪk⁵, 戟 kɪk⁵, 栗 lɪk²¹, 歷 lɪk²¹, 曆 lɪk²¹, 溺 lɪk²¹, 力 lɪk³, 僻 pʰɪk⁵, 闢 pʰɪk⁵, 逼 pɪk⁵, 畢 pɪk⁵, 碧 pɪk⁵, 璧 pɪk⁵, 迫 pɪk⁵, 食 sɪk²¹, 蝕 sɪk²¹, 熄 sɪk²¹, 析 sɪk4, 色 sɪk⁵, 識 sɪk⁵, 式 sɪk⁵, 飾 sɪk⁵, 適 sɪk⁵, 釋 sɪk⁵, 昔 sɪk⁵, 息 sɪk⁵, 悉 sɪk⁵, 惜 sɪk⁵, 蟋 sɪk⁵, 媳 sɪk⁵, 剔 tʰɪk⁵, 狄 tɪk⁵, 敵 tɪk⁵, 的 tɪk⁵, 滴 tɪk⁵, 戚 tsʰɪk⁵, 藉 tsɪk²¹, 籍 tsɪk²¹, 寂 tsɪk²¹, 夕 tsɪk²¹, 席 tsɪk²¹, 蓆 tsɪk²¹, 蟄 tsɪk²¹, 值 tsɪk²¹, 植 tsɪk²¹, 殖 tsɪk²¹, 稙 tsɪk²¹, 直 tsɪk³, 斥 tsʰɪk⁵, 積 tsɪk⁵, 即 tsɪk⁵, 跡 tsɪk⁵, 績 tsɪk⁵, 職 tsɪk⁵, 域 wɪk²¹

ɛk 吃 hɛk³, 弱 jɛk²¹, 藥 jɛk²¹/jɔk²¹, 虐 jɛk³, 躍 jɛk³, 若 jɛk³, 約 jɛk³/jɔk³, 却 kʰɛk³, 脚 kɛk³/kɔk³, 屐 kʰɛk³, 劇₍戲₎ kʰɛk³, 劇₋烈 kʰɛk³, 劈 pʰɛk²¹/pʰɛk³, 壁 pɛk³, 擘 pʰɛk³, 石 sɛk²¹, 錫 sɛk³, 笛 tɛk³, 糴 tɛk²¹, 踢 tʰɛk³, 褯 tsɛk³, 著₋穿₋ tsɛk³/tsɔk³, 脊 tsɛk³, 隻 tsɛk³, 炙 tsɛk³, 酌 tsɛk³, 尺 tsʰɛk³, 赤 tsʰɛk³, 織 tsʰɛk³

ɵk 掠 lɵk²¹, 略 lɵk³³, 削 sɵk³, 綽 tsʰɵk³, 卓 tsʰɵk³, 爵 tsɵk³, 雀 tsɵk³, 鵲 tsɵk³, 芍 tsɵk³, 桌 tsɵk³, 着 tsɵk³/tsɔk³

ɔk 鄂 ɔk²¹, 鱷 ɔk²¹, 嶽 ɔk²¹/ŋɔk²¹, 惡₋善 ɔk³, 縛 fɔk²¹, 鶴 hɔk²¹, 學 hɔk²¹, 殼 hɔk³, 閣 kɔk³, 各 kɔk³, 郭 kɔk³, 國 kɔk³, 角 kɔk³, 葛₋諸₋亮 kʰɔk³, 霍 kʰɔk³, 藿 kʰɔk³, 覺 kʰɔk³, 廓 kʰɔk³, 確 kʰɔk³, 搉 kʰɔk⁵, 落 lɔk³, 駱 lɔk³, 烙 lɔk³, 酪 lɔk³, 洛 lɔk³, 絡 lɔk³, 諾 lɔk³, 樂₋快 lɔk³, 莫 mɔk²¹, 膜 mɔk³, 寞 mɔk³, 剝 mɔk³/mɔk⁵, 幕 mɔk³, 岳 ŋɔk²¹, 樂₋音 ŋɔk²¹, 簸₋箕 pɔk³, 薄₋荷 pɔk²¹, 泊₋车 pɔk³, 博 pɔk³, 駁 pɔk³, 薄₋ pɔk³/pɔ³, 泊₋梁山 pɔk³/pɔk²¹, 撲 pʰɔk³, 樸 pʰɔk³, 朔 sɔk³, 塑 sɔk³, 索 sɔk³, 托 tʰɔk³, 託 tʰɔk³, 拓 tʰɔk³, 啄 tsɔk²¹, 昨 tsɔk²¹, 鑿 tsɔk³, 作 tsɔk³, 焯 tsʰɔk³, 戳 tsʰɔk³, 鐲 tsʰɔk³, 獲 wɔk²¹, 鑊 wɔk²¹

uk	獄 juk²¹, 伏 fuk²¹, 服 fuk²¹, 袱 fuk²¹, 幅 fuk⁵, 福 fuk⁵, 蝠 fuk⁵, 復 fuk⁵, 復 fuk⁵, 腹 fuk⁵, 複 fuk⁵, 覆 fuk⁵, 哭 huk⁵, 肉 juk²¹, 辱 juk²¹, 褥 juk²¹, 玉 juk²¹, 育 juk²¹, 浴 juk²¹, 欲 juk²¹, 慾 juk²¹, 沃 juk⁵, 麴 kʰuk⁵, 曲 kʰuk⁵, 局 kuk²¹, 谷 kuk⁵, 穀 kuk⁵, 菊 kuk⁵, 六 luk²¹, 陸 luk²¹, 鹿 luk²¹, 祿 luk²¹, 綠 luk²¹, 騄 luk²¹, 木 muk²¹, 穆 muk²¹, 牧 muk²¹, 目 muk³, 仆 pʰuk⁵, 僕 puk⁵, 卜 puk⁵, 淑 suk²¹, 熟 suk²¹, 贖 suk²¹, 屬 suk²¹, 俗 suk²¹, 蜀 suk²¹, 叔 suk⁵, 餿 suk⁵, 粟 suk⁵, 肅 suk⁵, 縮 suk⁵, 宿 suk⁵, 畜 tsʰuk⁵, 觸 tsʰuk⁵, 促 tsʰuk⁵, 束 tsʰuk⁵, 速 tsʰuk⁵, 蓄 tsʰuk⁵, 續 tsuk²¹, 軸 tsuk²¹, 逐 tsuk²¹, 族 tsuk²¹, 粥 tsuk⁵, 竹 tsuk⁵, 燭 tsuk⁵, 囑 tsuk⁵, 祝 tsuk⁵, 築 tsuk⁵, 捉 tsuk⁵, 濁 tsuk²¹, 足 tsuk⁵, 毒 tuk²¹, 獨 tuk²¹, 讀 tuk²¹, 督 tuk⁵, 篤 tuk⁵, 屋 uk⁵
ŋ	吳 ŋ²¹, 梧 ŋ²¹, 蜈 ŋ²¹, 悟 ŋ²¹, 誤 ŋ²¹, 娛 ŋ²¹, 五 ŋ²⁴, 午 ŋ²⁴, 伍 ŋ²⁴

第三章 词汇

第一节 婆湾岛归侨疍家话词汇概貌

本研究调查了婆湾岛归侨疍家话中3600多个条目，涉及天文、地理、时令时间、农业、植物、动物、房舍、器具用品、称谓、亲属、身体、疾病医疗、衣服穿戴、饮食、红白大事、日常生活、讼事、交际、商业交通、文化教育、文体活动、动作行为、位置趋向、代词、形容词、量词、数词、拟声词、渔业生产生活等29个词类。

一、婆湾岛疍家话的海洋方言特征

通过分析和比较，婆湾岛归侨疍家话具有显著的海洋方言特征。这主要表现在如下三个方面：

（一）农耕词汇缺位

婆湾岛疍家话农事词汇贫乏，像种水田、整旱地、早造、晚造、春耕、夏收、秋收、耕田、犁田、耙田、撒种、点种、拔秧、插秧、间苗、薅草、分蘖、扬花、灌浆、结穗、耘田、巡田、打禾、打谷器、晒谷场、风谷、放谷等常见的农耕词语都没有。常见的农具词语，如水车、牛轭、牛笼嘴、牛鼻桊、犁、耷、囤、仓、糠筛、米筛、禾镰也没有。即使有，也是排华回国后才开始使用的。至于粮食作物词汇，分类稍为细致一点的词语，也大多没有，例如"水稻"叫"谷"kuk^5，但是早稻、晚稻、稻穗这些词就分不出来；再如婆湾岛疍家话有"米"mei^{24}这个词，但是没有早稻米、晚稻米这些分别。种麻是古代农业生产的一个重要项目，同时，麻在旧时疍家生活中非常重要，因为它是织网和编缆索的重要材料，所以疍家话有"麻"这个词，但是麻的下位词就比较缺乏，像苎麻、黄麻、蓖麻这些下位词就没有。养蚕是农事的另一个重要的领域，婆湾岛疍家话有"蚕"ts^ham^{21}、"蚕丝"$ts^ham^{21}si^{44}$、"蚕茧"（蚕屙屎）$ts^ham^{21}ɔ^{44}si^{24}$这些词，但是像蚕吐丝、结茧、蚕子、蚕蛹这些相关的词语就没有。

婆湾岛疍家话农耕词汇缺乏也表现在节气词上。陆上居民主要从事农业生产，节气对他们来说非常重要，因为人们要根据节气来安排农业生产。婆湾岛疍家人主要从事渔业生产，节气对他们来说不那么重要。二十四节气，他们能说得出来的只有立春 lep²¹ tsʰen⁴⁴、清明 tsʰiŋ⁴⁴ miŋ²¹、夏至 ha²¹ tsi³³、立秋 lep²¹ tsʰeu⁴⁴、冬至 tuŋ⁴⁴ tsi³³，而其他的，例如惊蛰、雨水、立夏、小满、芒种、大暑、小暑、处暑、白露、秋分、寒露、霜降、立冬、小雪、大雪、小寒、大寒等词都说不出来。发音人说，老一辈的婆湾岛疍家人以前没有日历，主要依靠一些神的诞期来记时间。每天面对的是茫茫大海，节气与他们关系不大。

（二）生产生活词汇富有海洋特色

某类词汇的丰富程度，能够反映当地人生产生活的特点。婆湾岛疍家人自称是水上人或做海人，回国前主要在北部湾海域从事捕捞工作。所谓"近水知鱼性，近山识鸟音"，婆湾岛疍家话里的渔业生产、生活词汇很有海洋特色。这与陆地上的汉语方言有显著的不同。

首先是海产名词丰富。婆湾岛疍家话的鱼类名称超过100种，陆上居民常见的海鱼一般也就二三十种，例如鱲鱼 lap³ ji²¹、鰄鱼 wak²¹ ji²¹、沙钻 sa⁴⁴ tsin³³、金鼓 kɐm⁴⁴ ku²⁴、泥鲶 lei²¹ mɐŋ⁴⁴、鳝 sin²⁴、石斑 sɛk²¹ pan⁴⁴、红三 huŋ²¹ sam⁴⁴、跳狗 tʰiu²¹ keu⁴⁴、金鲳鱼 kɐm⁴⁴tsʰɔŋ⁴⁴ ji²¹、花鲈 fa⁴⁴ lou²¹、墨鱼 mɐk²¹ ji²¹、鱿鱼 jeu²¹ ji²¹、九肚 keu²⁴ tʰou²⁴、牙带 a²¹ tai³³、马鲛 ma²⁴ kau⁴⁴、龙虾 luŋ²¹ ha⁴⁴、鲍鱼 pau⁴⁴ ji²¹、马友 ma²⁴ jeu²⁴、蒲鱼 pʰou²¹ ji²¹、狗棍 keu²⁴ kʷen³³、鲨鱼 sa⁴⁴ ji²¹ 等。婆湾岛疍家话的鱼类名称除了上述，还有北鲷 pɐk⁵ lei²¹、罗姑 lɔ²¹ ku⁴⁴、潺钉 san²¹tiŋ⁴⁴、□□pen²¹ pɔ²⁴、□□ki²¹ kau²¹ ji²¹、大牙□ta²¹ a²¹ pɔk⁵、硬壳鲑 ɐŋ²¹ hɔk³ kʷei⁴⁴、肥猪仔 fei²¹ tsi⁴⁴ tsei²⁴、棱尖 lɪŋ²¹ tsim⁴⁴、犁戳 lei²¹ tɐŋ²⁴、红腰带 huŋ²¹ jiu⁴⁴ tai³³、花手巾 fa⁴⁴ seu²⁴ kɐn⁴⁴、大铁 tai²¹ tʰit³、船底鱼 sin²¹ tei²⁴ ji²¹ 等。

其次是船的结构名词丰富。船的结构名称是大多数岸上居民所不了解的，婆湾岛疍家话关于船的结构名词比较多，例如水翼 sui²⁴ jɪk²¹、头粥 tʰeu²¹ pet²¹、头哥 tʰeu²¹ kɔ⁴⁴、绕头 jiu⁴⁴ tʰeu²¹、柜 kʷei21、头柜仔 tʰeu²¹kʷei²¹ tsei²⁴、生柜 saŋ⁴⁴kʷei²¹、柜面 kʷei²¹min²¹、面踏 min²¹tap²¹、大根 tai²¹ kɐn⁴⁴、二根 ji²¹kɐn⁴⁴、骨格 kʷɐk⁵kek³、大当 tai²¹tɔŋ³³、二当 ji²¹tɔŋ³³、头当 tʰeu²¹tɔŋ³³、横柴 wɐŋ²¹tsʰai²¹、头须 tʰeu²¹su⁴⁴、□缆桩 lai³³lam²¹tsɐŋ⁴⁴ 等，船的不同结构部件分得很细致，各个部位都专门有对应的名词。

再次是渔业生产的词语丰富。在没有冷藏设备的年代，渔民打上来的鱼，除了卖鲜鱼外，主要是腌制咸鱼。关于咸鱼腌制的词语有：腌咸 jip³ham²¹、藏盐鱼 tsʰɔŋ²¹jim²¹ji²¹、风吹鱼 fuŋ⁴⁴tsʰui²¹ji²¹、霉香鱼 mui²¹hɐŋ⁴⁴ji²¹、大柜鱼 tai²¹kʷei²¹ji²¹、三成盐 sam⁴⁴sɪŋ²¹jim²¹、大柜汤 tai²¹kʷei²¹tʰɔŋ⁴⁴。鱼露也是渔民制作鱼获的主要产品，根据发音人介绍，好的鱼露一般采用青鳞鱼制作。制作鱼露的词语有：鱼汁 ji²¹tsɐp⁵、咸汤 ham²¹tʰɔŋ⁴⁴、生水 saŋ⁴⁴sui²⁴、生汤 saŋ⁴⁴tʰɔŋ⁴⁴、熟汤 suk²¹tʰɔŋ⁴⁴、焺咸汤 sap²¹ham²¹tʰɔŋ⁴⁴、一级汁 jɐt⁵kʰɐp⁵tsɐp⁵、二级汁 ji²¹kʰɐp⁵tsɐp⁵等。渔业生产的工具也有专门的术语，例如：罾 tsɐŋ⁴⁴、箩 lɔ⁴⁴、□鞭 kɐt²¹pin⁴⁴、浮仔 pʰou²¹tsɐi²⁴、□罾船 kɔŋ²¹tsɐŋ⁴⁴sin²¹、灯光船 tɐŋ⁴⁴kɔŋ⁴⁴sin²¹、箻 lui⁴⁴。捕捞活动词语有：端罾 tin⁴⁴ tsɐŋ⁴⁴、□鱼 kɔŋ²¹ji²¹、打罛棚 ta²¹ku⁴⁴pʰɐŋ²¹、下鱼 ha²⁴ji²¹、放网 fɔŋ³³mɔŋ²⁴、单拖 tan⁴⁴tʰɔ⁴⁴、双拖 sɔŋ⁴⁴tʰɔ⁴⁴、做灯光 tsou²¹tɐŋ⁴⁴kɔŋ⁴⁴、流刺网 lɐu²¹tsʰi³³mɔŋ²⁴、八爪煲 pat³tsau²⁴pou⁴⁴等。

最后是居住环境词汇反映了水上居民的特色。疍家人把居住与捕捞一体的渔船叫家口艇；把大船上的房屋叫更楼；把大的船舱叫舱，小的船舱叫柜；把在海边搭的木屋叫棚；把居住木棚的底柱叫戙，把棚面的柱子叫柱；把上岸叫上街；把用小艇搭载到大船边叫落船，从小艇上大船叫行上船；把城市叫大埠等。旧时疍家人不能上岸居住，只能生活在船上或在海边搭建木棚居住，船和木棚就是他们的家，小艇是接驳的工具。疍家人捕到了鱼，靠岸的地方是岸上的街市，他们能够到达的城市都是沿岸的商埠。这些词汇反映了疍家人海上生活的情况。

（三）词的上下位概念分合的关注点不同

婆湾岛疍家话的某些词的上下位概念分合的关注点与岸上方言不同。例如：划船的工具，岸上居民大多只知道"船桨"这个词，婆湾岛疍家话"船桨"一词还有下位词：（1）橹，固定在船尾或船边，形状弯曲，像鱼尾；（2）桡，短的船桨，不固定在船上；（3）棹，长的船桨，固定在船的两边。再如"撑船"这个动作，婆湾岛疍家话是有分别的，在水中用竹篙使船移动叫"撑"，用竹篙使船离岸叫"顶"。山的下位词只有两个，有泥土、长满草木的是泥山，喀斯特地貌的是石山。以上是分的例子。婆湾岛疍家话凡是河流都称为"河"，没有"江"和"溪"的概念，大的叫河，小的叫河仔。水塘、鱼塘和水坑也没有区分，都叫水塘。有些农具的名称没有分别，例如：锛子、镐、锄头、小锄头都叫锄头；镰刀、草镰、禾镰没有分别，都统称勾镰；箩和筐也没有分别，统称箩。以上是合的例子。

婆湾岛疍家话中一些词的上下位概念分合的关注点，体现了这种方言的海洋特点。船桨、撑船这类的动作，是疍家人日常生活中接触最多的事物，他们认为重要，所以要作分别。婆湾岛是喀斯特地貌，在海防沿岸，与之毗邻的涂山，是植被茂密的土山，茫茫大海只能见得到这两种山，所以山就只有泥山和石山两类。婆湾岛周边都是大海，疍家人的船只偶尔靠近岸边，能到达一些江河的出海口，于是在他们的观念中只有河的概念。疍家人之前没有蓄水养鱼的习惯，于是水塘、鱼塘和水坑没有分别。至于农具不分，主要是因为疍家人不从事农业生产，这些农具对于他们来说是陌生的，所以没办法进行分别。

二、同词异指与同物异词

除了海洋性的特点外，婆湾岛疍家话与陆地方言比较，主要表现是同词异指和同物异词现象比较明显。

同词异指，是指相同的词语形式指代的意义不同，例如：

牛牯 $eu^{21} ku^{24}$，在很多南方方言里是公牛的意思，在疍家话里是老牛的意思；

房 $foŋ^{21}$，很多南方方言指的是同宗的分支，婆湾岛疍家话则是指不同代际，一代为一房；婆湾岛指称兄弟之间的后代为"支"。

分家 $fen^{44} ka^{44}$，是指生活在一起的亲属，将家产分开，而各自成家，婆湾岛疍家话"分家"是指分家产，分家叫"分支" $fen^{44} tsi^{44}$ 或"开支" $hɔi^{44} tsi^{44}$。

下流 $ha^{21} leu^{21}$，在很多方言里指的是卑鄙龌龊的意思，婆湾岛疍家话里是低人一等的意思。

甜水 $tʰim^{21} sui^{24}$，字面的意思是有甜味的水，在婆湾岛疍家话里指的是淡水。

街 kai^{44}，字面的意思是指两旁有房屋的比较宽阔的道路，在婆湾岛疍家话里指的是"岸"。

街边 $kai^{44} pin^{44}$，字面的意思是街道的边缘，婆湾岛疍家话里指的是人行道。

阿婆 $a^{33} pʰo^{21}$，南方方言里指的是奶奶或老年女性，婆湾岛疍家话里是对妈祖的昵称。

同物异词，指的是相同的事物采用了不同的词汇形式。例如：

黄昏，疍家话是热头落海 $jit^{3} tʰeu^{21} lɔk^{21} hɔi^{24}$；

暗礁，疍家话叫暗水排 $em^{33} sui^{24} pʰai^{21}$；

潮汐，疍家话叫流水 $leu^{21} sui^{24}$；

彩虹，疍家话叫水拱 $sui^{24} kuŋ^{24}$ 或篷拱 $pʰuŋ^{21} kuŋ^{24}$；

丁字路，疍家话叫转弯路 tsin³³ wan⁴⁴ lou²¹；

软柿子，疍家话叫腍糍 lɛm²¹ tsʰei²¹；

硬柿子，疍家话叫水浸子 sui²⁴ tsɛm³³ tsi²⁴；

阳台，疍家话叫棚头 pʰeŋ²¹ tʰɐu²¹；

灶，疍家话叫风炉 fuŋ⁴⁴ lou²¹。

打雷，婆湾岛疍家话叫打石□ ta²⁴ sɛk²¹ wu²¹

三、与周边方言的一些相同点

如前所述，婆湾岛疍家话是具有广府粤语性质的方言，它的词汇就是典型的粤语词汇，例如大多数粤方言都是"冰""雪"不分，婆湾岛疍家话与此基本一致。

普通话	广州话	婆湾岛疍家话
冰	雪 syt³	雪 sit³
雪	雪 syt³	雪 sit³
冰棍	雪条 syt³ tʰiu²¹	雪条 sit³ tʰiu²¹

又如大多数粤语将中药汤叫"茶"，婆湾岛与之相同。

普通话	广州话	婆湾岛疍家话
汤药	茶 tsʰa²¹	茶 tsʰa²¹
抓中药	执茶 tsɐp⁵ tsʰa²¹	执茶 tsɐp⁵ tsʰa²¹
煎药	煲茶 pou⁵⁵ tsʰa²¹	煲茶 pou⁵⁵ tsʰa²¹

再如表示日期，昨天，今天，明天，后天，婆湾岛疍家话与广府粤语完全一样。

普通话	广州话	婆湾岛疍家话
今天	今日 kɐm⁵⁵ jɐt²¹ /kɐm⁵⁵ mɛt²¹	今日 kɐm⁴⁴ jɐt²¹ /kɐm⁴⁴ mɛt²¹
昨天	琴日 kʰɐm²¹ jɐt²¹	琴日 kʰɐm²¹ jɐt²¹
明天	听日 tʰɪŋ⁵⁵ jɐt²¹	听日 tʰɪŋ⁴⁴ jɐt²¹
后天	后日 hɐu²¹ jɐt²¹	后日 hɐu²¹ jɐt²¹

婆湾岛疍家话的一些词语与钦廉片粤语也关系密切，例如"连襟"一词，在婆湾岛疍家话中有两种说法，分别与广州话和防城粤语对应。

普通话	广州话	防城港	婆湾岛疍家话
连襟	两老襟 lɛŋ³⁵lou³⁵kʰem⁵⁵	两偷狗 lɛŋ²⁴tʰeu⁵⁴kɐu²⁴	两偷狗lɛŋ²⁴tʰeu⁴⁴kɐu²⁴/两老襟lɛŋ²⁴lou²⁴kʰem⁴⁴

婆湾岛疍家话也有一些词语与雷州半岛的闽方言相同，例如"侄孙同称"是闽方言比较常见的亲属称谓现象，所谓"侄孙同称"指的是在某些语言或方言中，侄子与孙子的称谓相同。婆湾岛疍家话的亲属称谓词也存在相同的情况。

普通话	雷州话	婆湾岛疍家话
侄子	侄suŋ²⁴	孙sin⁴⁴
孙子	孙suŋ²⁴	孙sin⁴⁴
侄女	孙女suŋ²⁴ni⁴²	孙女sin⁴⁴lui²⁴
孙女	孙女suŋ²⁴ni⁴²	孙女sin⁴⁴lui²⁴

四、外语借词

早期婆湾岛与世隔绝，岛上的居民主要是疍家人，20世纪40年代越南独立，婆湾岛开始被越南实际统治。在这种背景下，婆湾岛疍家话受到越南语的一些影响，词汇中有个别越南语借词。

普通话	越南语	婆湾岛疍家话
西红柿	Cà chua	□□ka²¹tsɔ³³
发票	Hoá đơn	花单fa⁴⁴tan⁴⁴

婆湾岛疍家话也有个别英语借词，至于是否是法语借了英语的词，然后再进入婆湾岛疍家话的，这个需要进一步考证。借词的情况，见下表。

普通话	英语	婆湾岛疍家话
人力三轮车	sit-rode	□笋sit⁵lɔ⁴⁴/si⁴⁴lɔ⁴⁴
金属线	wire	威也wei⁴⁴ja²⁴
硬币	cent	先子sin⁴⁴tsi²⁴
一分钱	one cent	一先jet⁵sin⁴⁴
扳手	spanner	士巴拿si²¹pa⁴⁴la²¹

婆湾岛疍家话似乎也具有东南亚华人社区汉语方言的个别特点，例如"一公里"，在东南亚华人社区的部分汉语方言中是"一枝□tak⁵"，婆湾岛疍家话是"一碌特tak²¹"，意思是一个短柱子。

五、婆湾岛疍家话的词汇避讳现象

由于古代疍家人每天出没江海，人身安全很难得到保障，所以他们都将命运寄托在神灵身上，这在一些词汇上有所反映，例如：

历书，婆湾岛疍家话叫"通利"tʰuŋ⁴⁴lei²¹，因为"书"与"输"同音，要避讳。

扁担，婆湾岛疍家话叫"担湿"tam³³sep⁵，扁担在粤语叫"担杆"，因为"杆"与"干"同音，疍家人避讳"干"，所以把"担杆"叫担湿。

猪肝，疍家人叫"猪湿"tsi⁴⁴sep⁵，也是因为"肝"与"干"同音，要避讳。

桑树，疍家人叫"桑"sɔŋ⁴⁴，因为"桑树"与"丧事"同音，所以单称"桑"。

萝卜，疍家人叫"菜头"tsʰɔi³³tʰeu²¹，因为"萝卜"与"箩白"同音，箩白意思是箩筐空空，所以要避讳。

六、婆湾岛疍家话词汇特点背后的语言生态

婆湾岛所处的位置是下龙湾群岛南侧，整个下龙湾有1969座大大小小的喀斯特海岛，婆湾岛疍家人就生活在其中。由于封建王朝对疍家人的歧视，他们不能进学校接受教育，不能考科举，不能上岸，不能穿鞋，所以早期的婆湾岛疍家人只以舟楫为家，每天都在与风浪搏斗，每天见到的都是茫茫大海和形态各异的石头山。有一些疍家人会在港湾边上搭建临时栖身的木棚，但是由于长时间在船上生活，腿脚缺乏足够的锻炼，他们的大多数人都是扁平足，即所谓的"鸭乸蹄"，在岸上走路摇摇摆摆，很容易招来岸上居民的嘲笑和作弄。发音人冯先生介绍说，以前疍家人上岸，一见到岸上人就会莫名的害怕。

正是由于疍家人的这种生存环境，他们对海里的水产非常熟悉，对船只的构造非常了解，其生产和生活方式明显与岸上居民不同，这些自然会反映到词汇中来。这些显著的特点就是该方言的海洋特色。

婆湾岛及周边没有的事物，在词汇上也有反映。例如岛上没有兔子，婆湾岛疍家话便没有兔子这个词；旧时越南很难得见到苹果，婆湾岛疍家话也没有苹果这个词。此外诸如松鼠、长颈鹿、孔雀、喜鹊、鹦鹉、布谷鸟、夜莺、鲢鱼、草鱼、鳜鱼、黑鱼、大头鱼、甲鱼、庭院、门墩、磨房、牛圈等，婆湾岛也没有。做调

查的时候，发音人经常会提示"这个东西婆湾岛之前没有的，不知道怎么说"或者"这个东西是回国后才听到坡上人是这样说的"。

婆湾岛疍家话是广府粤语性质的方言，由于疍家人的离群索居，疍家话有些词汇的存古程度更高。例如：

普通话	广州话	婆湾岛疍家话
衣橱	衣柜	木簣 muk^{21} luŋ^{24}
鞠躬	鞠躬	做礼 tsou^{21} lɐi^{24}
追人	追人	趯 tɛk^3
香菇	冬菇	香蕈 hɔŋ^{44} sɐn^{33}
状纸	状纸	状纸 tsɔŋ^{21} tsi^{24}/禀纸 pɐn^{24} tsi^{24}

"簣"，《广韵》："箱类。"这个词在粤方言的其他次方言中也存在，阳江市阳西县县城名为织簣，这里就是保留了古义。

"做礼"即是"作礼"，是举手施礼或行礼的意思。宋·陆游《老学庵笔记》卷三："〔法一〕叱之曰：'与汝共学了生死大事，乃眷眷此物耶！我适已为汝投之江流矣。'杲(宗杲)展坐具作礼而行。"

"趯"，《说文》："踊也。"段注："趯，跃也。足部曰：'跃、迅也。'""趯"是疾走的意思。

"蕈"，《唐韵》："菌生木上。"香蕈是一种食用菌，用于指称香菇，是较为古老的说法。

"禀"是指下级向上级陈述报告，"禀纸"就是向上级汇报的文字，该词也是粤语中较为古老的说法。

第二节 婆湾岛疍家话词汇分类

本研究依据现代汉语常见的语义类别框架来给婆湾岛疍家话的词汇分类，一共分成29个大类，每个大类下面再分若干小类。本节将结合每个词类具体的情况进行介绍。

一、天文词汇

天文词汇下面分成日月星、风云雷雨、冰雪霜露、气候四个小类。

1. 日月星　婆湾岛疍家话中，"太阳"和"阳光"用词相同，都是"热头"；"月亮"和"月光"用词相同，都是"月光"，这种格局比较整齐。"太阳"主要叫"热头"jit³ tʰɐu²¹，在很多词汇的组合中单用"热"jit³，例如"西晒"叫"西斜热"sɐi⁴⁴ tsʰɛ²¹ jit²¹，"日食"叫"蠄□食热"kʰɐm²¹ pʰa²¹ sɪk²¹ jit²¹，"日晕"叫"水浸热"sui²⁴ tsɐm³³ jit²¹。"月亮"叫"月光"jit²¹ kuŋ⁴⁴，在词语组合中常单用"月"jit³，例如"月牙"叫"峨眉月"hɔ²¹ mei²¹ jit²¹，"半月"叫"半边月"pun³³ pin⁴⁴ jit²¹。由于"热"与"月"同音，为了避免误解，在一些词语组合中就不能省略，例如"出太阳"可以叫"热起"jit³ hei²⁴，这很容易让人误解是"月亮出"，所以这个意思更常用的是"热头出"jit³ tʰɐu²¹ tsʰit⁵；太阳下山就一定叫"热头落水"jit³ tʰɐu²¹ lɔk²¹ sui²⁴ 或"热头落海"jit³ tʰɐu²¹ lɔk²¹ hɔi²⁴，否则也容易让人误解是月亮下山了；"月食"叫"蠄□食热光"kʰɐm²¹ pʰa²¹ sɪk²¹ jit²¹ kuŋ⁴⁴，目的是为了与"日食"（"蠄□食"热kʰɐm²¹ pʰa²¹ sɪk²¹ jit²¹）相区别。只有月亮才会有圆缺，太阳不会，所以在"月牙"（"峨眉月"hɔ²¹ mei²¹ jit²¹）、"半月"（"半边月"pun³³ pin⁴⁴ jit²¹）中，"月"单用就不会产生误解。

"热头落水"jit³ tʰɐu²¹ lɔk²¹ sui²⁴/"热头落海"jit³ tʰɐu²¹ lɔk²¹ hɔi²⁴能反映出婆湾岛疍家人的生存环境，黄昏期间疍家人在茫茫的大海上见不到陆地，见到的是夕阳慢慢沉入海平面以下。

条目	疍家话
太阳	热头jit³ tʰɐu²¹/太阳tʰai³³ jɔŋ²¹
阳光	热头jit³ tʰɐu²¹
阳光弱	阴天jɐm⁴⁴ tʰin⁴⁴
阳光强	晒sai³³
出太阳	热起jit³ hei²⁴/热头出jit³ tʰɐu²¹ tsʰit⁵
太阳落山	热头落水jit³ tʰɐu²¹ lɔk²¹ sui²⁴/热头落海jit³ tʰɐu²¹ lɔk²¹ hɔi²⁴
西晒	西斜热sɐi⁴⁴ tsʰɛ²¹ jit²¹
日食	蠄□食热kʰɐm²¹ pʰa²¹ sɪk²¹ jit²¹
日晕	水浸热sui²⁴ tsɐm³³ jit²¹
月亮	月光jit²¹ kuŋ⁴⁴
月光	月光jit²¹ kuŋ⁴⁴

条目	疍家话
月食	蠄□食热光kʰɐm²¹ pʰa²¹ sɪk²¹ jit²¹ kuŋ⁴⁴
月牙	峨眉月hɔ²¹ mei²¹ jit²¹
半月	半边月pun³³ pin⁴⁴ jit²¹
星星	星sɛŋ⁴⁴
北斗星	七星tsʰɐt⁵ sɪŋ⁴⁴
启明星	西星sɐi⁴⁴ sɪŋ⁴⁴/大星起头tai²¹ sɪŋ⁴⁴ hei²⁴ tʰɐu²¹
扫把星(彗星)	扫把星sou²⁴ pa²⁴ sɪŋ⁴⁴
流星	火殃头fɔ²⁵ jɔŋ⁴⁴ tʰɐu²¹
银河	天界tʰin⁴⁴ kai³³
天边	天边tʰin⁴⁴ pin⁴⁴
影子	影jɪŋ²⁴

2. 风云雷雨 婆湾岛疍家话中关于台风的说法"发□"fat³ kɐu²¹和雷的说法"石□sɛk²¹ wu²¹"语义来源不明。雨的相关词汇主要用"雨"来表示，个别采

用"水",例如"毛毛雨"叫"毛水"mou^{21} sui^{24}。"闪电"(天雯 t^{h}in^{44} sɛp^3)与"闪光"(sim^{24} kuŋ^{44})的语素完全不同。"风停"和"彩虹"两个条目与海洋有关,"风停"叫"冇上风"mou^{24} sɛŋ^{24} fuŋ^{44},这是疍家人观察风帆是否上风来给出的判断;"彩虹"叫"篷拱"p^{h}uŋ^{21} kuŋ^{21},是因为彩虹的形状与支撑船篷的弯拱形状相似。

条目	疍家话	条目	疍家话
大风	大风 tai^{21} fuŋ^{44}	闪光	闪光 sim^{24} kuŋ^{44}
狂风	大风 tai^{21} fuŋ^{44}	闪电	天雯 t^{h}in^{44} sɛp^3
小风	风仔 fuŋ^{44} tsɐi^{24} / 细风 sɐi^{33} fuŋ^{44}	雨	雨 ji^{24}
台风	台风 t^{h}ɔi^{21} fuŋ^{44} /	下雨	落雨 lɔk^{21} ji^{24}
刮台风	打发 □ta^{24} fat^3 kɐu^{21}	雨停	晴雨 ts^{h}ɛŋ^{21} ji^{24}
旋风	龙风 luŋ^{21} fuŋ^{44}	小雨	雨仔 ji^{24} tsɐi^{24}
逆风	顶风 tɪŋ^{24} fuŋ^{44}	大雨	大雨 tai^{21} ji^{24}
顺风	顺风 sɐn^{21} fuŋ^{44}	暴风雨	大风大雨 tai^{21} fuŋ^{44} tai^{21} ji^{24}
起风	起风 hei^{24} fuŋ^{44}	毛毛雨	毛水 mou^{21} sui^{24}
风停	冇上风 mou^{24} sɛŋ^{24} fuŋ^{44}	连阴雨	落几日雨 lɔk^{21} kei^{24} jɐt^{21} ji^{24}
乌云	乌云 wu^{44} wɐn^{21}	太阳雨	热头雨 jit^3 t^{h}ɐu^{24} ji^{24}
晚霞	热头倒照 jit^{21} t^{h}ɐu^{24} tɐu^{24} tsiu^{33}	淋雨	淋雨 lɛm^{21} ji^{24}
雷	石 □sɛk^{21} wu^{21}	彩虹	水拱 sui^{24} kuŋ^{24} / 篷拱 p^{h}uŋ^{21} kuŋ^{21}
打雷	打石 □ta^{24} sɛk^{21} wu^{21}	晒	晒 sai^{33} / □hɪŋ^{33}

3. 冰雪霜露 婆湾岛疍家话冰雪霜不分,"冰""霜"都叫"雪","下雪"叫"落雪"lɔk^{21} sit^{3}或"落冰"lɔk^{21} pɪŋ^{44},"下霜"也叫"落冰"lɔk^{21} pɪŋ^{44}。露与雾也不分,"露"叫"雾","露水"叫"雾水"mu^{21} sui^{24} /mou^{21} sui^{24},"下露"叫"落雾"lɔk^{21} mu^{21}或"暗雾"ɐm^{33} mou^{21}。"雾"的读音有mu^{21}和mou^{21},应该是两个不同的层次。

条目	疍家话	条目	疍家话
冰	雪 sit^3	雪	雪 sit^3
结冰	结冰 kit^3 pɪŋ^{44}	下雪	落雪 lɔk^{21} sit^3 / 落冰 lɔk^{21} pɪŋ^{44}
冰融化	融 juŋ^{21}	霜	雪 sit^3
冰雹	雹 puk^{21}	下霜	落冰 lɔk^{21} pɪŋ^{44}

续表

条目	疍家话
露水	雾水 mu²¹ sui²⁴ /mou²¹ sui²⁴
下露	落雾 lɔk²¹ mu²¹/暗雾 ɐm³³ mou²¹
水珠	水滴 sui²¹ tɪk²¹
雾	雾 mu²¹

续表

条目	疍家话
浓雾	盲雾 maŋ²¹ mou²¹
起雾	起雾 hei²⁴ mou²¹
雾散	开雾 hɔi⁴⁴ mou²¹

4. 气候 "晴天"与"天晴"的用词不是简单的语素互换,"晴天"是"青天"tsʰɪŋ⁴⁴ tʰin⁴⁴,"天晴"是"好天"hou²⁴ tʰin⁴⁴。"冷"主要说"冻","天冷"说"冻"tuŋ³³,"冷天"说"冻"tuŋ³³,"阴冷"说"阴冻"jɐm⁴⁴ tuŋ³³。

条目	疍家话
天气	天时 tʰin⁴⁴ si²¹
晴天	青天 tsʰɪŋ⁴⁴ tʰin⁴⁴
天晴	好天 hou²⁴ tʰin⁴⁴
变天	天丑 tʰin⁴⁴ tsʰɐu²⁴
阴天	阴天 jɐm⁴⁴ tʰin⁴⁴
天阴	天暗 tʰin⁴⁴ ɐm³³
雨天	落雨天 lɔk²¹ ji²⁴ tʰin⁴⁴
天热	天热 tʰin⁴⁴ jit²¹/天烘 tʰin⁴⁴ hoŋ³³
闷热	酷 huk²¹

条目	疍家话
天冷	雪 sit³/天冷 tʰin⁴⁴ laŋ⁴⁴/冻 tuŋ³³
冷天	冻 tuŋ³³
阴冷	阴冻 jɐm⁴⁴ tuŋ³³
阴凉	阴 jɐm⁴⁴/阴凉 jɐm⁴⁴ lɔŋ²¹
凉快	凉爽 lɔŋ²¹ sɔŋ²⁴
暖和	暖 lin²⁴
干旱	旱天 hɔn²⁴ tʰin⁴⁴
水浸	雨水浸 ji²⁴ sui²⁴ tsɐm³³

二、地理词汇

地理类词汇分成地、山、江河湖海水、石沙土块矿物、城乡处所5个小类。条目有时采用以义相从的原则,意义相关的词也一并收录。

1. 地 婆湾岛疍家话对田地的认识度比较低,各种形态和用途的地,基本上都是概括为"地"或"田地",例如"田野""菜地""地""旱地"都叫"田地"tʰin²¹ tei²¹或"地"tei²¹。像盐碱地、山地、肥田、瘦田、田埂、菜园、果园这些词发音人都说不出来。

条目	疍家话
田野	田地 tʰin²¹ tei²¹
地	地 tei²¹
旱地	地 tei²¹
沙地	沙地 sa⁴⁴ tei²¹
菜地	田地 tʰin²¹ tei²¹
荒地	空地 huŋ⁴⁴ tei²¹

条目	疍家话
滩地	泥地 lɐi²¹ tei²¹
田	田 tʰin²¹
水沟	冲沟 tsʰuŋ⁴⁴ kɐu⁴⁴
花园	花园 fa⁴⁴ jin²¹
地震	地震 tei²¹ tsɐn³³

2. 山 婆湾岛疍家话对山的理解也比较简单,山和岭没有分别,都叫山。山分为两类,一类是泥山,一类是石山,山坡与山谷不能分辨。

条目	疍家话
山	山 san⁴⁴
土山	泥山 lɐi²¹ san⁴⁴
石山	石山 sɛk²¹ san⁴⁴
上山	行上山 haŋ²¹ sɔŋ²⁴ san⁴⁴
下山	行返落 haŋ²¹ fan⁴⁴ lɔk²¹
爬山	行山 haŋ²¹ san⁴⁴
翻山	行过山 haŋ²¹ kɔ³³ san⁴⁴/行过□边山 haŋ²¹ kɔ³³ nu⁴⁴ pin⁴⁴ san⁴⁴
坎	□ɐp⁵

条目	疍家话
山腰	半腰 pun³³ jiu⁴⁴
山脚	山脚 san⁴⁴ kɔk³
山头	山头 san⁴⁴ tʰɐu²¹
山峰	山顶 san⁴⁴ tɛŋ²⁴
山洞	石窿 sɛk²¹ luŋ⁴⁴/山窿 san⁴⁴ luŋ⁴⁴
山坳	山坳 san⁴⁴ au²⁴
陡峭	企 kʰei²⁴

3. 江河湖海水 婆湾岛疍家话的水类词汇中,很多概念的边界含糊,例如江与河,统称为"河" hɔ²¹;洪水和发洪水都叫"黄水发" wɔŋ²¹ sui²⁴ fat³;水塘、鱼塘、水池都叫"水塘" sui²⁴ tʰɔŋ²¹;井和井台都叫"井" tsɛŋ²⁴。

条目	疍家话
江	河 hɔ²¹
河	河 hɔ²¹
溪	河仔 hɔ²¹ tsɐi²⁴

条目	疍家话
水泡	水泡 sui²⁴ pʰau⁴⁴
潮汐	流水 lɐu²¹ sui²⁴
涨水	水大 sui²⁴ tai²¹

续表

条目	疍家话
退潮	水干 sui²⁴ kɔn⁴⁴
洪水	黄水发 wɔŋ²¹ sui²⁴ fat³
发洪水	黄水发 wɔŋ²¹ sui²⁴ fat³
漩涡	水涡 sui²⁴ wɔ⁴⁴
波浪	大浪 tai²¹ lɔŋ²¹
起浪	起浪 hei²⁴ lɔŋ²¹
桥墩	桥趸 kʰiu²¹ tɐn²⁴ / 戚柱 tuŋ²¹ tsʰi²⁴
岸	街 kai⁴⁴
滩	沙栏 sa⁴⁴ lan²¹
堤	长堤 tsʰɔŋ²¹ tʰɐi²¹
水中陆地	洲 tsɐu⁴⁴
水塘	水塘 sui²⁴ tʰɔŋ²¹
鱼塘	水塘 sui²⁴ tʰɔŋ²¹
水池	水塘 sui²⁴ tʰɔŋ²¹
海	海 hɔi²⁴
岛（小岛）	岛 tɐu²⁴
礁石	排 pʰai²¹
暗礁	暗水排 ɐm³³ sui²⁴ pʰai²¹
潮水	水 sui²⁴
井	井 tsɛŋ²⁴
井台	井 tsɛŋ²⁴
坑	凹 lɐp⁵

续表

条目	疍家话
洞（窟窿）	窿 luŋ⁴⁴
缝	罅 lɛ³³
泥潭	泥湴 lɐi²¹ pʰaŋ²¹
塌方	冧石 lɐm³³ sɛk²¹
咸水	咸水 ham²¹ sui²⁴
淡水	甜水 tʰim²¹ sui²⁴
泉水	流水 lɐu²¹ sui²⁴ / 龙脉水 luŋ²¹ mɐk²¹ sui²⁴ / 自眼水 tsi²¹ an²⁴ sui²⁴
清水	清水 tsʰɪŋ⁴⁴ sui²⁴
水清	水清 sui²⁴ tsʰɪŋ⁴⁴
混水	浊水 tsuk²¹ sui²⁴
冷水	冻水 tuŋ³³ sui²⁴
热水	热水 jit²¹ sui²⁴
温水	和暖水 wɔ²¹ lin²⁴ sui²⁴
开水	滚水 kʷɐn²⁴ sui²⁴
蒸汽	热气 jit²¹ hei³³
冷开水	摊冻水 tʰan⁴⁴ tuŋ³³ sui²⁴
烧开水	煲滚水 pou⁴⁴ kʷɐn²⁴ sui²⁴
灌水	较水 kau³³ sui²⁴ / 捐水 kin⁴⁴ sui²⁴
掺水	抠水 kʰɐu⁴⁴ sui²⁴
用两个碗互倒以便快速把热水弄凉	晾水 lɔŋ²¹ sui²⁴

4. 石沙土块矿物 婆湾岛疍家话这个小类的词语与其他的粤语差别不大，主要的差别是"土"叫"泥"lei²¹，"土砖"叫"泥砖"lei²¹ tsin⁴⁴，"石灰石"叫"石头"sɛk²¹ tʰeu²¹，"生石灰"叫"石灰"sɛk²¹ fui⁴⁴，"熟石灰"叫"熟灰"suk²¹ fui⁴⁴。

条目	疍家话	条目	疍家话
石头	石头 sɛk²¹ tʰeu²¹	明瓦	玻璃瓦 pɔ⁴⁴ lei⁴⁴ a²⁴
大石头	大石 tai²¹ sɛk²¹	石灰石	石头 sɛk²¹ tʰeu²¹
小石头	石仔 sɛk²¹ tsɐi²⁴	石灰	石灰 sɛk²¹ fui⁴⁴
鹅卵石	圆石 jin²¹ sɛk²¹	生石灰	石灰 sɛk²¹ fui⁴⁴
石板	石板 sɛk²¹ pan²⁴	熟石灰	熟灰 suk²¹ fui⁴⁴
沙	沙 sa⁴⁴	化石灰	发石灰 fat³ sɛk²¹ fui⁴⁴
粗沙	粗沙 tsʰou⁴⁴ sa⁴⁴	石灰水	石灰水 sɛk²¹ fui⁴⁴ sui²⁴
细沙	幼沙 jeu³³ sa⁴⁴	刷石灰水	扫石灰 sau³³ sɛk²¹ fui⁴⁴
沙土	泥沙 lei²¹ sa⁴⁴	浮水石	蒲水石 pʰou²¹ sui²⁴ sɛk²¹
土	泥 lei²¹	磁石	摄石 sit³ sɛk²¹
烂泥	烂泥 lan²¹ lei²¹	水泥	水泥 sui²⁴ lei²¹ / 红毛泥 huŋ²¹ mou²¹ lei²¹
尘土	烟尘 jin⁴⁴ tsʰɐn²¹	铜绿	铜边 tʰuŋ²¹ pin⁴⁴
火灰	火灰 fɔ²⁴ fui⁴⁴	铁	铁 tʰit³
垃圾	垃圾 lap²¹ sap³	铁锈	鉎 sɐŋ³³
青砖	青砖 tsʰɪŋ⁴⁴ tsin⁴⁴	生锈	生鉎 sɐŋ⁴⁴ sɐŋ³³ / 生锈 sɐŋ⁴⁴ sɐu³³
红砖	红砖 huŋ²¹ tsin⁴⁴	珍珠	珍珠 tsɐn⁴⁴ tsi⁴⁴
土砖	泥砖 lei²¹ tsin⁴⁴	煤油	火水油 fɔ²⁴ sui²⁴ jeu²¹
砖模	砖□ tsin⁴⁴ kʰɛk⁵	汽油	电油 tin²¹ jeu²¹
碎砖	爆砖 pau³³ tsin⁴⁴	柏油	黑烟 hɐk⁵ jin⁴⁴
烧窑	烧窑 siu⁴⁴ jiu²¹	油毡	油纸 jeu²¹ tsi²⁴
瓦筒	瓦 a²⁴		

5. 城乡处所 婆湾岛疍家话对古代城市不了解，像护城河、城内、城外、城门的名称说不出来。比较有特色的词语有："城市"叫"大埠"tai²¹ feu²¹ 或"城市"sɪŋ²¹ si²⁴，"人行道"叫"街边"kai⁴⁴ pin⁴⁴，"丁字路"叫"转弯路"tsin³³ wan⁴⁴ lou²¹。

条目	疍家话
地方	定tɛŋ²¹
城市	大埠tai²¹ fɐu²¹/城市sɪŋ²¹ si²⁴
户口	户口fu²¹ hɐu²⁴
农村	农村luŋ²¹ tsʰin⁴⁴
村庄	村tsʰin⁴⁴
故乡	老家lou²⁴ ka⁴⁴
山沟	山沟san⁴⁴ kɐu⁴⁴/沟龙kɐu⁴⁴ luŋ²¹
集市	墟hei⁴⁴
赶集	趁墟tsʰɐn³³ hei⁴⁴
到墟日	墟日hei⁴⁴ jɐt²¹

条目	疍家话
大集市	街市kai⁴⁴si²⁴
小集市	街市仔kai⁴⁴si²⁴ tsɐi²⁴
集市结束	散墟san³³ hei⁴⁴
街道	街kai⁴⁴
人行道	街边kai⁴⁴ pin⁴⁴
巷道	巷hɔŋ²¹
马路	路lou²¹
小路	路仔lou²¹ tsɐi²⁴
丁字路	转弯路tsin³³ wan⁴⁴ lou²¹

三、时令时间词汇

时令时间类词汇分为季节、节日、年、月、日、时和其他的时间概念5个小类。

1. 季节 婆湾岛疍家话节气的名词欠缺较多,像惊蛰、春分、谷雨、立夏、小满、芒种、大暑、小暑、处暑、白露、秋分、寒露、霜降、立冬、小雪、大雪、小寒、大寒发音人都说不出来。这主要是由他们所处的环境决定的。婆湾岛处于大海的包围之中,一年四季的变化不大,加上不从事农业生产,所以节气对他们没有什么意义。他们只分得出四季的几个词和几个重要的节气词。据发音人介绍,旧时婆湾岛疍家人主要以神的诞期来记录时间。

条目	疍家话
春天	春天tsʰɐn⁴⁴ tʰin⁴⁴
夏天	夏天ha²¹ tʰin⁴⁴/天热tʰin⁴⁴jit²¹
秋天	秋天tsʰɐu⁴⁴ tʰin⁴⁴
冬天	冬天tuŋ⁴⁴ tʰin⁴⁴/天冷tʰin⁴⁴laŋ²⁴
立春	立春lap²¹ tsʰɐn⁴⁴
雨水	雨水ji²⁴ sui²⁴
清明	清明tsʰɪŋ⁴⁴ mɪŋ²¹

条目	疍家话
夏至	夏至ha²¹ tsi³³
立秋	立秋lap²¹ tsʰɐu⁴⁴
冬至	冬至tuŋ⁴⁴ tsi³³
历书	通利tʰuŋ⁴⁴ lei²¹
农历	唐历tʰɔŋ²¹ lɪk²¹/老历lou²⁴ lɪk²¹/旧历kɐu²¹ lɪk²¹
公历	新历sɐn⁴⁴ lɪk²¹
回南天	回南天wui²¹ lam²¹ tʰin⁴⁴

2. 节日　婆湾岛疍家话的节日词与陆地方言基本相同，其中正月十五的另一种说法"□年" lɛ²⁴ lin²¹ 应该是越南语的半音译词，越南语祭神叫"Hiến tế"，其实就是汉语的"献祭"，简称"tế"，婆湾岛疍家话在对音的时候以"lɛ²⁴"来与之对译。

条目	疍家话	条目	疍家话
节日	节日 tsit³ jɐt²¹	中元节（七月十五）	七月十四 tsʰɐt⁵ jit²¹ sɐp²¹ sei³³
除夕	三十晚 sam⁴⁴ a²¹ man²⁴	重阳节	重阳节 tsʰuŋ²¹ jɔŋ²¹ tsit³
年初一	初一 tsʰɔ⁴⁴ jɐt⁵	冬至节	冬至 tuŋ⁴⁴ tsi³³
拜年	拜年 pai³³ lin²¹	过节	过节 kɔ³³ tsit³
元宵节	正月十五 tsiŋ⁴⁴ jit²¹ sɐp⁵ m²⁴/□年 lɛ²⁴ lin²¹	过年	过年 kɔ³³ lin²¹
清明节	清明节 tsʰiŋ⁴⁴ miŋ²¹	年货	年货 lin²¹ fɔ³³
端午节	五月初五 ŋ²⁴ jit²¹ tsʰɔ⁴⁴ ŋ²⁴	年夜饭	团年饭 tʰin²¹ lin²¹ fan²¹
中秋节	八月十五 pat³ jit²¹ sɐp⁵ ŋ²⁴	压岁钱	封包 fuŋ⁴⁴ pau⁴⁴
		团圆	团年 tʰin²¹ lin²¹

3. 年　该类词与大多数的粤方言大致相同。"年"的概念只能以本年为基础前后推三年，一年分成两半，所以只有"年头""年尾"和"上半年""下半年"的概念。

条目	疍家话	条目	疍家话
今年	今年 kɐm⁴⁴ lin²¹	每年	每一年 mui²⁴ jɐt⁵ lin²¹ /年年 lin²¹ lin²¹
去年	旧年 kɐu³³ lin²¹	年初	年头 lin²¹ tʰɐu²¹
明年	明年 miŋ²¹ lin²¹	年底	年尾 lin²¹ mei²⁴
前年	前年 tsʰin²¹ lin²¹	上半年	上半年 sɔŋ²¹ pun³³ lin²¹
大前年	多年 tɔ⁴⁴ lin²¹	下半年	下半年 ha²¹ pun³³ lin²¹
往年	几年前 kei²⁴ lin²¹ tsʰin²¹	整年	长年 tsʰɔŋ²¹ lin²¹
后年	后年 hɐu²¹ lin²¹	闰年	闰月 jɐn²¹ jit²¹
大后年	大后年 tai²¹ hɐu²¹ lin²¹		

4. 月 该类词与粤语的其他次方言大致相同，但是婆湾岛疍家话词汇里没有"旬"的概念。"月"与"年"一样，只有"月初"与"月底"两个词，没有"月中"的说法。

条目	疍家话
正月	正月 tsɪŋ²⁴ jit²¹
闰月	闰月 jɐn²¹ jit²¹
月初	月头 jit²¹ tʰɐu²¹
月底	月尾 jit²¹ mei²⁴
一个月	一只月 jɐt⁵ tsɛk³ jit²¹
前个月	前一个月 tsʰin²¹ jɐt⁵ kɔ³³ jit²¹

条目	疍家话
上个月	上只月 sɔŋ²¹ tsɛk³ jit²¹
这个月	本月 pun²⁴ jit²¹
下个月	下个月 ha²¹ kɔ³³ jit²¹
小月	月细 jit²¹ sei³³
大月	月大 jit²¹ tai²¹
每月	逢一个月 fuŋ²¹ jɐt⁵ kɔ³³ jit²¹

5. 日、时 婆湾岛的这类词与其他粤语也基本相同，主要的特色是时段的跨度大且模糊，例如清晨和早晨都叫"朝头早" tsiu⁴⁴ tʰɐu²¹ tsou²⁴，上午、中午、下午分别叫"上昼" sɔŋ²¹ tsɐu³³、"晏昼" an³³ tsɐu³³、"下昼" ha²¹ tsɐu³³，而吃中饭前和吃中饭后也分别叫"上昼" sɔŋ²¹ tsɐu³³ 和"下昼" ha²¹ tsɐu³³。

此外，有一些词比较特别，例如白天叫"今日" kɐm⁴⁴ mɐt²¹，夜晚叫"今晚黑" kɐm⁴⁴ man²⁴ hɐk⁵，整夜叫"琴晚" kʰɐm²¹ man²⁴，每夜叫"边晚" pin⁴⁴ man²⁴。

条目	疍家话
今天	今日 kɐm⁴⁴ jɐt²¹ /kɐm⁴⁴ mɐt²¹
昨天	琴日 kʰɐm²¹ jɐt²¹
明天	听日 tʰɪŋ⁴⁴ jɐt²¹
后天	后日 hɐu²¹ jɐt²¹
次日	第二日 tai²¹ ji²¹ jɐt²¹
前天	前日 tsʰin²¹ jɐt²¹
大前天	大前日 tai²¹ tsʰin²¹ jɐt²¹
前几天	前几日 tsʰin²¹ kei²⁴ jɐt²¹
星期天	礼拜日 lɐi²⁴ pai³³ jɐt²¹
星期一	星期一 sɪŋ⁴⁴ kʰei²¹ jɐt⁵
一星期	一个礼拜 jɐt⁵ kɔ³³ lɐi²⁴ pai³³

条目	疍家话
一号	一号 jɐt⁵ hou²¹
十号	十号 sɐp⁵ hou²¹
初一	初一 tsʰɔ⁴⁴ jɐt⁵
初十	初十 tsʰɔ⁴⁴ sɐp⁵
一整天	一日长长 jɐt⁵ jɐt²¹ tsʰɔŋ²¹ tsʰɔŋ²¹
每天	日日 jɐt²¹ jɐt²¹
鸡叫	鸡啼 kei⁴⁴ tʰei²¹
天蒙蒙亮	天作白 tʰin⁴⁴ tsɔk³ pɐk²¹
天亮	天光 tʰin⁴⁴ kɔŋ⁴⁴
清晨	朝头早 tsiu⁴⁴ tʰɐu²¹ tsou²⁴
早晨	朝头早 tsiu⁴⁴ tʰɐu²¹ tsou²⁴

续表

条目	疍家话
上午	上昼 sɔŋ²¹ tsɐu³³
中午	晏昼 an³³ tsɐu³³
下午	下昼 ha²¹ tsɐu³³
半天	半日 pun³³ jɐt²¹
大半天	大半日 tai²¹ pun³³ jɐt²¹
吃中饭前	上昼 sɔŋ²¹ tsɐu³³
吃中饭后	下昼 ha²¹ tsɐu³³
白天	今日 kɐm⁴⁴ mɐt²¹
黄昏	热头落海 jit³ tʰɐu²¹ lɔk²¹ hɔi²⁴
天黑	天黑 tʰin⁴⁴ hɐk⁵
夜晚	今晚黑 kɐm⁴⁴ man²⁴ hɐk⁵
半夜	半晚黑 pun³³ man²⁴ hɐk⁵
上半夜	上半夜 sɔŋ²¹ pun³³ jɛ²¹

续表

条目	疍家话
下半夜	下半夜 ha²¹ pun³³ jɛ²¹
三更半夜	半晚三更 pun³³ man²⁴ sam⁴⁴ kaŋ⁴⁴
整夜	琴晚 kʰɛm²¹ man²⁴ /一晚天光 jɐt⁵ man²⁴ tʰin⁴⁴ kɔŋ⁴⁴
每夜	边晚 pin⁴⁴ man²⁴
日期	日子 jɐt²¹ tsi²⁴
一点钟	一点钟 jɐt⁵ tim²⁴ tsuŋ⁴⁴
十二点钟	十二点钟 sɐp²¹ ji²¹ tim²⁴ tsuŋ⁴⁴
子时	子时 tsi²⁴ si²¹
卯时	卯时 mau²⁴ si²¹
午时	午时 ŋ²⁴ si²¹
未时	未时 mei²¹ si²¹

6. 其他时间概念 婆湾岛疍家话有些词的表达形式比较特别，例如月份叫"几个月"kei²⁴ kɔ⁴⁴ jit²¹（字面的意思是多少个月），平时叫"捞轮"lou⁴⁴ lɐn²¹（这个词字面的意思是那次），时候叫几时 kei²⁴ si²¹（字面意思是什么时候）。

条目	疍家话
月份	几个月 kei²⁴ kɔ³³ jit²¹
平时	捞轮 lou⁴⁴ lɐn²¹
时候	几时 kei²⁴ si²¹
一个小时	一个钟头 jɐt⁵ kɔ³³ tsuŋ⁴⁴ tʰɐu²¹
一刻钟	三个字 sam⁴⁴ kɔ³³ tsi²¹
五分钟	一只字 jɐt⁵ tsɛk³ tsi²¹
一天到晚	一日到黑 jɐt⁵ jɐt²¹ tou²¹ hɐk⁵
古代	旧时 kɐu³³ si²¹
以前	旧时 kɐu³³ si²¹
今后	以后 ji²⁴ hɐu²¹

条目	疍家话
现在	家下 ka⁴⁴ ha²⁴
当初	当初 tɔŋ⁴⁴ tsʰɔ⁴⁴
后来	跟尾 kɐn⁴⁴ mei²⁴
一会儿	一阵间 ɐt⁵ tsɐn²¹ kan⁴⁴
第二天	第二日 tai²¹ ji²¹ jɐt²¹
一世	一世 jɐt⁵ sɐi³³
前世	前世 tsʰin²¹ sɐi³³
后世	来世 lɔi²¹ sɐi³³
从小	从细 tsʰɐn²¹ sɐi³³
临时	暂时 tsam²¹ si²¹

四、农业词汇

农业词汇分为农事和农具。由于婆湾岛疍家话的农业词汇非常少，所以合在一起介绍。

婆湾岛疍家人以捕鱼为生，不事稼穑，所以对农业生产与农具几乎没什么了解，所以对年成、早造、晚造、春耕、夏收、秋收、耕田、犁田、耙田、下种、撒种、点种、拔秧、间苗、薅草、分蘖、扬花、灌浆、结穗、结实、耘田、巡田、排水、㲿水、打禾、打谷器、打禾机、风谷、放谷、碾米、松土、施肥、浇粪、积肥、牛栏粪、蓄粪池、拾粪、农家肥都不了解，反映在词汇层面就是缺位。农具也是如此，陆上农业居民常见的水车、牛轭、牛鼻桊、牛笼嘴、犁、耙、砻、囤、糠筛、米筛、喷雾器等，因为疍家人没见过或少见，所以词汇上也出现了缺位。

条目	疍家话
丰收	做得好 tsou³³ tɐk⁵ hou²⁴
饥荒	饥饿 kei⁴⁴ ɔ²¹
种菜	种菜 tsuŋ³³ tsʰɔi³³
割禾	割禾 kɔt³ wɔ²¹
绳子	索 sɔk³
石磨	石磨 sɛk²¹ mɔ²¹
小箩	疏筛 sɔ⁴⁴ sɐi⁴⁴
罗斗	罗斗筛 lɔ²¹ tɐu²⁴ sɐi⁴⁴
碓	碓 tui³³
碓杵	碓槌 tui³³ tsʰui²¹
舂碓	舂碓 tsuŋ⁴⁴ tui³³
碾子	石牛 sɛk³ ɐu²¹
镐	锄头 tsʰɔ²¹ tʰɐu²¹
钉钯	挠 jau⁴⁴
锄头	锄头 tsʰɔ²¹ tʰɐu²¹
小锄头	锄头 tsʰɔ²¹ tʰɐu²¹

条目	疍家话
铁锹	铲 tsʰan²⁴
镰刀	勾镰 ɐu⁴⁴ lim²¹
草镰	勾镰 ɐu⁴⁴ lim²¹
铁锹	铲 tsʰan²⁴
簸箕	簸箕 pɔk³ kei⁴⁴
粪箕（挑土用）	□ tsʰɔ²⁴
筐	箩 lɔ²¹
箩	箩 lɔ²¹
装鱼的疏眼竹筐	篇 lui⁴⁴
竹笼	笼 luŋ²¹
猪笼	猪笼 tsi⁴⁴ luŋ²¹
扁担	担湿 tam³³ sɐp⁵
棍棒	棍 kʷen³³
担子	担 tam³³
挑担子	担担 tam⁴⁴ tam³³

五、植物词汇

植物类词汇分为农作物，豆类，菜蔬，树木，瓜果，花草、菌类。

1. 农作物 该类词与陆地粤方言较接近，只是很多小类缺乏，例如"米糠"就分不出粗细，"谷"分不出早造、晚造，"米"分不出早造米、晚造米。

条目	疍家话	条目	疍家话
粮食	粮食 lɔŋ²¹ sɪk²¹	番薯藤	薯菜 si²¹ tsʰɔi²⁴
麦子	麦米 mɐk²¹ mei²⁴	木薯	木薯 muk²¹ si²¹
玉米	粟包 suk⁵ pau⁴⁴	凉薯（豆薯、薯莨）	深薯 sɐm⁴⁴ si²¹
薏米	薏米 ji³³ mei²⁴	淮山	淮山 wai²¹ san⁴⁴
高粱	高粱粟 kou⁴⁴ lɔŋ²¹ suk⁵	菜梗	菜骨 tsʰɔi³³ kʷɐt⁵
水稻	谷 kuk⁵	菜叶	菜叶 tsʰɔi³³ jip²¹
稻草	禾草 wɔ²¹ tsʰou²⁴	菜籽	菜米 tsʰɔi³³ mei²⁴
草绳	禾草缆 wɔ²¹ tsʰou²⁴ lam²¹	菜根	菜根 tsʰɔi³³ kɐn⁴⁴
糠	米糠 mei²¹ hɔŋ⁴⁴	马铃薯	薯仔 si²¹ tsɐi²⁴
糯米	糯米 lɔ²¹ mei²⁴	芋头	芋头 wu²¹ tʰɐu²¹
粘米	粘米 tsim⁴⁴ mei²⁴	水芋头	骇芋头 hai²¹ wu²¹ tʰɐu²¹
精米	米 mei²⁴	莲藕	藕 ɐu²⁴
糙米	糙米 tsʰou⁴⁴ mei²⁴	荷叶	莲藕叶 lin²¹ ɐu²⁴ jip²¹
米粒	米 mei²⁴	莲蓬	莲盘 lin²¹ pʰun²¹
碎米	米头 mei²⁴ tʰɐu²¹	花生	花生 fa⁴⁴ sɐŋ⁴⁴
棉花	棉花 min²¹ fa⁴⁴	花生皮	花生衣 fa⁴⁴ sɐŋ⁴⁴ ji⁴⁴
芝麻	芝麻 tsi⁴⁴ ma²¹		
番薯	番薯 fan⁴⁴ si²¹		

2. 豆类、菜蔬 婆湾岛疍家话的这类词语与粤西地区的粤方言和闽方言相同的比较多，个别是同中有异。例如萝卜叫"菜头"tsʰɔi³³ tʰɐu²¹，这与粤西地区大多数方言一致，但是胡萝卜叫"金笋"kɐm⁴⁴ sɐn²⁴，粤西地区叫"红菜头"。有棱的丝瓜，婆湾岛疍家话叫"丝瓜"si⁴⁴ kʷa⁴⁴，与粤西地区相同，无棱的，婆湾岛叫"糯米瓜"lɔ²¹ mei²⁴ kʷa⁴⁴，粤西地区叫"水瓜"。也有个别词借用越南语的说法，例如番茄叫"□□"ka²¹ tsɔ³³，空心菜叫"□□"jɐu³³ mɔŋ⁴⁴。

条目	疍家话	条目	疍家话
青菜（蔬菜的统称）	菜 tsʰɔi³³	苋菜	苋菜 hin²¹ tsʰɔi²¹
黄豆	黄豆 wɔŋ²¹ tɐu²¹	西红柿	□□ka²¹ tsɔ³³
绿豆	绿豆 luk²¹ tɐu²¹	生姜	辣姜 lat²¹ kɔŋ⁴⁴
黑豆	黑豆 hɐk⁵ tɐu²¹	沙姜	沙姜 sa⁴⁴ kɔŋ⁴⁴
红豆	红豆 huŋ²¹ tɐu²¹	辣椒	辣椒 lat²¹ tsiu⁴⁴
豌豆	青豆 tsʰiŋ⁴⁴ tɐu²¹	灯笼椒	灯笼椒 tɐŋ⁴⁴ luŋ²¹ tsiu⁴⁴
豆角	豆角 tɐu²¹ kɔk³	胡椒	胡椒 fu²¹ tsiu⁴⁴
豆芽	豆芽 tɐu²¹ a²¹	芥菜	芥菜 kai³³ tsʰɔi³³
茄子	矮瓜 ɐi²⁴ kʷa⁴⁴	菠菜	菠菜 pɔ⁴⁴ tsʰɔi³³
黄瓜	黄瓜 wɔŋ²¹ kʷa⁴⁴	白菜	白菜 pɐk⁵ tsʰɔi³³
丝瓜（无棱的）	糯米瓜 lɔ²¹ mɐi²⁴ kʷa⁴⁴	包心菜	椰菜 jɛ²¹ tsʰɔi³³
丝瓜（有棱的）	丝瓜 si⁴⁴ kʷa⁴⁴	生菜	生菜 sɐŋ⁴⁴ tsʰɔi³³
丝瓜瓢（洗锅用）	瓜布 kʷa⁴⁴ pou³³	芹菜	芹菜 kʰɐn²¹ tsʰɔi³³
苦瓜	苦瓜 fu²⁴ kʷa⁴⁴	芫荽（香菜）	芫荽 jin²¹ sɐi⁴⁴
南瓜	金瓜 kɐm⁴⁴ kʷa⁴⁴	萝卜	菜头 tsʰɔi³³ tʰɐu²¹
冬瓜	冬瓜 tuŋ⁴⁴ kʷa⁴⁴	萝卜叶	菜头叶 tsʰɔi³³ tʰɐu²¹ jip²¹
葫芦	蒲瓜 pʰou²¹ kʷa⁴⁴	萝卜干	菜头干 tsʰɔi³³ tʰɐu²¹ kɔn⁴⁴
洋葱	洋葱头 jɔŋ²¹ tsʰuŋ⁴⁴ tʰɐu²¹	胡萝卜	金笋 kɐm⁴⁴ sɐn²⁴
小葱	香葱 hɔŋ⁴⁴ tsʰuŋ⁴⁴ / 木葱 muk²¹ tsʰuŋ⁴⁴	花菜	菜花 tsʰɔi³³ fa⁴⁴
葱叶	葱 tsʰuŋ⁴⁴	大白菜	狼牙白 lɔŋ²¹ a²¹ pak²¹
葱白	葱头 tsʰuŋ⁴⁴ tʰɐu²¹	大白菜的一种，顶部叶子青色	火筒菜 fɔ²⁴ tuŋ²¹ tsʰɔi³³
蒜	生蒜 saŋ⁴⁴ sin³³	西兰花	菜花 tsʰɔi³³ fa⁴⁴
蒜头	蒜头米 sin³³ tʰɐu²¹ mɐi²⁴	蕹菜	蕹菜 uŋ³³ tsʰɔi³³ / □□jɐu³³ mɔŋ⁴⁴（越南语）
薤头	薤头 kʰiu²⁴ tʰɐu²¹	蘑菇	香蕈 hɔŋ⁴⁴ sɐn³³
茨菇	茨菇 tsʰi²¹ ku⁴⁴ / tsʰɐi²¹ ku⁴⁴	甘蓝球	芥兰头 kai³³ lan²¹ tʰɐu²¹
		油菜	油菜 jɐu²¹ tsʰɔi³³
韭菜	韭菜 kɐu²⁴ tsʰɔi³³	西洋菜	西洋菜 sɐi⁴⁴ jɐŋ²¹ tsʰɔi³³

3. 树木 该类词与陆上粤方言的区别在于物种的有和无,婆湾岛上没有柏树、柳树、棕榈树、桉树,所以没有这类树木的名称;婆湾岛上有一些常见的树木,例如"格木"kak³muk²¹、"黄□"wɔŋ²¹tam³³、"锥木"tsui⁴⁴muk²¹、"麻木"ma²¹muk²¹,树木类的词汇中就有这些词语。

个别树木的名称在婆湾岛疍家话中有避讳,例如桑树只能叫"桑"sɔŋ⁴⁴,因为"桑树"与"丧事"同音。

条目	疍家话
树	树si²¹
森林	树林si²¹lɐm²¹
树干	树身si²¹sɐn⁴⁴
树枝	树枝si²¹tsi⁴⁴
树杈	树杈si²¹ŋa⁴⁴
树梢	树尾si²¹mei²⁴
树枝细软的部分	树梢si²¹sau⁴⁴
树脂(液)	树乳si²¹jui²⁴
树脂(固)	树胶si²¹kau⁴⁴
树叶	树叶si²¹jip²¹
树皮	树皮si²¹pʰei²¹
树根	树根si²¹kɐu⁴⁴
树桩	树头si²¹tʰɐu²¹
树荫	树荫si²¹jɐm⁴⁴
树洞	树窿si²¹luŋ⁴⁴
嫁接	驳树pɔk³si²¹/寄生kei³³sɐŋ⁴⁴
松树	松树tsʰuŋ²¹si²¹
杉树	杉树tsʰam³³muk²¹
桑树	桑(与"丧事"同音,避讳说"桑树")sɔŋ⁴⁴

条目	疍家话
桑葚	桑树果sɔŋ⁴⁴si²¹kɔ²⁴
樟树	樟木tsɐŋ⁴⁴muk²¹
刺(名词)	簕lɐk²¹
桐油	桐油tʰuŋ²¹jɐu²¹
橡胶	树胶si²¹kau⁴⁴
苦楝树	火楝树fɔ²⁴lin²¹si²¹
榕树	榕树juŋ²¹si²¹
椰树	椰子树jɛ²¹tsi²⁴si²¹
黑檀	格木kak³muk²¹
一种树	黄□wɔŋ²¹tam³³
一种树	锥木tsui⁴⁴muk²¹
一种树	麻木ma²¹muk²¹
木头	木头muk³tʰɐu²¹
竹子	竹tsuk⁵
长刺的竹子	簕竹lɐk²¹tsuk⁵
石竹	石竹sɛk²¹tsuk⁵
茅竹	茅竹mau²¹tsuk⁵
竹笋	竹笋tsuk⁵sɐn²⁴
藤	藤tʰɐŋ²¹

4. 瓜果 婆湾岛疍家话中瓜果的名词能体现地域特点，北方的水果，像杏、苹果等，婆湾岛疍家话没有，而热带水果的名称，婆湾岛疍家话在词语上多有分别，例如柚子、柑子、桔子、橙子分别清晰，黄皮种植的与野生的名称上有别；菠萝蜜的结构，其名称也较为细致；甘蔗的名称也有分别。

条目	疍家话	条目	疍家话
水果	生果saŋ⁴⁴kɔ²⁴	荔枝	荔枝lei²¹tsi⁴⁴
果核	核wɐk²¹	芒果	芒果mɔŋ⁴⁴kɔ²⁴
果蒂	□tɪŋ³³	菠萝	地菠萝tei²¹pɔ⁴⁴lɔ²¹/菠萝仔pɔ⁴⁴lɔ²¹tsɐi²⁴
桃子	桃子tʰou²¹tsi²⁴	菠萝蜜	蜜菠萝mɐt²¹pɔ⁴⁴lɔ²¹/大菠萝tai²¹pɔ⁴⁴lɔ²¹
杏仁	杏仁hɐŋ²¹jɐn²¹	菠萝蜜的果肉	菠萝包pɔ⁴⁴lɔ²¹pau⁴⁴
李子	李子lei²⁴tsi²⁴	菠萝蜜中的条状物	虾ha⁴⁴
苹果	苹果(归国后才有)pʰɪŋ²¹kɔ²⁴		
红枣	红枣huŋ²¹tsou²⁴	菠萝蜜的粘液	菠萝胶pɔ⁴⁴lɔ²¹kau⁴⁴
梨	梨lei²¹	杨桃	酸茄sin⁴⁴kʰɛ⁴⁴/甜茄tʰim²¹kʰɛ⁴⁴
枇杷	枇杷pʰei²¹pʰa²¹	橄榄	榄子lam²⁴tsi²⁴
软柿子	腍糍lɐm²¹tsʰei²¹	柠檬	柠檬lɐm²¹muŋ⁴⁴
硬柿子	水浸子sui²⁴tsɐm³³tsi²⁴	小柠檬	柠檬仔lɐm²¹muŋ⁴⁴tsɐi²⁴
柿饼	柿饼si²¹pɛŋ²⁴	杨梅	杨梅子jɐŋ²¹mui²¹tsi²⁴
石榴	石榴sɛk²¹leu²¹	西瓜	西瓜sɐi⁴⁴kʷa²⁴
槟榔	槟榔pɐt⁵lɔŋ²¹	瓜瓤	瓜瓤kʷa⁴⁴lɔŋ²¹
柚子	□碌puk⁵luk⁵	木瓜	木瓜muk²¹kʷa⁴⁴
柑子	柑子kɐm⁴⁴tsi²⁴	椰子	椰子jɛ²¹tsi²⁴
大柑子	饼柑pɛŋ²⁴kɐm⁴⁴	荸荠	马蹄ma²⁴tʰei²¹
橙子	橙子tsʰaŋ²⁴	甘蔗	甘蔗kɐm⁴⁴tsɛ³³
桔子	桔仔jɐt⁵tsɐi²⁴	竹蔗	竹蔗tsuk⁵tsɛ³³
黄皮子	黄皮wɔŋ²¹pʰei²¹	糖蔗	黑皮蔗hɐk⁵pʰei²¹tsɛ³³
野生黄皮	山黄皮san⁴⁴wɔŋ²¹pʰei²¹	香蕉	蕉子tsiu⁴⁴tsi²⁴
龙眼	龙眼luŋ²¹ŋan²⁴	桃金娘	棯仔lim⁴⁴tsɐi²⁴
龙眼干	元肉jin²¹juk²¹		

5. 花草、菌类 婆湾岛疍家话里很多花草的名字缺位，例如梅花、牡丹花、含羞草、杜鹃花、茉莉花、蒲公英、狗尾巴草、芦苇、蕨等，这里涉及两个方面的原因，一是岛上没有，二是平时没注意分别。婆湾岛疍家话的菌类词语比较少，估计是因为疍家人很少接触菌类。

条目	疍家话	条目	疍家话
叶子	叶 jip²¹	仙人掌	巴掌簕 pa⁴⁴ tsɐn²⁴ lɐk²¹
蓓蕾	花蕊 fa⁴⁴ jui²⁴	青苔	青财 tsʰɐn⁴⁴ tsʰɔi²¹
花瓣	花 fa⁴⁴	艾草	艾 ŋɔi²¹
花蕊	花蕊 fa⁴⁴ jui²⁴	白茅根	茅根 mau²¹ kɐn⁴⁴
花蒂	花蕊 fa⁴⁴ jui²⁴	莎草（水草，用于编草席）	莞草 kʷan⁴⁴ tsʰou²⁴
出芽	爆芽 pau³³ a²¹	茅草	茅草 mau²¹ tsʰou²⁴
开花	开花 hɔi⁴⁴ fa⁴⁴	凉粉草	凉粉草 lɛn²¹ fɐn²⁴ tsʰou²⁴
落花	谢 tsɛ²¹	芒萁	茛萁 lɔn⁴⁴ kei⁴⁴
菊花	菊花 kuk⁵ fa⁴⁴	浮萍	蒲荸 pʰou²¹ pʰiu³³
荷花	莲花 lin²¹ fa⁴⁴	浮水莲	水蒲桃 sui²⁴ pʰou²¹ tʰou²¹

六、动物词汇

动物词类分为牲畜、鸟兽、虫类和鱼虾，有些条目的编排按照以类相从的原则。

1. 牲畜 这类词与陆上的很多粤方言非常接近，动物的性别，雄性一般叫"公"，雌性一般叫"㽒"，小的一般叫"仔"，未成年的雌性禽畜叫"项"。动物交配，猪、牛叫"配种"，狗叫"打种"，鸡、鸭叫"放种"。产子和下蛋都叫"生"。

条目	疍家话	条目	疍家话
动物	生野 saŋ⁴⁴ jɛ²⁴	黄牛	黄牛 wɔn²¹ ɐu²¹
牲畜（牲口）	家畜 ka⁴⁴ tsʰuk⁵	牛犊	牛仔 ɐu²¹ tsɐi²⁴
（动物）产子	生仔 saŋ⁴⁴ tsɐi²⁴	牛角	牛角 ɐu²¹ kɔk³
尾巴	尾 mei²⁴	牛脚	牛脚 ɐu²¹ kɔk³
马	马 ma²⁴	牛尾	牛尾 ɐu²¹ mei²⁴
公牛	牛公 ɐu²¹ kuŋ⁴⁴	牛奶	牛奶 ɐu²¹ lai²⁴
母牛	牛㽒 ɐu²¹ la²⁴	牛吃草	吃草 sɪk²¹ tsʰou²⁴
水牛	水牛 sui²⁴ ɐu²¹	养牛	养牛 jɔŋ²⁴ ɐu²¹

续表

条目	疍家话
放牛	睇牛 tʰɐi²⁴ ɐu²¹
赶牛	赶牛 kun²⁴ ɐu²¹
牛叫	牛叫 ɐu²¹ kiu³³
牛交配	配种 pʰui³³ tsuŋ²⁴
牛用角顶	抄 tsʰau⁴⁴
牛打架	抄跤 tsʰau⁴⁴ kau⁴⁴
羊	羊咩 jɔŋ²¹ mɛ⁴⁴
公羊	公羊 jɔŋ²¹ kuŋ⁴⁴
母羊	羊𤉈 jɔŋ²¹ la²⁴
羊羔	羊仔 jɔŋ²¹ tsɐi²⁴
山羊	山羊 san⁴⁴ jɔŋ²¹
公狗	狗公 kɐu²⁴ kuŋ⁴⁴
母狗	狗𤉈 kɐu²⁴ la²⁴
小狗	狗仔 kɐu²⁴ tsɐi²⁴
狗叫	吠 fɐi²¹
狗交配	打种 ta²⁴ tsuŋ²⁴
公猫	猫公 mɛu⁴⁴ kuŋ⁴⁴/mau⁴⁴ kuŋ⁴⁴
母猫	猫𤉈 mɛu⁴⁴ la²⁴
小猫	猫仔 mɛu⁴⁴ tsɐi²⁴
猫叫	猫叫 mɛu⁴⁴ kiu³³
野猫	野猫 jɛ²⁴ mɛu⁴⁴
公猪	公猪 kuŋ⁴⁴ tsi⁴⁴
种猪	猪公 tsi⁴⁴ kuŋ⁴⁴
母猪	𤉈猪 la²⁴ tsi⁴⁴
小母猪	猪项 tsi⁴⁴ hɔŋ²¹
小猪、猪苗	猪仔 tsi⁴⁴ tsɐi²⁴
豪猪	貓猪箭 mɐn⁴⁴ tsi⁴⁴ tsin³³
猪交配	配种 pʰui³³ tsuŋ²⁴
养猪	养猪 jɔŋ²¹ tsi⁴⁴

续表

条目	疍家话
喂食	喂养 wei³³ jɔŋ⁴⁴
阉割的公猪和母猪	肉猪 juk²¹ tsi⁴⁴
公鸡	生鸡 saŋ⁴⁴ kɐi⁴⁴
小公鸡（未成年的）	鸡公仔 kɐi⁴⁴ kuŋ⁴⁴ tsɐi²⁴
阉割公鸡	阉鸡 jim⁴⁴ kɐi⁴⁴
阉割的公鸡	阉鸡 jim⁴⁴ kɐi⁴⁴
母鸡	鸡𤉈 kɐi⁴⁴ la²⁴
未生蛋的母鸡	项鸡 hɔŋ²¹ kɐi⁴⁴
孵小鸡	菢窦 pɔ²¹ tɐu³³/菢蛋 pɔ²¹ tan²⁴
抱窝	菢 pɔ²¹
鸡交配	放种 fɔŋ³³ tsuŋ²⁴
抱窝鸡	菢窦鸡 pɔ²¹ tɐu²¹ kɐi⁴⁴
小鸡	鸡仔 kɐi⁴⁴ tsɐi²⁴
鸡蛋	鸡蛋 kɐi⁴⁴ tan²⁴
下蛋	生蛋 saŋ⁴⁴ tan²⁴
鸬鸭	西洋鸭 sɐi⁴⁴ jɔŋ²¹ ŋap³/番鸭 fan⁴⁴ ŋap³
田鸭（麻色）	鸭 ap³
公鸭	鸭公 ap³ kuŋ⁴⁴
母鸭	鸭𤉈 ap³ la²⁴
没有生蛋的母鸭	鸭仔 ap³ tsɐi²⁴
小母鸭	鸭仔 ap³ tsɐi²⁴
小鸭	鸭仔 ap³ tsɐi²⁴
鸭蛋	鸭蛋 ap³ tan²¹
鹅	鹅 ɔ⁴⁴/ɔ²¹
小鹅	鹅仔 ɔ²¹ tsɐi²⁴
鹅额头	冠 kʷan⁴⁴

2. 鸟兽 该类词与陆上粤方言非常接近，有些动物婆湾岛没有，分辨不出来，例如银环蛇、五步蛇、喜鹊、布谷鸟、夜莺等；有一些没有分别，例如长颈鹿和梅花鹿，统称为"鹿"；有一些是回国后才知道的，例如孔雀、鹧鸪等。婆湾岛上的蜥蜴比较多，种类也多，在词汇上能反映出来。

条目	疍家话	条目	疍家话
野兽（统称）	生野 saŋ⁴⁴ jɛ²⁴	一种海蛇	舵蛇 tʰai²⁴ sɛ²¹
老虎	老虎 lou²⁴ fu²⁴	鸟	鸟 liu²⁴/雀仔 tsɔk³ tsɐi²⁴
狮子	狮子 si⁴⁴ tsi²⁴	爪子	脚 kɵk³/kɔk³/爪 tsau²⁴
豹	豹 pau³³	鸟类啄物	鸽 tɛm⁴⁴/kʰɛm⁴⁴
狐狸	狐狸 fu²¹ lei²¹	鸟窝	雀窝 tsʰɔk³ wɔ⁴⁴/雀仔窦 tsɛk²⁴ tsɐi²⁴ tɐu³³
鹿	鹿 luk²¹	鸟筑巢	做窦 tsou³³ tɐu³³/打窦 ta²⁴ tɐu³³
大象	大笨象 tai²¹ pɐn²¹ tsɵŋ²¹	鸟停树上	踎 pɐu⁴⁴/mɐu⁴⁴
穿山甲	穿山甲 tsʰin⁴⁴ san⁴⁴ kap³	乌鸦	老鸦 lou²⁴ a⁴⁴/乌鸦 wu⁴⁴ a⁴⁴
刺猬	箭猪 tsin³³ tsi⁴⁴	海鸥	江鸥 kɔŋ⁴⁴ ŋɐu⁴⁴
猴子	马骝 ma²⁴ lɐu⁴⁴	麻雀	麻□ ma²¹ ti⁴⁴
黄鼠狼	大尾老鼠 tai²¹ mei²¹ lou²⁴ si²⁴	燕子	燕子 jin³³ tsi²⁴
老鼠	老鼠 lou²⁴ si²⁴	大雁	天鹅 tʰin⁴⁴ ɔ²¹
松鼠	松鼠 tsʰuŋ⁴⁴ si²⁴	斑鸠	斑鸠 pɐn⁴⁴ kɐu⁴⁴
金环蛇	金包铁 kɐm⁴⁴ pau⁴⁴ tʰit³	红斑鸠	火鸠 fɔ²⁴ kɐu⁴⁴
竹叶青	青竹飙 tsʰɐŋ⁴⁴ tsuk⁵ piu⁴⁴	鸽子	白鸽 pɐk²¹ kap³
水蛇	水蛇 sui²⁴ sɛ²¹/海蛇 hɔi²⁴ sɛ²¹	鹌鹑	鹌鹑 ɐm⁴⁴ tsʰɐn⁴⁴
蟒蛇	大南蛇 tai²¹ lam²¹ sɛ²¹	鸬鹚（抓鱼的鸟）	鸬鹚 lou²¹ tsʰei⁴⁴
五爪金龙	檀蛇 tʰan²¹ sɛ²¹	鹭鸶	白鹤 pɐk²¹ hɔk²¹
蜥蜴（四脚蛇）	蛤蚧蛇 kɐp⁵ kai³³ sɛ²¹/四脚蛇 sei³³ kɔk³ sɛ²¹	鹧鸪	鹧鸪 tsɛ³³ ku⁴⁴
蜥蜴的一种	土狗 tʰou²⁴ kɐu²⁴	啄木鸟	啄木鸟 tsɔk³ muk²¹ liu²⁴/tsɔk²¹ muk²¹ liu²⁴
长尾蜥蜴	雷公狗 lui²¹ kuŋ⁴⁴ kɐu²⁴	八哥	鹩哥 lɛu⁴⁴ kɔ⁴⁴
（蛇）蜕皮	蜕皮 tʰui³³ pʰei²¹		

条目	疍家话
鹤	白鹤 pɐk²¹ hɔk²¹
老鹰	牙鹰 a²¹ jɪŋ⁴⁴
猫头鹰	猫头鹰 mɛu⁴⁴ tʰɐu²¹ jɪŋ⁴⁴
野鸡	山鸡 san⁴⁴ kei⁴⁴
野鸭	水鸭 sui²⁴ ŋap³

条目	疍家话
蝙蝠	骚鼠 sou⁴⁴ si²⁴
一种鸟，叫声像"天落水"	天落水 tʰin⁴⁴ lɔk²¹ sui²⁴
翠鸟的一种	钓鱼郎 tiu³³ ji²¹ lɔŋ²¹ / 钓鱼雀 tiu³³ ji²¹ tsɔk³

3. 虫类 该类词中有些词的分合与岸上有分别，例如"蜗牛"，陆上方言一般分大小，婆湾岛疍家话大蜗牛和小蜗牛的用词不同，大的叫"蜗牛" wɔ⁴⁴ ɐu²¹，小的叫"螺仔" lɔ²¹ tsɐi²⁴；再如"蟋蟀"，陆上一般蟋蟀与灶蟋蟀名称不同，婆湾岛疍家话统称为"蜘□" tsi⁴⁴ tsɛt⁵；陆上方言"蜜蜂"与"黄蜂"分别很大，一种产蜜，一种不产蜜，婆湾岛疍家话不管产蜜不产蜜，统称为"黄蜂" wɔŋ²¹ fuŋ⁴⁴。

条目	疍家话
蚕	蚕虫 tsʰam²¹ tsʰuŋ²¹
蚕丝	蚕丝 tsʰam²¹ si⁴⁴
蚕茧	蚕茧 tsʰam²¹ kan²⁴
蜘蛛	蠄蟧 kʰɐm²¹ lɔ²¹
蜘蛛网	蜘嘟网 tsi⁴⁴ tsau⁴⁴ mɔŋ²⁴ / 蠄蟧网 kʰɐm²¹ lɔ²¹ mɔŋ²⁴
蚂蚁	蚁 ɐi²⁴
白蚁	白蚁 pɐk²¹ ɐi²⁴
蚯蚓	黄蟪 wɔŋ²¹ hin²⁴
大蜗牛	蜗牛 wɔ⁴⁴ ɐu²¹
小蜗牛	螺仔 lɔ²¹ tsɐi²⁴
蜈蚣	百足 pɐk³ tsuk⁵
壁虎	偷盐蛇 tʰɐu⁴⁴ jim²¹ sɛ²¹
肉虫	青虫 tsʰɪŋ⁴⁴ tsʰuŋ²¹
蚜虫	菜虫仔 tsʰɔi³³ tsʰuŋ²¹ tsɐi²⁴
毛毛虫	狗毛虫 kɐu²⁴ mou²¹ tsʰuŋ²¹

条目	疍家话
红头苍蝇	大蚊公 tai²¹ mɐn⁴⁴ kuŋ²¹
一般的苍蝇	蚊仔 mɐn⁴⁴ tsɐi²⁴
一种非常小的灰黑色的叮人吸血小虫	□仔 at³ tsɐi²⁴
蚊子	蚊仔 mɐn⁴⁴ tsɐi²⁴
花蚊子	花蚊 fa⁴⁴ mɐn⁴⁴
虱子	虱嬷 sɐt⁵ la²⁴
臭虫	木虱 muk²¹ sɐt⁵
跳蚤	狗虱 kɐu²⁴ sɐt⁵
蟋蟀	蜘□ tsi⁴⁴ tsɛt⁵
灶蟋蟀	蜘□ tsi⁴⁴ tsɛt⁵
蟑螂	大甲 tai²¹ tsat²¹ / 由甲 kat²¹ tsat²¹ / 油甲 jɐu²¹ tsat²¹
水蟑螂、海蟑螂	水甲 sui²⁴ tsat²¹

续表

条目	疍家话
水蛭	蚂蟥 ma²⁴ wɔŋ²¹
蝉	□□tsɐm²¹ tsɛ²¹
螳螂	马螂狂 ma²⁴ lɔŋ²¹ kʰɔŋ²¹
蜜蜂、黄蜂	黄蜂 wɔŋ²¹ fuŋ⁴⁴
马蜂	山蜂 san⁴⁴ fuŋ⁴⁴
（马蜂）蛰人	锥 tsui³³
蚊虫叮咬	咬 ŋau²⁴
蜜蜂窝	蜂箔 fuŋ⁴⁴ pʰak³
蜂窝	蜂窝 fuŋ⁴⁴ wɔ⁴⁴
蜂蜜	蜂糖 fuŋ⁴⁴ tʰɔŋ²¹

续表

条目	疍家话
一种会发光的小虫	放光虫 fɔŋ³³ kɔŋ⁴⁴ tsʰuŋ²¹
萤火虫	萤火 jɪŋ²¹ fɔ²⁴
灯蛾	白翼仔 pɐk²¹ jɪk²¹ tsɐi²⁴
蚱蜢	草蜢 tsʰou²⁴ maŋ²⁴
蝴蝶	宾沙 pɐn⁴⁴ sa⁴⁴
蜻蜓	蚊尾 mɐn⁴⁴ mei⁴⁴
放屁虫	臭屁虫 tsʰɐu³³ pʰei³³ tsʰuŋ²¹
金龟子	金虫 kɐm⁴⁴ tsʰuŋ²¹
蝗虫	蝗虫 wɔŋ²¹ tsʰuŋ²¹

4. 鱼虾 该类词比较丰富，其中特别能反映疍家话特色的部分单独设置"渔业生产生活词汇"来介绍，这里只介绍通用部分。这一部分主要介绍鱼虾的身体结构名词和常见淡水鱼类的名称。

该类词与岸上粤方言差别不大，主要是有一些淡水鱼类婆湾岛没有，例如甲鱼，婆湾岛疍家人认为其与乌龟相同，故而称之为乌龟；婆湾岛没有蝌蚪，婆湾岛疍家话把它称之为"蛤鱼"，以为它是鱼类。

条目	疍家话
鱼头	鱼头 ji²¹ tʰɐu²¹
鱼尾	鱼尾 ji²¹ mei²⁴
鱼鳞	鱼鳞 ji²¹ lɐn²¹
鱼刺	鱼箣 ji²¹ lɐk²¹
鱼鳔	鱼胶 ji²¹ kau⁴⁴
鱼肚	鱼腩 ji²¹ lam²⁴
鱼鳃	鱼鳃 ji²¹ sɔi⁴⁴/ ji²¹ sui⁴⁴
鱼涎（鱼身上的粘液）	鱼潺 ji²¹ san²¹

条目	疍家话
鱼卵	鱼春 ji²¹ tsʰɐn⁴⁴/鱼蛋 ji²¹ tan²⁴
鱼苗	鱼种 ji²¹ tsuŋ²⁴
鲤鱼	鲤鱼 lei²¹ ji²¹
鲫鱼	鲫鱼 tsɐk⁵ ji²¹
鲇鱼	鲇鱼 lim²¹ ji²¹
塘虱	鰍鱼 tsʰɐu⁴⁴ ji²¹
金鱼	金鱼 kɐm⁴⁴ ji²¹
鳗鱼	鳝 sin²⁴

续表

条目	疍家话
银鱼	银鱼ɐn²¹ ji²¹
泥鳅	泥鳅（回国后才认识）lɐi²¹ tsʰɐu⁴⁴
鳝鱼	鳝鱼sin²⁴ ji²¹
甲鱼	海龟hɔi³³ kɐi⁴⁴
螃蟹	蟹hai²⁴
蟹螯	蟹拱hai²⁴ kɔŋ²¹
乌龟壳	龟壳kʷei⁴⁴ hɔk³
虾	虾ha⁴⁴
虾黄	虾蛋ha⁴⁴ tan²¹
虾须	虾须ha⁴⁴ sou⁴⁴
虾皮	虾壳ha⁴⁴ hɔk³

续表

条目	疍家话
小虾	虾蠓ha⁴⁴muŋ⁴⁴
鲜虾仁	虾肉ha²⁴ juk²¹
干虾米	虾米ha⁴⁴ mɐi²⁴
田螺	田螺tʰin²¹ lɔ²¹
田螺、螃蟹的盖（厣盖）	厣jip²⁴
青蛙（非食用）	蛤姆kɐp⁵ la²⁴
青蛙（食用）	田鸡tʰin²¹ kɐi⁴⁴
蝌蚪	蛤鱼kɐp⁵ ji²¹
癞蛤蟆	蠄蜍kʰɐm²¹ si²¹
蚌	螺lɔ²¹
毒鱼	毒鱼tou²¹ ji²¹

七、房舍词汇

该类词分为房子、房屋结构和其他设施。

1. 房子 从该类词能看得出疍家人早前住房的一些特点。疍家人之前不能上岸，最多只能在岸边搭建木棚居住。所以词汇里还能看得出这种痕迹，例如"阳台"叫"棚头"，"固定楼梯"叫"码头□"ma²⁴tʰɐu²¹ɐp⁵。婆湾岛疍家话中，"屋"和"房"的区别比较明显，"屋"指的是整个房屋，"房"指的是房间。

条目	疍家话
家	屋里uk⁵ lui²⁴
屋	屋uk⁵
做房子	起屋hei²⁴ uk⁵
地基	石基sɛk²¹ kei⁴⁴/地基tei²¹ kei⁴⁴/地台tei²¹ tʰɔi²¹
打地基	砌地台tsʰɐi³³ tei²¹ tʰɔi²¹
入伙	入屋jɐp²¹ uk⁵
上梁	上梁sɜŋ²⁴ lɔŋ²¹

条目	疍家话
房间	房间fɔŋ²¹ kaŋ⁴⁴
卧室	房fɔŋ²¹
正房	厅tʰɛŋ⁴⁴
厢房	房fɔŋ²¹
客厅	大厅tai²¹tʰɛŋ⁴⁴
厕所（旧式）	屎坑si²⁴ haŋ⁴⁴
厕所（新式）	坐盆tsʰɔ²⁴ pʰun²¹/跍厕ɐu⁴⁴ tsʰi³³

续表

条目	疍家话
楼梯（固定的）	梯□t^hai^{44}ɐp⁵/码头□$ma^{24}t^hɐu^{21}$ɐp⁵
梯子（活动的）	木梯$muk^{21}t^hai^{44}$
阳台	棚头$p^hɐŋ^{21}t^hɐu^{21}$
晒台	晒楼$sai^{33}lɐu^{21}$

续表

条目	疍家话
栏杆	围杆$wei^{21}kɔŋ^{44}$
瓦房	瓦屋$a^{ᵘ¹}uk^{⁵}$
楼房	楼$lɐu^{21}$
洋房	鬼佬屋$k^wei^{24}lou^{24}uk^5$
草房	茅屋$mau^{21}uk^5$
茅寮	茅寮$mau^{21}liu^{44}$

2. 房屋结构 该类词与陆上粤方言差别不大，某些词反映疍家棚的特点，例如棚屋上的柱子叫"柱"ts^hi^{24}，棚屋下的柱子叫"戙"$tuŋ^{21}$；再如"扶手"叫"疏栏柱"$sɔ^{44}lan^{21}ts^hi^{24}$，这反映了疍家棚的平台结构，为了安全起见，一般疍家棚上面要用稀疏的柱子围起来。

条目	疍家话
房顶	屋顶$uk^5tɛŋ^{24}$
房檐	屋岔$uk^5ts^ha^{24}$/半边岔$pun^{33}pin^{44}ts^ha^{24}$
梁	梁$lɔŋ^{33}$
檩	横梁$wɐŋ^{21}lɔŋ^{33}$
椽子	桁条$hɐŋ^{21}t^hiu^{21}$
棚屋上的柱子	柱ts^hi^{24}
棚屋下的柱子	戙$tuŋ^{21}$
（门口的）台阶	□ɐp⁵
（上楼的）台阶	梯□t^hai^{44}ɐp⁵
正门	大门$tai^{21}mun^{21}$
后门	后门仔$hɐu^{21}mun^{21}tsɐi^{24}$

条目	疍家话
门板	门板$mun^{21}pan^{24}$
门槛	门槛$mun^{21}k^ham^{24}$
扶手	疏栏柱$sɔ^{44}lan^{21}ts^hi^{24}$
把手	揿手$kɐm^{21}sɐu^{24}$
门闩	门闩$mun^{21}san^{44}$
插销	门闩$mun^{21}san^{44}$
门帘	门帘$mun^{21}lim^{21}$
窗子	窗仔$ts^hɔŋ^{44}tsɐi^{24}$
窗台	窗台$ts^hɔŋ^{44}t^hɔi^{21}$
天窗	光窗$kɔŋ^{44}ts^hɔŋ^{44}$
漏雨	漏雨$lɐu^{21}ji^{24}$
天井	天井$t^hin^{44}tsɛŋ^{24}$
走廊	走廊$tsɐu^{24}lɔŋ^{21}$
三合土	沙抠泥$sa^{wɐi}k^hɐu^{44}lɐi^{21}$

3. 其他设施 "灶"叫"风炉"，反映了船上的生活环境，船只窄小，没办法

像陆地那样搭建大的灶台；猪圈、鸡窝、狗洞这些名词，可以看得出疍家人也饲养这些常见的禽畜。

条目	疍家话
灶	风炉 fuŋ⁴⁴ lou²¹
三足炉子	三脚猫 sam⁴⁴ kɔk³ mɛu⁴⁴
做灶台	打风炉 ta²⁴ fuŋ⁴⁴ lou²¹
炉子	风炉仔 fuŋ⁴⁴ lou²¹ tsei²⁴
猪圈	猪栏 tsi⁴⁴ lan⁴⁴

条目	疍家话
猪食槽	猪兜 tsi⁴⁴ teu⁴⁴
狗洞	狗门窿 keu²⁴ mun²¹ luŋ⁴⁴
鸡睡觉的窝	鸡笼 kei⁴⁴ luŋ²¹
母鸡下蛋的窝	鸡窦 kei⁴⁴ teu³³
鸡笼	鸡笼 kei⁴⁴ luŋ²¹

八、器具、用品词汇

该词类包括一般家具、卧室用具、炊事用具、工匠用具和其他生活用品。

1. 一般家具　该词类主要包括箱子、柜子、椅子、照明工具，可以看得出这些器具的时代层次，例如照明工具有火把、蜡烛、煤油灯、灯笼、电灯等，可以分析出不同时代的层次。

条目	疍家话
家具	家私 ka⁴⁴ si⁴⁴
柜子（卧式，有掀盖）	柜 kʷei²¹
衣橱	木簥 muk²¹ luŋ²¹
碗橱	碗柜 wuŋ²⁴ kei²¹
箱子	箱仔 sɛŋ⁴⁴ tsei²⁴
木箱	木箱 muk²¹ sɛŋ⁴⁴
桌子	台 tʰɔi²¹
抽屉	拖桶 tʰɔ⁴⁴ tʰuŋ²⁴
椅子	傍倚凳 pɐŋ²¹ ji²⁴ tɐŋ³³ / 傍背凳 pɐŋ²¹ pui³³ tɐŋ³³
躺椅	沙发凳 sa⁴⁴ fat³ tɐŋ³³
凳子	凳仔 tɐŋ³³ tsei²⁴
灯芯	棉绳 min²¹ sɪŋ²¹
煤油灯	火水灯 fɔ²⁴ sui²⁴ tɐŋ⁴⁴

条目	疍家话
灯泡	灯泡 tɐŋ⁴⁴ pʰɔk⁵
手电筒的灯泡	电灯胆 tin²¹ tɐŋ⁴⁴ tam²⁴
有罩煤油灯	四方灯 sei³³ fɔŋ⁴⁴ tɐŋ⁴⁴ / 风灯 fuŋ⁴⁴ tɐŋ⁴⁴
煤油灯圆条形的灯罩	灯通 tɐŋ⁴⁴ tʰuŋ⁴⁴
火把	火把 fɔ²⁴ pa²⁴
蜡烛	蜡烛 lap²¹ tsuk⁵
汽灯	汽灯 hei³³ tɐŋ⁴⁴
灯笼	灯笼 tɐŋ⁴⁴ luŋ²¹
电灯	电灯 tin²¹ tɐŋ⁴⁴
停电	冇电 mou²⁴ tin²¹
手电筒	电筒 tin²¹ tʰuŋ²¹
电池	电池 tin²¹ tsʰi

2. 卧室用具　该类词包括床、席子、蚊帐、枕头、梳妆器具、暖壶、尿壶等器具的名称。有个别词是借用的，例如"梳妆盒"叫"麻篮仔"ma²¹lam²¹tsei²⁴，"麻篮仔"本来是妇女用来装针线的器具，疍家人经常用它来装化妆品，所以就被借来表示梳妆盒。装热水的器具也能看的出词语的时代层次，例如"茶箩"tsʰa²¹lɔ²¹，它反映的是早前的器具，"热水壶"jit²¹sui²⁴fu²¹和"保温杯"pou²⁴wɐŋ⁴⁴pui⁴⁴则是晚近出现的事物。

条目	疍家话	条目	疍家话
床	床tsʰɔŋ²¹	带子	带仔tai³³tsei²⁴
蚊帐	蚊帐mɐn⁴⁴tsɛŋ³³	头绳	头绳tʰɐu²¹sɪŋ²¹
被子	被pʰei²⁴	橡皮筋	束丝tsʰuk⁵si⁴⁴/橡筋tsɛŋ²¹kɐn⁴⁴
被面	被面pʰei²⁴min²¹	夜壶	尿煲liu²¹pou⁴⁴/尿壶liu²¹fu²¹
被套	被袋pʰei²⁴tɔi²¹	火盆	炭盆tʰan³³pʰun²¹
棉胎	棉胎min²¹tʰɔi⁴⁴	暖水瓶（装饮用水）	热水壶jit²¹sui²⁴fu²¹
床单	床单tsʰɔŋ²¹tan⁴⁴	暖壶	保温杯pou²⁴wɐŋ⁴⁴pui⁴⁴
婴儿被	细佬哥被sei³³lou²⁴kɔ⁴⁴pʰei²⁴	外面用竹篾编织，里面用棉布包裹，用于给茶水保温的壶状器具	茶箩tsʰa²¹lɔ²¹
草席	莞草席kʷan⁴⁴tsʰou²⁴tsɛk²¹		
枕头	枕头tsɐm²⁴tʰɐu²¹	挂衣架	竹篙tsuk⁵kou⁴⁴
梳妆盒	麻篮仔ma²¹lam²¹tsei²⁴	樟脑丸	臭丸tsʰɐu³³jin²¹
镜子	镜仔kɛŋ³³tsei²⁴	尿桶	尿桶liu²¹tʰuŋ²⁴
梳子	梳sɔ⁴⁴		
篦子	篦子pei²¹tsi²¹		
发油	蜡油lap³jɐu²¹		

3. 炊事用具　该类词包括烧火的工具与材料、煮饭炒菜的工具、装菜的器具、装酒的器具、切菜的器具、装米的器具、磨刀的器具、厨余等。

婆湾岛疍家话的炊具，煲与镬不同，煲是深的，镬是浅的。此外，由"壳"组成的词语比较常见，例如"炭壳"tʰan³³hɔk³、"壳铲"hɔk³tsʰan²⁴、"饭壳"fan²¹hɔk³等，"壳"在疍家话中最常见的意义是"贝壳"，婆湾岛贝类繁多，从这些词可以看得出疍家人制作炊具有就地取材的做法。

条目	疍家话
火钳	火钳 fɔ²⁴ kʰɛm²¹
火铲	炭壳 tʰan³³ hɔk³
柴火	柴 tsʰai²¹
硬柴	结柴 kit³ tsʰai²¹
锯末	木糠 muk²¹ hoŋ⁴⁴
火柴	火柴 fɔ²⁴ tsʰai²¹
木炭	火炭 fɔ²⁴ tʰan³³
火炭（硬柴烧得没烟的状态）	火炭 fɔ²⁴ tʰan³³
煤	煤 mui²¹
煤气	煤气 mui²¹ hei³³（归国后才有）
烟囱	烟通 jin⁴⁴ tʰuŋ⁴⁴
锅	镬 wɔk²¹
砂锅	砂煲 sa⁴⁴ pou⁴⁴/瓦罉 a²⁴ tsʰɐŋ⁴⁴
饭锅	饭煲 fan²¹ pou⁴⁴
炒菜锅	镬 wɔk²¹
火锅	煲 pou⁴⁴
吃火锅	打边炉 ta²⁴ pin⁴⁴ lou²¹
锅铲	壳铲 hɔk³ tsʰan²⁴/镬铲 wɔk²¹ tsʰan²¹
锅刷子	洗镬□ sɐi²⁴ wɔk²¹ lat³/椰头揌 jɛ²¹ tʰɐu²¹ tsʰui⁴⁴
锅盖	镬盖 wɔk²¹ kɔi³³
水桶	水桶 sui²⁴ tʰuŋ²⁴
箍（加固桶的篾圈或铁圈）	桶箍 tʰuŋ²¹ kʰu²¹
烧水壶	茶壶 tsʰa²¹ wu²¹
饼模子	饼印 pɛŋ²⁴ jɐŋ³³
碗	碗 wun²⁴
搪瓷碗	湓油碗 lɔŋ²⁴ jɐu²¹ wun²⁴

条目	疍家话
茶杯	茶杯 tsʰa²¹ pui⁴⁴
茶壶	茶壶 tsʰa²¹ wu²¹
碟子	碟 tip²¹
钵	钵 put³
饭勺	饭壳 fan²¹ hɔk³
汤勺	壳 hɔk³
调羹、羹匙	调羹 tʰiu²¹ kaŋ⁴⁴
筷子	筷子 wai²⁴ tsi²⁴
托盆	托盆 tʰɔk³ pʰun²¹
酒杯	酒杯 tsɐu²⁴ pui⁴⁴
酒壶	酒壶 tsɐu²⁴ wu²¹/酒罇 tsɐu²⁴ tsɐn⁴⁴
盘子	盘仔 pʰun²¹ tsɐi²⁴
罐子	埕仔 tsʰɪŋ²¹ tsɐi²⁴
瓶子	罇仔 tsɐn⁴⁴ tsɐi²⁴
酒坛	酒埕 tsɐu²⁴ tsʰɪŋ²¹
酒瓶	酒罇 tsɐu²⁴ tsɐn⁴⁴
笊篱（捞饭用的器具）	捞篱 lau²¹ lei²¹
瓶盖	窒头 tsɐt⁵ tʰɐu²¹/盖 kɔi³³
水瓢	水壳 sui²⁴ hɔk³
柄	柄 pɛŋ³³
装柄	安柄 ɔn⁴⁴ pɛŋ³³
磨刀石	刀石 tou⁴⁴ sɛk²¹
菜刀	薄刀 pɔk²¹ tou⁴⁴
柴刀	斩柴刀 tsam²⁴ tsʰai²¹ tou⁴⁴
砧板	砧板 tsɐm⁴⁴ pan²⁴
蒸笼	炊笼 tsʰui⁴⁴ luŋ²¹
水缸	瓮缸 uŋ²⁴ kɔŋ⁴⁴

续表

条目	疍家话
米缸	米缸mɐi²⁴ kɔŋ⁴⁴
量米筒	米筒mɐi²⁴ tʰuŋ²¹
泔水	潲水sau³³ sui²⁴/洗米水sɐi²⁴ mɐi²⁴ sui²⁴
抹布	抹台布mat³ tʰɔi²¹ pou³³

续表

条目	疍家话
筲箕	筲箕sau⁴⁴ kei⁴⁴
擂钵（研碎辣椒用的钵头）	碓仔tui³³ tsɐi²⁴
研船（研碎药材的用具）	药磨jɛk²¹ mɔ²¹

4. 工匠用具 该类词包括木工、水工、打铁、理发、裁缝、纺织的用具及相关用语。这些工具名称，普通话用词缀"子"的，疍家话除了斧头用了词缀"头"，其他都是词根成词。小的工具用"仔"表示。

条目	疍家话
刨子	刨pʰau²¹
斧子	斧头pou²⁴ tʰɐu²¹/fu²⁴ tʰɐu²¹
锯子	锯kei³³
锉刀	锯锉kei³³ tsʰɔ³³
大凿子	大鏒tai²¹ tsʰam²⁴
凿子	凿tsɔk²¹
打眼工具	钻tsin³³
榫头	榫头sɐn²⁴ tʰɐu²¹
尺	尺tsʰɛk³
米尺	米尺mɐi²⁴ tsʰɛk³/唐尺tʰɔŋ²¹ tsʰɛk³
墨斗	墨斗mɐk²¹ tɐu²⁴
钳子	钳仔kʰɛm²¹ tsɐi²⁴
钉锤	锤仔tsʰui²¹ tsɐi²⁴
扳手	士巴拿si²¹ pa²⁴ la²¹
铁丝	铁线tʰit³ sin³³
钢丝	钢丝kɔŋ³³ si⁴⁴/钢线kɔŋ³³ sin³³
螺丝	螺丝lɔ²¹ si⁴⁴
螺丝批	螺丝批lɔ²¹ si⁴⁴ pʰei⁴⁴
钉子	钉tɪŋ⁴⁴
码钉	纳lap³

条目	疍家话
图钉	撳钉kɐm²¹ tɪŋ⁴⁴
楔子	尖tsim⁴⁴
垫底的片状物	楔sɐp³
合页	铰kau³³
瓦刀	灰匙fui⁴⁴ si²¹
抹子、泥板	灰板fui⁴⁴ pan²⁴
灰兜子	灰桶fui⁴⁴ tʰuŋ²¹
吊锤	吊砣tiu³³ tʰɔ²¹
水平尺	平衡尺pʰɪŋ²¹ hɐŋ²¹ tsʰɛk³
打铁	打铁ta²⁴ tʰit³
淬火	灒水tsan³³ sui²⁴
理发	飞发fei⁴⁴ fat³
剃刀	剃刀tʰɐi³³ tou⁴⁴
鐾刀布	皮磨pʰei²¹ mɔ²¹
缝纫机	衣车ji⁴⁴ tsʰɛ⁴⁴
线轴	线碌sin³³ luk⁵
熨斗	烫斗tʰɔŋ³³ tɐu²⁴
织布机	织布机tsɪk⁵ pu³³ kei⁴⁴
梭子	线梭sin³³ sɔ⁴⁴

5. 其他生活用品　该类词主要包括洗漱用具和日用品、浆洗缝补用具、刀剪等生活小物品、扇风用具、厕所用品、雨天用品等。这些生活用品名词，能看出时代层次，例如脸盆，"面斗（木质）"min^{21} $tɐu^{24}$是旧时的名称，"面盆"min^{21} p^hun^{21}是近现代的名称；"牙粉"a^{21} fen^{24}是早期的名称，"牙膏"a^{21} kou^{44}是晚近的名称；"屎抆梗"si^{24} $mɐŋ^{33}$ $k^{wh}ɐŋ^{24}$是早期的名称，"抆屎纸"$mɐŋ^{33}$ si^{24} tsi^{24}是晚近的名称。

条目	疍家话	条目	疍家话
东西（泛指物）	野$jɛ^{24}$	锥子	锥jui^{44}
		耳挖子	耳屎钩ji^{24} si^{24} $ŋɐu^{44}$
脸盆	面盆min^{21} p^hun^{21}/面斗（木质）min^{21} $tɐu^{24}$	钩子	钩$ŋɐu^{44}$
脸盆架	面斗架min^{21} $tɐu^{24}$ ka^{33}	鸡毛掸子	鸡毛扫$kɐi^{44}$ mou^{21} sou^{33}
澡盆	冲凉盆$ts^hu\eta^{44}$ $lɛŋ^{21}$ p^hun^{21}	葵扇	葵扇$k^{wh}ei^{21}$ sin^{33}
脚盆	脚盆$kɛk^3$ p^hun^{21}	折叠扇	纸扇tsi^{24} sin^{33}
痰盂	痰罐t^ham^{21} kun^{33}	电扇	风扇$fuŋ^{44}$ sin^{33}
肥皂	番枧fan^{44} kan^{24}	拐杖（西式的）	□当$pɛk^3$ $tɐŋ^{33}$
香皂	香枧$hɛŋ^{44}$ kan^{24}	草纸（上厕所用纸）	抆屎纸$mɐŋ^{33}$ si^{24} tsi^{24}
牙膏	牙膏a^{21} kou^{44}		
早期刷牙用	牙粉a^{21} fen^{24}	旧时上厕所用的竹篾	屎抆梗si^{24} $mɐŋ^{33}$ $k^{wh}ɐŋ^{24}$
牙刷	牙刷a^{21} ts^hat^3		
泡沫	泡p^hou^{24}	伞	遮$tsɛ^{44}$
洗衣粉	枧粉kan^{24} fen^{24}	蓑衣	蓑衣$sɔ^{44}$ ji^{44}
毛巾	面巾min^{21} $kɐn^{44}$	斗笠	笠帽$lɐp^{21}$ mou^{21}
手绢	揸巾tsa^{44} $kɐn^{44}$	雨衣	胶衫kau^{44} sam^{44}
（撑竹竿的）杈子	竹篙柱$tsuk^5$ kou^{44} ts^hi^{24}	雨鞋	水靴sui^{24} $hɛ^{44}$
		钟	钟$tsuŋ^{44}$
钱包	钱袋ts^hin^{21} $tɔi^{21}$	手表	手表$sɐu^{24}$ piu^{44}
浆糊	浆糊$tsɐŋ^{44}$ wu^{21}/粞仔$ɛt^3$ $tsɐi^{24}$	扫帚	扫把sou^{33} pa^{24}
针	针$tsɐm^{44}$	麻袋	麻包袋ma^{44} pau^{44} $tɔi^{21}$
棉线	洋纱线$jɐŋ^{21}$ sa^{44} sin^{33}	蛇皮袋	蛇皮袋$sɛ^{21}$ p^hei^{21} $tɔi^{21}$
尼龙线	尼龙线$lɐi^{21}$ $luŋ^{21}$ sin^{33}	网袋	网袋$mɔŋ^{24}$ $tɔi^{21}$
剪刀	铰剪kau^{33} $tsin^{24}$	钥匙	钥匙$sɔ^{24}$ si^{21}

九、社会称谓词汇

该类词语包括一般称谓和社会称谓。

1. 一般称谓 一般指称某类人可以在词根的前面加上词缀"阿"；称呼某类年轻人一般用"仔"；指称某类成年人一般用"佬"；泛指某类人也可以用"人"。

条目	疍家话
张三李四（对人泛称，不具体点名）	乜人乜人 mi⁴⁴ jɐn²¹ mi⁴⁴ jɐn²¹
家伙（对人不尊敬的称谓）	嗰只野 kɔ²⁴ tsɛk³ jɛ²⁴
阿（指人前缀）	阿 a³³
大人	大个人 tai²¹ kɔ³³ jɐn²¹
男人	男人 lam²¹ jɐn²¹
（已婚）男人	男人 lam²¹ jɐn²¹
（未婚）男人	青年仔 tsʰɪŋ²¹ lin²¹ tsɐi²⁴
老人家	老人 lou²⁴ jɐn²¹
大爷（对老年男人的尊称）	阿伯 a³³ pɐk³
老头儿（对老年男人昵称）	阿公 a³³ kuŋ⁴⁴
老头子（对老年男人贬称）	老坑 lou²⁴ hɐŋ⁴⁴
女人	女人 lui²⁴ jɐn²¹
（已婚）女人	婆嬭 pʰɔ²¹ la²⁴
（未婚）女人	后生妹 hɐu²¹ sɐŋ⁴⁴ mui⁴⁴
大妈（对老年妇女尊称）	阿姆 a³³ mou⁴⁴
老太婆（对老年妇女贬称）	妈仔㧬 ma⁴⁴ tsɐi²⁴ kɐu⁴⁴
中年男人	阿叔 a³³ suk⁵
中年女人	阿婶 a³³ sɐm²⁴
男青少年	青年仔 tsʰɪŋ⁴⁴ lin²¹ tsɐi²⁴
女青少年	青年女 tsʰɪŋ⁴⁴ lin²¹ lui²⁴
孩子	仔女 tsɐi²⁴ lui²⁴
男孩（中性）	男仔 lam²¹ tsɐi²⁴
男孩（昵称）	哥仔 kɔ⁴⁴ tsɐi⁴⁴

续表

条目	疍家话
女孩（中性）	妹仔mui^{44}tsɐi^{24}
女孩（昵称）	阿妹a^{33}mui^{21}
婴儿（中性）	细佬仔sɐi^{33}lou^{21}tsɐi^{24}
婴儿（昵称）	细佬仔sɐi^{33}lou^{21}tsɐi^{24}
双胞胎	孖仔ma^{44}tsɐi^{24}
龙凤胎	孖仔孖女ma^{44}tsɐi^{24}ma^{44}lui^{24}
个高的人	高佬kou^{44}lou^{24}
个矮的人	矮仔ŋɐi^{24}tsɐi^{24}
胖人	胖佬fei^{21}lou^{24}
瘦人	瘦佬sɐu^{33}lou^{24}
病人	病佬pɛŋ^{21}lou^{24}
帅哥	靓仔lɛŋ^{33}tsɐi^{24}
美女	靓女lɛŋ^{33}lui^{24}
丑八怪	丑鬼tsʰɐu^{24}kʷɐi^{24}
馋猫（馋嘴的人）	贪食tʰam^{44}sɪk^{21}
酒鬼	醉棍tsui^{33}kʷɐn^{33}/醉酒佬tsui^{33}tsɐu^{24}lou^{24}
烟鬼	食烟鬼sɪk^{21}jin^{21}kʷɐi^{24}
邋遢鬼	邋㬹佬la^{21}tsa^{21}lou^{24}/污糟佬wu^{44}tsou^{44}lou^{24}
笑面虎	笑山虎siu^{33}san^{44}fu^{24}
爱哭的人	烂哭猫lan^{21}huk^{5}mɛu^{44}
领头人	头人tʰɐu^{21}jɐn^{21}
仆人	下人ha^{21}jɐn^{21}
城里人	城市人sɪŋ^{21}si^{24}jɐn^{21}
乡下人	村佬tsʰin^{44}lou^{24}
一家子	一家人jɐt^{5}ka^{44}jɐn^{21}
外地人	外埠人ɔi^{21}fɐu^{24}jɐn^{21}
外人	外人ɔi^{21}jɐn^{21}
本地人	本地人pun^{24}tei^{21}jɐn^{21}

续表

条目	疍家话
外国人	外国人 ɔi²¹ kɔk³ jɐn²¹
长寿人	寿星公 sɐu²¹ sɪŋ²⁴ kuŋ⁴⁴
短命人	短命 tin²⁴ mɛŋ²¹
糊涂人	糊涂人 fu²¹ tʰou²¹ jɐn²¹
胆小鬼	细胆人 sɐi³³ tam²⁴ jɐn²¹
半桶水	周身刀 tsɐu⁴⁴ sɐn⁴⁴ tou⁴⁴
懒人	懒人 lan²⁴ jɐn²¹ /懒蛇 lan²⁴ sɛ²¹
调皮鬼	□皮 jak³ pʰei²¹
色狼	生鸡头 sɐŋ⁴⁴ kɐi⁴⁴ tʰɐu²¹ /咸湿佬 ham²¹ sɐp⁵ lou²⁴
骚货（淫荡女人）	姣婆 hau²¹ pʰɔ²¹
好人	好人 hou²⁴ jɐn²¹
朋友	朋友 pʰɐŋ²¹ jɐu²⁴ /伙记 fɔ²⁴ kei³³
好朋友	好朋友 hou²⁴ pʰɐŋ²¹ jɐu²⁴ /老友记 lou²⁴ jɐu²⁴ kei³³
伙伴	伙记 fɔ²⁴ kei³³
自己人	自己人 tsi²¹ kei²⁴ jɐu²¹
同年人	老庚 lou²⁴ kaŋ⁴⁴
内行	行家 hɔŋ²¹ ka⁴⁴
外行	冇识做 mou²⁴ sɪk⁵ tsou²¹
媒人	媒人 mui²¹ jɐn²¹
介绍人	介绍人 kai³³ siu²¹ jɐn²¹
（老光棍）年老单身汉	寡公佬 kʷa²⁴ kuŋ⁴⁴ lou²⁴
（光棍）年轻单身汉	光棍 kɔŋ⁴⁴ kʷɐn³³
老姑娘	老大姐 lou²⁴ tai²¹ tsɛ²⁴
童养媳	鸡对带 kɐi⁴⁴ tui³³ tai³³
鳏夫（老年死老婆的人）	返头公 fan⁴⁴ tʰɐu²¹ kuŋ⁴⁴
寡妇	寡母婆 kʷa²⁴ mou²⁴ pʰɔ²¹
拖油瓶（再婚所带子女）	带龟仔 tai³³ kʷei⁴⁴ tsɐi²⁴
婊子（妓女）	老妓婆 lou²⁴ kei²⁴ pʰɔ²¹

续表

条目	疍家话
鸨母	老鸡㜷 lou²⁴ kɐi⁴⁴ la²⁴
情人	情人 tsʰɪŋ²¹ jɐn²¹
情妇	老契 lou²⁴ kʰɐi³³ /契家婆 kʰɐi³³ ka⁴⁴ pʰɔ²¹
情夫	契家佬 kʰɐi³³ ka⁴⁴ lou²⁴
私生子	野仔 jɛ²⁴ tsɐi²⁴
囚犯	坐监佬 tsʰɔ²⁴ kam⁴⁴ lou²⁴
吝啬鬼	孤寒佬 ku⁴⁴ hɔn²¹ lou²⁴
乞丐	乞儿佬 hɐt²¹ ji⁴⁴ lou²⁴
走江湖的	江湖佬 kɔŋ²¹ wu²¹ lou²⁴
骗子	呃钱佬 ɐk⁵ tsʰin²¹ lou²⁴
恶霸	恶霸 ɔk³ pa³³
黑社会头子	黑帮大佬 hɐk⁵ pɔŋ³³ tai²¹ lou²⁴
吸毒的人	吹烟佬 tsʰui⁴⁴ jin²¹ lou²⁴
小偷	贼仔 tsʰɐk²¹ tsɐi²⁴
扒手	插手仔 tsʰap²¹ sɐu²⁴ tsɐi²⁴
土匪	贼佬 tsʰɐk²¹ lou²⁴
强盗	大贼 tai²¹ tsʰɐk²¹
仇人	仇人 sɐu²¹ jɐn²¹
恩人	恩人 jɐn⁴⁴ jɐn²¹ /贵人 kʷɐi³³ jɐn²¹
富人	有钱佬 jɐu²⁴ tsʰin²⁴ lou²⁴ /有钱人 jɐu²⁴ tsʰin²⁴ jɐn²¹
穷人	冇钱人 mou²⁴ tsʰin²⁴ jɐn²¹
下属（手下人）	伙记 fɔ²⁴ kei³³ /马仔 ma²⁴ tsɐi²⁴
笨蛋	颓笨人 tʰui²¹ pɐn²¹ jɐn²¹
小气鬼	小气鬼 siu²⁴ hei³³ kʷɐi²⁴
老百姓	平民百姓 pʰɪŋ²¹ mɐn²¹ pɐk³ sɪŋ³³
没用的人	废人 fei³³ jɐn²¹ /废柴 fei³³ tsʰai²¹
苦命人	命苦 mɛŋ²¹ fu²⁴
贱骨头	贱骨头 tsin²¹ kʷɐk⁵ tʰɐu²¹

2. 社会称谓　　指称某种职业的人一般用"佬"。

条目	疍家话
工人	工人 kuŋ⁴⁴ jɐn²¹
雇工	工人 kuŋ⁴⁴ jɐn²¹
长工	长工 tsʰɛŋ²¹ kuŋ⁴⁴
农民	农村佬 luŋ²¹ tsʰin⁴⁴ lou²⁴ / 村下佬 tsʰin⁴⁴ ha²¹ lou²⁴
商人	生意佬 sɐŋ⁴⁴ ji³³ lou²⁴
老板	老板 lou²⁴ pan²⁴
老板娘	老板妈 lou²⁴ pan²⁴ ma⁴⁴
伙计	伙记 fɔ²⁴ kei²⁴
师傅	师傅 si⁴⁴ fu²⁴
徒弟	学徒 hɔk³ tʰu²¹
学徒	学徒 hɔk³ tʰu²¹
顾客	客人 hɐk³ jɐn²¹
小贩	生意仔 sɐŋ⁴⁴ ji³³ tsɐi²⁴
老师	老师 lou²⁴ si⁴⁴ / 先生 sin⁴⁴ saŋ⁴⁴
私塾先生	先生 sin⁴⁴ saŋ⁴⁴
学生	学生 hɔk²¹ sɐŋ⁴⁴
医生	医生 ji⁴⁴ sɐŋ⁴⁴
郎中（旧称中医生）	睇脉佬 tʰei²⁴ mɐk²¹ lou²⁴
同学	同学 tʰuŋ²¹ hɔk²¹
军人	军佬 kʷɐn⁴⁴ lou²⁴
警察	公安 kuŋ⁴⁴ ɔn⁴⁴
老乡	同乡 tʰuŋ²¹ hɛŋ⁴⁴
邻居	屋边 uk⁵ pin⁴⁴
房东	屋主 uk⁵ tsi²⁴
调解人	和事佬 wɔ²¹ si²¹ lou²⁴
手艺人	工匠 kuŋ⁴⁴ tsɔŋ²¹
木匠	木工 muk²¹ kuŋ⁴⁴ / 斗木佬 tɐu³³ muk²¹ lou²⁴
泥水匠	泥水佬 lei²¹ sui²⁴ lou²⁴
铁匠	打铁佬 ta²⁴ tʰit³ lou²⁴
补锅的人	补镬佬 pou²⁴ wɔk²¹ lou²⁴
司机	司机 si⁴⁴ kei⁴⁴
包工头	揽头 lam²⁴ tʰɐu²¹
合伙人	佮份人 kap³ fɐn²¹ jɐn²¹
渔民	做海佬 tsu³³ hɔi²⁴ lou²⁴
裁缝	车衣佬 tsʰɛ⁴⁴ ji⁴⁴ lou²⁴
理发员	飞发佬 fei²⁴ fat³ lou²⁴
挑盐走卖的人	卖盐佬 mai²¹ jim²¹ lou²⁴
屠户	劏猪佬 tʰɔŋ⁴⁴ tsi⁴⁴ lou²⁴
脚夫（搬运工）	咕哩 ku⁴⁴ lei⁴⁴
挑夫	担担佬 tam⁴⁴ tam³³ lou²⁴
轿夫	扛轿佬 kɔŋ⁴⁴ kɛu²⁴ lou²⁴
车夫	车佬 tsʰɛ⁴⁴ lou²⁴
艄公	撑船佬 tsʰɐŋ⁴⁴ sin²¹ lou²⁴ / 送人佬 suŋ³³ jɐn²¹ lou²⁴
中间人	中间人 tsuŋ²⁴ kan⁴⁴ jɐn²¹
蜑家（生活在船上的人）	疍家人 tɐŋ²¹ ka⁴⁴ jɐn²¹ / 疍家佬 tɐŋ²¹ ka⁴⁴ lou²⁴
管家	管家 kun²⁴ ka⁴⁴
厨师	厨事佬 tsʰui²¹ si²¹ lou²⁴
奶妈	奶妈 lai²⁴ ma⁴⁴
保姆	保姆 pou²⁴ mou²⁴

续表

条目	疍家话
仆人	下人 ha²¹ jɐn²¹
丫环	丫环 a⁴⁴ wan²¹
接生婆	执妈 tsɐp⁵ ma⁴⁴/执婆 tsɐp⁵ pʰɔ²¹
和尚	和尚 wɔ²¹ sɛŋ²¹
尼姑	尼姑 lɐi²¹ ku⁴⁴
道士	道公佬 tou²¹ kuŋ⁴⁴ lou²⁴
庙祝公（管理寺庙者）	香公 hɔŋ⁴⁴ kuŋ⁴⁴/hɛŋ⁴⁴ kuŋ⁴⁴

续表

条目	疍家话
邮差（送信的人）	带信佬 tai³³ sɐn³³ lou²⁴
摩托佬（开摩托载人的人）	摩托佬 mɔ⁴⁴ tʰɔk³ lou²⁴
新手（刚学会做工的人）	新手 sɐn⁴⁴ sɐu²⁴
老手（熟练工）	老手 lou²⁴ sɐu²⁴
售票员	卖飞个 mai²¹ fei⁴⁴ kɔ⁴²
服务员	伙记佬 fɔ²⁴ kei³³ lou²⁴

十、亲属称谓词

该类词包括长辈、平辈、晚辈和其他。婆湾岛疍家话亲属称谓词有两个特色：(1) 姑与姨的分别有合并的倾向，例如大姑丈、大姨丈都可以称为"阿丈" a³³ tsɛŋ²¹，姑表、姨表兄弟姐妹统称为"表哥、表弟、表姐、表妹"；(2) 孙侄同称，侄子、侄女称"孙子、孙女"。

1. 长辈 婆湾岛疍家话长辈称谓词父系母系分别较清楚，父系往往在词前加词缀"阿"，母系在词前加"外"来区别。外曾祖父称"姐公祖" tsɛ²⁴ kuŋ⁴⁴ tsu²⁴，外曾祖母称"姐公妈" tsɛ²⁴ kuŋ⁴⁴ ma⁴⁴ 或"姐公婆" tsɛ²⁴ kuŋ⁴⁴ pʰɔ²¹，岳父称"姐公" tsɛ²⁴ kuŋ⁴⁴，岳母称"姐婆" tsɛ²⁴ pʰɔ²¹，这些是客家话的叫法。

条目	疍家话
长辈	老一辈 lou²⁴ jɐt⁵ pui³³
曾祖父	阿祖 a³³ tsu²⁴
曾祖母	祖妈 tsu²⁴ ma⁴⁴/祖婆 tsu²⁴ pʰɔ²¹（少）
曾外祖父	外公祖 wai²¹ kuŋ⁴⁴ tsu²⁴/姐公祖 tsɛ²⁴ kuŋ⁴⁴ tsu²⁴
曾外祖母	姐公妈 tsɛ²⁴ kuŋ⁴⁴ ma⁴⁴/姐公婆 tsɛ²⁴ kuŋ⁴⁴ pʰɔ²¹
祖父	阿公 a³³ kuŋ⁴⁴
祖母	阿婆 a³³ pʰɔ²¹

条目	疍家话
外祖父	外公 ɔi²¹ kuŋ⁴⁴
外祖母	外婆 ɔi²¹ pʰɔ²¹
父母亲	老豆老嫲 lou²⁴ tɐu²¹ lou²⁴ la²⁴
父亲（背称）	老豆 lou²⁴ tɐu²¹
父亲（面称）	爸 pa⁴⁴
母亲（背称）	老嫲 lou²⁴ la²⁴
母亲（面称）	妈 ma⁴⁴
岳父（背称）	姐公 tsɛ²⁴ kuŋ⁴⁴/外公 ɔi²¹ kuŋ⁴⁴/岳父 ɔk²¹ fu²⁴

续表

条目	疍家话
岳父（面称）	爸pa^{44}
岳母（背称）	姐婆tsɛ^{24} pʰɔ^{21}/外婆ɔi^{21} pʰɔ^{21}
岳母（面称）	妈ma^{44}
公公（背称）	家公ka^{44} kuŋ^{44}
公公（面称）	老爷lou^{24} jɛ^{21}/爸pa^{44}
婆婆（背称）	家婆ka^{44} pʰɔ^{21}
婆婆（面称）	妈ma^{44}
伯父	阿伯a^{33} pɐk^3
伯母	姆mou^{44}
叔父	阿叔a^{33} suk^5/叔suk^5
叔母	婶sɐm^{24}
最小的叔叔	细叔sei^{33} suk^5
舅父	舅父kʰɐu^{24} fu^{24}
舅母	妗kʰɐm^{24}
舅公	舅公kʰɐu^{24} kuŋ^{44}
舅婆	妗婆kʰɐm^{24} pʰɔ^{21}
大姑（比父大）	大姑tai^{21} ku^{44}

续表

条目	疍家话
小姑（比父小）	姑ku^{44}/姑仔ku^{44} tsɐi^{24}
大姨（比母大）	大姨tai^{21} ji^{21}
小姨（比母小）	阿姨a^{33} ji^{44}/姨仔ji^{44} tsɐi^{24}
大姑夫（比父大）	大姑丈tai^{21} ku^{44} tsɛŋ^{21}/阿丈a^{33} tsɛŋ^{21}
小姑夫（比父小）	姑丈ku^{44} tsɛŋ^{21}
大姨夫（比母大）	大姨丈tai^{21} ji^{21} tsɛŋ^{21}/阿丈a^{33} tsɛŋ^{21}
小姨夫（比母小）	姨丈ji^{21} tsɛŋ^{21}
姑爷爷	姑公ku^{44} kuŋ^{44}
姑奶奶	姑婆ku^{44} pʰɔ^{21}
姨爷爷	姨公ji^{21} kuŋ^{44}
姨奶奶	姨婆ji^{21} pʰɔ^{21}

2. 平辈　平辈亲属称谓有随夫妻叫，随孩子叫的现象，例如大伯子称阿哥是随夫叫，称阿伯是随孩子叫；内弟，叫老弟是随妻子叫，叫舅父是随孩子叫。

条目	疍家话
平辈	同年tʰuŋ^{21} lin^{21}
丈夫	哥kɔ^{44}或称名
妻子	称名
夫妻	两公婆lɛŋ^{24} kuŋ^{44} pʰɔ^{21}
正房	大婆tai^{33} pʰɔ^{21}
小妾	细婆sei^{33} pʰɔ^{21}
大伯子	阿伯a^{33} pɐk^3/大哥tai^{21} kɔ^{44}
小叔子	阿叔a^{33} suk^5
内兄	大舅佬tai^{21} kʰɐu^{24} lou^{24}

条目	疍家话
内弟	舅父kʰɐu^{24} fu^{24}/老弟lou^{24} tʰei^{24}
小姨子（未婚）	姨仔ji^{44} tsɐi^{24}/阿妹a^{33} mui^{21}
兄弟姐妹合称	兄妹hıŋ^{44} mui^{24}
兄弟合称	兄弟hıŋ^{44} tɐi^{24}
姐妹合称	姐妹tsɛ^{24} mui^{24}
哥哥	哥kɔ^{44}
大哥	大哥tai^{21} kɔ^{44}
二哥	二哥ji^{21} kɔ^{44}
嫂子	嫂sou^{24}

续表

条目	疍家话
弟弟	细佬 sei³³ lou²⁴
弟媳	细婶 sei³³ sem²⁴
老大	大哥 tai²¹ kɔ⁴⁴
老二	二哥 ji²¹ kɔ⁴⁴
老幺	细佬 sei³³ lou²⁴
姐姐	姐 tsɛ²⁴ /大姐 tai²¹ tsɛ²⁴
姐夫	姐夫 tsɛ²⁴ fu⁴⁴/阿丈 a³³ tsɛŋ²¹（跟孩子叫）
妹妹	阿妹 a³³ mui²¹
妹夫	妹夫 mui²¹ fu²¹/姑丈 ku⁴⁴ tsɛŋ²¹（跟孩子叫）
堂兄弟	亲叔伯兄弟 tsʰen⁴⁴ suk⁵ pek³ hŋ⁴⁴ tei²¹
堂兄	叔伯大佬 suk⁵ pek³ tai²¹ lou²⁴

续表

条目	疍家话
堂弟	叔伯细佬 suk⁵ pek³ sei³³ lou²⁴
堂姊妹	叔伯姊妹 suk⁵ pek³ tsi²⁴ mui²⁴
堂姐	叔伯大姐 suk⁵ pek³ tai²¹ tsɛ²⁴
堂妹	叔伯细妹 suk⁵ pek³ sei³³ mui²¹
表兄弟	表哥表弟 piu²⁴ kɔ⁴⁴ piu²⁴ tei²¹
表兄	表哥 piu²⁴ kɔ⁴⁴
表嫂	表嫂 piu²⁴ sou²⁴
表弟	表弟 piu²⁴ tei²¹
表姊妹	表姐表妹 piu²⁴ tsɛ²⁴ piu²⁴ mui²¹
表姐	表姐 piu²⁴ tsɛ²⁴
表妹	表妹 piu²⁴ mui²¹

3. 晚辈 晚辈亲属称谓词汇，自己姊妹的儿女与妻子兄弟的儿女称谓相同，儿称外甥，女称外甥女。

条目	疍家话
子女	仔女 tsei²⁴ lui²⁴
子孙	子孙 tsi²⁴ sin⁴⁴
大儿子	大仔 tai²¹ tsei²⁴
大女儿	大女 tai²¹ lui²⁴
第二个儿子	二子 ji²¹ tsei²⁴
小儿子	细子 sei³³ tsei²⁴
最小儿子	老仔 lou²⁴ tsei²⁴
养子	养仔 jɛŋ²⁴ tsei²⁴
过继来的儿子	契仔 kʰei³³ tsei²⁴/相认仔 sɛŋ⁴⁴ jɪŋ²¹ tsei²⁴
逆子	反骨仔 fan²⁴ kʷet⁵ tsei²⁴
儿媳妇	新妇 sem⁴⁴ pʰou²⁴
女儿	女 liu²⁴
女婿	姑爷 ku⁴⁴ jɛ²¹ /女婿 lui²⁴ sei³³
驸马	驸马 fu²¹ ma²⁴

条目	疍家话
孙子	孙 sin⁴⁴
孙媳妇	孙嫂 sin⁴⁴ sou²⁴
孙女	孙女 sin⁴⁴ lui²⁴
孙女婿	孙婿 sin⁴⁴ sei³³
重孙	□仔 lak⁵ tsei²⁴
重孙女	□女 lak⁵ lui²⁴
外孙	外孙 ɔi²¹ sin⁴⁴
外甥	外甥 ɔi²¹ sɐŋ⁴⁴
外孙女	外甥女 ɔi²¹ sɐŋ⁴⁴ lui²⁴
外甥女	外甥女 ɔi²¹ sɐŋ⁴⁴ lui²⁴
侄子	孙 sin⁴⁴
侄女	孙女 sin⁴⁴ lui²⁴
内侄（妻兄弟之子）	外甥 ɔi²¹ sɐŋ⁴⁴
内侄女（妻兄弟之女）	外甥女 ɔi²¹ sɐŋ⁴⁴ lui²⁴

4. 其他　该类词包括姻亲、养育、结拜、认养等形成的关系称谓。其中"连襟"与防城土白话相同。

条目	疍家话	条目	疍家话
辈份	班辈 pan⁴⁴ pui³³	养父	养父 jɐŋ²⁴ fu²¹
排行	排行 pʰai²¹ hɐŋ²¹	结拜	结拜 kit³ pai³³
亲家	亲家 tsʰɐn⁴⁴ ka⁴⁴	干爹	契爷 kʰei³³ jɛ²¹
亲家母	亲家奶 tsʰɐn⁴⁴ ka⁴⁴ lai²⁴	干妈	契妈 kʰei³³ ma⁴⁴
亲家翁	亲家 tsʰɐn⁴⁴ ka⁴⁴	干儿子	契仔 kʰei³³ tsɐi²⁴
外婆家	外婆家 ɔi³³ pʰɔ²¹ ka⁴⁴	干女儿	契女 kʰei³³ lui²⁴
老婆家	外家 ɔi²¹ ka⁴⁴	连襟	两偷狗 lɛŋ²⁴ tʰɐu⁴⁴ kɐu²⁴ /两老襟 lɛŋ²⁴ lou²¹ kʰɐm⁴⁴
男家	本家 pun²⁴ ka⁴⁴	名字	名字 mɪŋ²¹ tsi²¹
女家	外家 ɔi²¹ ka⁴⁴	乳名	奶名 lai²⁴ mɪŋ²¹
继母	后妈 hɐu²¹ ma⁴⁴ /后奶 hɐu²¹ lai²⁴ /后底奶 hɐu²¹ tɐi²⁴ lai²⁴	绰号	花名 fa⁴⁴ mɪŋ²¹
继父	后契父 hɐu²¹ kʰei³³ fu²¹	取名	安名 ɔn⁴⁴ mɪŋ²¹ /起名 hei²⁴ mɪŋ²¹

十一、身体词汇

本类词语包括五官、手脚胸背和其他。

1. 五官　该类词包括头颈、毛发、面部、眼睛、耳朵鼻子、嘴巴、牙齿、胡须等。有些词的划分比较有意思，例如眉，眉毛叫眼眉，睫毛叫上眉，眼泡叫下眉。

条目	疍家话	条目	疍家话
身体	身体 sɐn⁴⁴ tʰei²⁴	脑	脑 lou²⁴
身材	身材 sɐn⁴⁴ tsʰɔi²¹	后脑勺子	后尾枕 hɐu²¹ mei²⁴ tsɐm²⁴
全身	全身 tsʰin²¹ sɐn⁴⁴	颈	颈 kɛŋ²⁴
上身	上身 sɐŋ²¹ sɐn⁴⁴	头发	头发 tʰɐu²¹ fat³ /头毛 tʰɐu²¹ mou²¹
下身	下身 ha²¹ sɐn⁴⁴	头发旋	转 tsin²¹
皮肤	皮 pʰei²¹	辫子	辫 pin⁴⁴
头	头 tʰɐu²¹ /头壳 tʰɐu²¹ hɔk³	髻	髻 kei³³

续表

条目	疍家话
刘海	荫 jɐm⁴⁴
额头	额头 ɐk²¹ tʰɐu²¹
囟门	脑囟 lou²⁴ sɐn³³
太阳穴	晕精 wɐn²¹ tsɛŋ⁴⁴
脸	面 min²¹
相貌	相貌 sɛŋ³³ mau²¹
脸色	脸色 min²¹ sɪk⁵
颧骨	面支骨 min²¹ tsi⁴⁴ kʷɐt⁵
酒窝	烧酒凹 siu⁴⁴ tsɐu²⁴ lɛp⁵
人中	人中 jɐn²¹ tsuŋ⁴⁴
腮帮子	腮荷 sui⁴⁴ hɔ²¹
眼睛	眼 an²⁴
眼眶	眼眶 an²⁴ kʷʰaŋ⁴⁴
眼珠	眼核 an²⁴ wɐt²¹
瞳仁	黑影 hɐk⁵ jɪŋ²⁴ / 公仔头 kuŋ⁴⁴ tsei²⁴ tʰɐu²¹
眼屎	眼屎 an²⁴ si²⁴
眼角	眼尾 an²⁴ mei²⁴
眼皮	眼皮 an²⁴ pʰei²¹
眼泡	下眉 ha²¹ mei²¹
眉毛	眼眉 an²⁴ mei²¹
睫毛	上眉 sɛŋ²⁴ mei²¹
皱纹	皱纹 jɐu³³ mɐn²¹
鼻子	鼻子 pei²¹
鼻涕	鼻涕 pei²¹ tʰei³³

续表

条目	疍家话
流鼻涕	流鼻涕 lɐu²¹ pei²¹ tʰei³³
擤鼻涕	擤鼻涕 sɐŋ³³ pei²¹ tʰei³³
鼻屎	鼻屎 pei²¹ si²⁴
鼻毛	鼻毛 pei²¹ mou²¹
鼻尖	鼻哥头 pei²¹ kɔ⁴⁴ tʰɐu²¹
鼻梁	鼻桥 pei²¹ kʰiu²¹
鼻孔	鼻窿 pei²¹ luŋ⁴⁴
抠鼻子	抠鼻屎 kʰɐu⁴⁴ pei²¹ si²⁴
嘴	嘴 tsui²⁴
嘴唇	嘴唇 tsui²⁴ tsʰɐn²¹
唾沫	口痰 kʰɔt³ tʰam²¹
口水	口水 hɐu²⁴ sui²⁴
流口水	流口水 lɐu²¹ hɐu²⁴ sui²⁴
舌头	脷头 lei²¹ tʰɐu²¹
牙齿	牙 a²¹
龅牙（向外突的牙）	哨牙 sau³³ a²¹
牙床	牙肉 a²¹ juk²¹
耳朵	耳仔 ji²⁴ tsei²⁴
下巴	下扒 a²¹ pʰa²¹
喉咙	喉咙 hɐu²¹ luŋ²¹
喉结	喉咙骨 hɐu²¹ luŋ²¹ kʷɐt⁵
小舌	吊钟 tiu³³ tsuŋ⁴⁴ / 喉咙锭 hɐu²¹ luŋ²¹ tɛŋ³³
胡须	须 sou⁴⁴
络腮胡须	毛攀须 mou²¹ pʰan³³ sou⁴⁴

2. 手脚胸背 该类词包括了身体主干的部位及相关器官，手、脚、肛门、生殖器官、胸、背等，各个部位对应的词很细致。疍家话有一些词生理上的名称跟生活上的名称不同，例如乳房，生理上的名称叫"妳"lɛn⁴⁴，小孩吃奶的乳房叫"庵"ɐm⁴⁴。

条目	疍家话	条目	疍家话
肩膀	膊头 pɔk³ tʰɐu²¹	腿	脚kɛk³
肩胛骨	膊头骨 pɔk³ tʰɐu²¹ kʷɐt⁵	大腿	大髀tai²¹ pei²⁴
胳膊	手臂sɐu²⁴ pei³³	大腿根	髀罅pei²⁴la⁴⁴
臂肌	老鼠仔lou²⁴ si²⁴ tsɐi²⁴	小腿	脚棍kɛk³ kʷɐn³³
胳膊肘	手踭sɐu²⁴ tsaŋ⁴⁴	腿肚子	脚肚kɛk³ tʰou²⁴
腋肢窝	胳甩姐kɐt³ lɐt⁵ tsɛ⁴⁴	膝盖	膝头哥sɐt⁵ tʰɐu²¹ kɔ⁴⁴
手腕子	手□sɐu²⁴ lɐŋ⁴⁴	脚趾	脚趾kɔk³ tsi²⁴
左手	左手tsɔ²⁴ sɐu²⁴	脚趾甲	脚甲kɛk³ kap³
右手	右手jɐu²¹ sɐu²⁴	脚拇指	脚指头kɛk³ tsi²⁴ tʰɐu²¹
手指头	手指sɐu²⁴ tsi²⁴	脚踝	脚□kɛk³ lɐŋ⁴⁴/脚眼kɛk³ an²⁴
大拇指	手公头sɐu²⁴ kuŋ⁴⁴ tʰɐu²¹	脚眼以上的小腿部分	鹩哥门lɛu⁴⁴ kɔ⁴⁴ mun²¹
中指	中指tsuŋ⁴⁴ tsi²⁴	脚背	脚背kɛk³ pui³³
小拇指	手指尾sɐu²⁴ tsi²⁴ mei⁴⁴	脚掌	脚底kɛk³ tɐi²⁴
手踭	起枕hei²⁴ tsɐm²⁴	脚板心	脚板心kɛk³ pan²⁴ sɐm⁴⁴
指甲	手甲sɐu²⁴ kap³ /指甲tsi²⁴ kap³	足弓	脚窝kɛk³ wɔ⁴⁴/脚板囊kɛk³ pan²⁴ lɔŋ²¹/kɔk³ pan²⁴ lɔŋ²¹
胴（指纹）	胴lɔ²¹	脚跟	脚踭kɛk³ tsaŋ⁴⁴
封闭性胴	胴lɔ²¹	脚腕子	脚□kɛk³ lɐŋ⁴⁴
没有封闭的胴	锉tsʰɔ³³	赤脚	脱脚tʰit³ kɛk³
拳头	拳槌kʰin²¹ tsʰui²¹	脚印	脚印kɛk³ jɐn³³
巴掌	巴掌pa⁴⁴ tsɛŋ²⁴	屁股	屎窟si²⁴ fɐt⁵
手心	掌心tsɛŋ²⁴ sɐm⁴⁴ /手板心sɐu²⁴ pan²⁴ sɐm⁴⁴	屁股蛋	屎窟臀si²⁴ fɐt⁵ tʰɐn²¹
手背	手背sɐu²⁴ pui³³	肛门	屎窟眼si²⁴ fɐt⁵ an²⁴/屎窟窿si²⁴ fɐt⁵ luŋ⁴⁴
虎口	虎口fu²⁴ hɐu²⁴		

续表

条目	疍家话
尾骨	尾龙骨 mei^{24} luŋ^{21} k^{w}ɐt^5
裆	裤裆 fu^{33} lɔŋ^{44}
男阴	戳 ts^{h}ɔt^{21}
睾丸	卵泡核 lin^{24} p^{h}au^{44} wɐt^{21}
鸡鸡	屌咪（仔）tiu^{44} mi^{44} (tsei^{24})
女阴	閪鳖 hei^{44} pɛ^{44}
阴道	閪鳖 hei^{44} pɛ^{44}/閪鳖窿 hei^{44} pɛ^{44} luŋ^{44}
交合	屌閪 tiu^{24} hei^{44}
精液	精 tsɪŋ^{44}/戳精 ts^{h}ɔt^{21} tsɪŋ^{44}
心口	心口 sɐm^{44} hɐu^{24}
胸脯	心胸 sɐm^{44} huŋ^{44}
肋骨	小犀 siu^{24} jim^{24}
乳房	姈 lɛn^{44}

续表

条目	疍家话
乳头	姈头 lɛn^{44} t^{h}ɐu^{21}
奶汁	奶 lai^{24}
肚子	肚 t^{h}ou^{24}
小肚子	肚 t^{h}ou^{24}
肚脐沟	肚腩折 t^{h}ou^{24} lam^{24} tsit^3
肚脐眼	肚脐（眼）t^{h}ou^{24} ts^{h}ei^{21} (an^{24})
腰（肾的部位）	腰 jiu^{44}
腰的两侧	横腰 wɐŋ^{21} jiu^{44}
背	背 pui^{33}
背部和背骨	背脊 pui^{33} tsɛk^3
脊椎两边的肌肉	肩胛 kin^{44} kap^3
脊梁骨	腰骨 jiu^{44} k^{w}ɐt^5

3. 其他 这里主要包括体表、血管、内脏的名称。这类词与粤语的大多数方言的说法相同。

条目	疍家话
寒毛	手（皮）毛 sɐu^{24} (p^{h}ei^{21})mou^{21}
寒毛眼	鸡姿 kei^{44} tsi^{44}
痣	记 kei^{33}/墨屎 mɐk^{21} si^{24}/红点 huŋ^{21} tim^{24}（小）
骨髓	骨髓 k^{w}ɐt^5 sui^{21}
血管	血管 hit^3 kun^{24}/血筋 hit^3 kɐn^{44}
脉	脉 mɐk^{21}
五脏	内脏 lɔi^{21} tsɔŋ^{21}

条目	疍家话
心脏	心 sɐm^{44}
肝	肝 kɔn^{44}/湿 sɐp^5（动物）
肺	肺 fei^{33}
肠子	肠 ts^{h}ɛŋ^{21}
胃	胃 wei^{21}
脾	脾 p^{h}ei^{24}
肾	肾 sɐn^{24}
穴位	穴位 jit^{21} wei^{21}

十二、疾病、医疗词汇

本类词语包括一般用语、内科、外科和残疾。

1. 一般用语 本小类包括病情、诊断、药方、打针、理疗、症状等方面的词汇。生病吃药是不好的事情，所以有些说法采用了委婉的说法，例如中药汤叫"茶"，煎中药叫"煲茶"。由于婆湾岛处于越南的统治下，属于境外，为了区别，中药叫"唐药" $t^hɔŋ^{21} jɛk^{21}$，中药房也叫"唐药房" $t^hɔŋ^{21} jɛk^{21} fɔŋ^{21}$。

条目	疍家话	条目	疍家话
医院	医院 $ji^{44} jin^{24}$ / 医生房 $ji^{44} sɐŋ^{44} fɔŋ^{21}$	煎药	煲茶 $pou^{44} ts^ha^{21}$
住院	留医 $lɐu^{21} ji^{44}$	头道药	头留 $t^hɐu^{21} lɐu^{21}$
病了	病 $pɛŋ^{21}$	药罐子	药煲 $jɛk^{21} pou^{44}$
病好	病好 $pɛŋ^{21} hou^{24}$	药膏（西医）	药膏 $jɛk^{21} kou^{44}$
复发	返工 $fan^{44} kuŋ^{44}$	膏药（中药）	膏药 $kou^{44} jɛk^{21}$
绝症	冇得医 $mou^{24} tɐk^5 ji^{44}$ / 难医 $lan^{21} ji^{44}$	药粉	药粉 $jɛk^{21} fɐn^{24}$
请医生	喊医生 $ham^{33} ji^{44} sɐŋ^{44}$	药丸子	药丸 $jɛk^{21} jin^{21}$
治病	医病 $ji^{44} pɛŋ^{21}$	药水	药水 $jɛk^{21} sui^{24}$
号脉	把脉 $pa^{24} mɐk^{21}$ / 睇手脉 $t^hei^{24} sɐu^{24} mɐk^{21}$	吃药	食药 $sɪk^{21} jɛk^{21}$
中药	唐药 $t^hɔŋ^{21} jɛk^{21}$	忌口	忌口 $kei^{21} hɐu^{24}$ / 戒口 $kai^{33} hɐu^{24}$
西药	西药 $sei^{44} jɛk^{21}$	敷药	□药 $ɐp^5 jɛk^{21}$ / 挞药 $tat^3 jɛk^{21}$
草药	山草药 $san^{44} ts^hou^{24} jɛk^{21}$	药见效	见功 $kin^{33} kuŋ^{44}$
毒药	毒药 $tuk^{21} jɛk^{21}$	体温计	探温针 $t^ham^{33} wɐn^{44} tsɐm^{44}$
偏方	独门单方 $tuk^{21} mun^{21} tan^{44} fɔŋ^{44}$ / 单方药 $tan^{44} fɔŋ^{22} jɛk^{21}$	打针	打针 $ta^{24} tsɐm^{44}$
开药方	开药单 $hɔi^{44} jɛk^{21} tan^{24}$	打干针（针灸）	针灸 $tsɐm^{44} kɐu^{33}$
抓药（中药）	执药 $tsɐp^5 jɛk^{21}$ / 执茶 $tsɐp^5 ts^ha^{21}$	打吊针	打吊针 $ta^{24} tiu^{33} tsɐm^{44}$
买药（西药）	买药 $mai^{24} jɛk^{21}$	救命	救命 $kɐu^{33} mɛŋ^{21}$
中药药房	唐药房 $t^hɔŋ^{21} jɛk^{21} fɔŋ^{21}$	艾火烧	烧艾火 $siu^{44} ŋɔi^{21} fɔ^{24}$
西药房	西药房 $sei^{44} jɛk^{21} fɔŋ^{21}$	拔火罐	□ $kɔk^3$
汤药	茶 ts^ha^{21}	长胖	发福 $fat^3 fuk^5$
		消瘦	消条 $siu^{44} t^hiu^{21}$

续表

条目	疍家话
麻痹	麻痹 ma²¹ pei³³
抽筋	抽筋 tsʰɐu⁴⁴ kɐn⁴⁴
嘶哑	喉沙 hɐu²¹ sa⁴⁴

续表

条目	疍家话
传染	惹人 jɛ²¹ jɐu²¹
消化	消化 siu⁴⁴ fa³³
昏迷	失性 sɐt⁵ siŋ³³/失知觉 sɐt⁵ tsi⁴⁴ kʰɔk³

2. 内科 本类词涉及寒热感冒及症状和上火、咳嗽、炎症、胃病、疼痛、恶心、流行病、治疗方法等。表示内科疾病发作的词，皮肤上看不出来的用"发"，例如发冷、发热、发炎、发瘟，皮肤上有症状的叫用"出"，例如出痘、出麻仔。

条目	疍家话
发烧	发热 fat³ jit²¹
发冷	发冷 fat³ laŋ²⁴
发抖	打冷震 ta²⁴ laŋ²⁴ tsɐn³³
着凉	冷到 laŋ²⁴ tou²⁴
感冒	冷到 laŋ²⁴ tou²⁴
头晕	头晕 tʰɐu²¹ wɐn²¹
头痛	头痛 tʰɐu²¹ tʰuŋ³³
鼻塞	鼻塞 pei²¹ sɐk⁵
打喷嚏	打啊痴 ta²⁴ ɐt⁵ tsʰi⁴⁴
咳嗽	咳嗽 kʰɐt⁵ sɐu³³
浓痰	虾痰 ha⁴⁴ tʰam²⁴
上火	热气 jit²¹ hei³³
红肿	红肿 huŋ²¹ tsuŋ²⁴
浮肿	浮肿 fɐu²¹ tsuŋ²⁴
消肿	消肿 siu⁴⁴ tsuŋ²⁴
伤寒	伤寒 sɐŋ⁴⁴ hɔn²¹
发炎	发炎 fat³ jim²¹
肝炎	肝病 kɔn⁴⁴ pɐŋ²¹/肝热 kɔn⁴⁴ jit²¹
肺炎	肺炎 fei³³ jim²¹
胃病	胃痛 wɐi²¹ tʰuŋ³³
痨病	肺痨 fei³³ lou²¹

条目	疍家话
宝塔糖	屎虫饼 si²⁴ tsʰuŋ²¹ pɛŋ²⁴
祛风	祛风 hei³³ fuŋ⁴⁴
祛火	祛火 hei³³ fɔ²⁴
祛毒	解毒 kai²⁴ tuk²¹
祛湿	祛湿气 hei³³ sɐp⁵ hei³³
汗水	汗 hɔn²¹
出汗	出汗 tsʰɐt⁵ hɔn²¹
闭汗	焦汗 tsau⁴⁴ hɔn²¹
盗汗	流淡汗 lɐu²¹ tʰam²⁴ hɔn²¹
发汗	焗汗 kuk²¹ hɔn²¹
汗斑	汗斑 hɔn²¹ pan²¹
泻肚	屙肚 ɔ⁴⁴ tʰou²⁴
痢疾	屙痢 ɔ⁴⁴ lei²¹/扭屎潺 lɐu²⁴ si²⁴ san²¹
咯血	咳出血 kʰɐt⁵ tsʰɐt⁵ hit³
吐血	呕血 ɐu²⁴ hit³
湿热	湿热 sɐp⁵ jit²¹
积滞（不消化）	郁滞 wɐt⁵ tsɐi²¹
肚子疼	肚痛 tʰou²⁴ tʰuŋ³³
胸口疼	心口痛 sɐm⁴⁴ hɐu²⁴ tʰuŋ³³
哮喘	摇虾 mɐŋ⁴⁴ ha⁴⁴

条目	疍家话
恶心	心翻 sɐm⁴⁴ fan⁴⁴
呕吐	呕 ŋɐu²⁴
干哕	作呕 tsɔk³ ɐu²⁴
霍乱	瘟疫 wɐn⁴⁴ jɪk²¹
发瘟	发瘟 fat³ wɐn⁴⁴
出麻疹	出麻仔 tsʰɐt⁵ ma²¹ tsei²⁴
出天花、出水痘	出痘 tsʰɐt⁵ tɐu²¹
白喉	生喉塞 sɐŋ⁴⁴ hɐu²¹ sɐt⁵
百日咳	百日咳 pɐk³ jɐt²¹ kʰɐt⁵
（小儿）惊风	惊风 kɪŋ⁴⁴ fuŋ⁴⁴

条目	疍家话
麻风	生麻风 sɐŋ⁴⁴ ma²¹ fuŋ⁴⁴
癫痫	发猪肠吊 fat³ tsi⁴⁴ tsʰɛŋ²¹ tiu³³
种痘	种痘 tsuŋ³³ tɐu²¹
疳积	马骝食 ma²⁴ lɐu⁴⁴ sɪk²¹
气喘	气紧 hei³³ kɐn²⁴
气管炎	气管炎 hei³³ kun²⁴ jim²¹
抓痧（治疗中暑的方法）	刨痧 pʰau²¹ sa⁴⁴ / 搖沙筋 mɐŋ⁴⁴ sa⁴⁴ kɐn⁴⁴
晕车	晕车 wɐn²¹ tsʰɛ⁴⁴
晕船	晕浪 wɐn²¹ lɔŋ²¹

3. 外科 本类词涉及受伤的方式、受伤的部位、受伤的表现、常见外科疾病名称等。皮肤类的疾病一般用"生"，例如生疮、生癞、生花柳、生癣、生眼针、生蛇。

条目	疍家话
受伤	受伤 sɐu²¹ sɐŋ⁴⁴
伤口	伤口 sɐŋ⁴⁴ hɐu²⁴
跌伤	耷伤 tɐp²¹ sɐŋ⁴⁴
撞伤	撞伤 tsɔŋ²¹ sɐŋ⁴⁴
烫伤	熝伤 luk⁵ sɐŋ⁴⁴
烧伤	炀伤 lat³ sɐŋ⁴⁴
割手	割到手 kɔt³ tou³³ sɐu²⁴
扭伤脚	扭到脚 lɐu²⁴ tou³³ kɛk³
扭到腰	扭到腰 lɐu²⁴ tou³³ jiu⁴⁴
揉伤	□ tsɐt⁵
骨折	断骨 tʰin²⁴ kʷɐt⁵
脱臼	甩臼 lɐt⁵ kau³³
起鸡皮疙瘩	起鸡姿毛 hei²⁴ kɐi⁴⁴ tsi⁴⁴ mou²¹
包（疙瘩）	鸡姿毛 kɐi⁴⁴ tsi⁴⁴ mou²¹
水泡	水泡 sui²⁴ pʰɔk⁵

条目	疍家话
疖子	米疮 mɐi²⁴ tsʰɔŋ⁴⁴
肿瘤	肿瘤 tsuŋ²⁴ lɐu²¹
脚气	香港脚 hɐŋ⁴⁴ kɔŋ²⁴ kɛk³ / □烂脚 ɐp⁵ lan²¹ kɛk³
鸡眼	鸡眼 kɐi⁴⁴ an²⁴
蹭破皮	塌皮 tʰat³ pʰei²¹
（皮肤）开裂	爆坼 pau³³ tsʰɐk³
抓痕	挠痕 jau²¹ hɐn²¹
刺个口子	剷穿窿 tuk⁵ tsʰin⁴⁴ luŋ⁴⁴
出血	出血 tsʰɐt⁵ hit³
流血	出血 tsʰɐt⁵ hit³
淤血	激血 kɪk⁵ hit³
溃疡	烂 lan²¹
灌脓	灌脓 kun³³ luŋ²¹
化脓	灌脓 kun³³ luŋ²¹

续表

条目	疍家话
结痂	结衲 kit^3 la^{44}
疤痕	疤衲 pa^{44} la^{44}
腮腺炎	猪头腮 tsi^{44} t^{h}ɐu^{21} sɔi^{44}/猪喉腮 tsi^{44} hɐu^{21} sɔi^{44}
长疮	生疮 sɐŋ^{44} ts^{h}ɔŋ^{44}
痔疮	痔疮 tsi^{21} ts^{h}ɔŋ^{44}
疥疮	生癞 sɐŋ^{44} lai^{33}
癣	癣 sin^{24}
生癣	生癣 sɐŋ^{44} sin^{24}
手癣	手癣 sɐu^{24} sin^{24}
牛皮癣	牛皮癣 ɐu^{21} p^{h}ei^{21} sin^{24}
瘌痢头	瘌痢头 lat^3 lei^{44} t^{h}ɐu^{21}
痱子	痱子 pui^{21} tsi^{24}/热痱 jit^3 fei^{24}
白癜风	白瘌痢 pɐk^{21} lat^3 lei^{44}
雀斑	斑 pan^{44}
粉刺	米疮 mɐi^{24} ts^{h}ɔŋ^{44}
狐臭	身臭馊 sɐn^{44} ts^{h}ɐu^{33} suk^5
口臭	口臭 hɐu^{24} ts^{h}ɐu^{33}

续表

条目	疍家话
牙痛	牙痛 a^{21} t^{h}uŋ^{33}
磨牙	磨牙 mɔ^{44} a^{21}/□牙 it^5 a^{21}
性病	生花柳 sɐŋ^{44} fa^{44} lɐu^{24}
梅毒	花柳 fa^{44} lɐu^{24}
公鸭嗓子	鸭嫲声 ap^{24} la^{21} siŋ^{44}
独眼	独眼龙 tuk^{21} an^{24} luŋ^{21}
近视眼	近视眼 kɐn^{21} si^{21} an^{24}
老花眼	老花眼 lou^{24} fa^{44} an^{24}
夜盲	发鸡盲 fat^3 kɐi^{44} maŋ^{21}
外斜视	斜眼（鳖）ts^{h}ɛ^{24} an^{24}（pit^3）/蛇眼 sɛ^{21} an^{24}
鼓眼泡	凸眼 tɐt^5 an^{24}
麦粒肿	生眼针 sɐŋ^{44} an^{24} tsɐm^{44}
中耳炎	耳仔流脓 ji^{24} tsɐi^{24} lɐu^{21} luŋ^{21}
耳鸣	耳轰 ji^{24} wɐŋ^{21}
聋	耳聋 ji^{24} luŋ^{21}
鼻炎	鼻炎 pei^{21} jim^{21}
流鼻血	流鼻血 lɐu^{21} pei^{21} hit^3
带状疱疹	生蛇 sɐŋ^{44} sɛ^{21}

4. 残疾 本小类主要涉及常见的残疾名称、常见残疾人群的名称。残疾人群名称主要是在词根的基础上加上表示某种类别的词缀"佬"。

条目	疍家话
残疾	残废 ts^{h}an^{21} fɐi^{33}
中风	中风 tsuŋ^{33} fuŋ^{44}
瘫痪	瘫痪 t^{h}an^{44} wun^{21}
瘸子	跛佬 pɐi^{44} lou^{24}
哑巴	哑佬 ŋa^{24} lou^{24}
结巴	屈脷 kɐt^{21} lei^{21}
驼背	佝腰 k^{h}ɐu^{44} jiu^{44}

条目	疍家话
鸡胸	□胸 ŋɐn^{24} huŋ^{44}
聋子	聋仔 luŋ^{21} tsɐi^{24}/聋佬 luŋ^{21} lou^{24}
瞎子	盲仔 mɐŋ^{21} tsɐi^{24}/盲佬 mɐŋ^{21} lou^{24}
傻子	傻仔 sɔ^{21} tsɐi^{24}/傻佬 sɔ^{21} lou^{24}
疯子	傻佬 sɔ^{21} lou^{24}/戆佬 ɔŋ^{33} lou^{24}
发疯	发癫 fat^3 tin^{44}

续表

条目	疍家话
手残疾的人	跛手佬 pei⁴⁴ seu²⁴ lou²⁴
秃子	光头佬 kɔŋ⁴⁴ tʰɐu²¹ lou²⁴
麻子	豆皮佬 tɐu²¹ pʰei²¹ lou²⁴
兔唇	崩嘴 pɐŋ⁴⁴ tsui²⁴
缺牙子	崩牙佬 pɐŋ²⁴ a²¹ lou²⁴
六指	多指 tɔ⁴⁴ tsi³³

续表

条目	疍家话
左撇子	左手佬 tsɔ²⁴ seu²⁴ lou²⁴ / 左挠 tsɔ²⁴ jɐu³³
独眼者	单眼佬 tan²⁴ an²⁴ lou²⁴
歪嘴	乜嘴 mɛ²⁴ tsui²⁴
大舌头	□脷 la⁴⁴ lei²¹
八字脚	骤脚 tsɐu²¹ kɛk³

十三、衣服、穿戴词汇

本类词语包括服装、鞋帽、装饰品和其他穿戴用品。

1. 服装　本小类主要涉及布料，衣物名称，衣服装饰、补丁，纽扣，衣服样态。婆湾岛疍家话跟大多数粤语一样，上衣的总称叫"衫"，厚长的衣服叫"褛"。

条目	疍家话
土布	土布 tʰou²⁴ pou³³
棉布	棉布 min²¹ pou³³
绸子	丝绸 si⁴⁴ tsʰɐu²¹ / 缎 tin²¹
尼子	绒布 juŋ²⁴ pou³³
灯芯绒	灯芯绒 tɐŋ⁴⁴ sɐm²⁴ juŋ²⁴
衣服（统称）	衣裳 ji⁴⁴ sɛŋ²¹
长衫	长衫 tsʰɐŋ²¹ sam⁴⁴
西装	西装 sei⁴⁴ tsɔŋ⁴⁴
旗袍	旗袍 kʰei²¹ pʰou²¹
汗衫	笠褂 lɐp⁵ kʷa³³ / 笠衫 lɐp⁵ sam⁴⁴
棉袄	棉衲 min²¹ lap²¹
皮袄	皮褛 pʰei²¹ lɐu⁴⁴
大衣	大褛 tai²¹ lɐu⁴⁴
马褂	马褂 ma²⁴ kʷa³³
衬衣	恤衫 sɔt⁵ sam⁴⁴

条目	疍家话
上衣	衫 sam⁴⁴
外衣	厚衫 hɐu²⁴ sam⁴⁴
内衣	笠衫 lɐp⁵ sam⁴⁴
污渍	油渍 jɐu²¹ tsɪk⁵
毛衣	栏衫 lan⁴⁴ sam⁴⁴
毛线	栏线 lan⁴⁴ sin³³
绣花	绣花 sɐu³³ fa⁴⁴
补丁	补衲 pou²⁴ la⁴⁴
大襟	大披 tai²¹ pʰei⁴⁴
工作服	做工衫 tsou²¹ kuŋ⁴⁴ sam⁴⁴
盖头	髻围 kei³³ wei²¹
下摆	衫尾脚 sam⁴⁴ mei²⁴ kɔk³
领子	衫领 sam⁴⁴ lɛŋ²⁴
领带	颈呔 kɛŋ²⁴ tʰai⁴⁴
袖子	衫袖 sam⁴⁴ tsɐu²¹

续表

条目	疍家话
裙子	裙kʷʰɐn²¹
裤子	裤fu³³
裤带	裤头带fu³³ tʰɐu²¹ tai³³
底裤	底裤tɐi²⁴ fu³³ /短裤tin²⁴ fu³³
短裤	短裤tin²⁴ fu³³
开裆裤	开裆裤hɔi⁴⁴ iɐŋ⁴⁴ fu³³
连裆裤	索裤sɔk³ fu³³
裤裆	裤裆fu³³ lɔŋ⁴⁴
裤腿	裤脚fu³³ kɛk³
裤腰	裤头fu³³ tʰɐu²¹
口袋	衫袋sam⁴⁴ tɔi²¹

续表

条目	疍家话
纽扣	布纽pou³³ lɐu²⁴
盘扣	田螺纽tʰin²¹ lɔ²¹ lɐu²⁴
按扣	□纽kɛp⁵ lɐu²⁴
扣襻	纽公lɐu²⁴ kuŋ⁴⁴
扣眼	纽乸lɐu²⁴ la²⁴
扣扣子	结纽子kit³ lɐu²⁴ tsi²⁴
拉链	拖链tʰɔ⁴⁴ lin²¹
裂缝	裂lit³
衣服皱	皱jɐu³³
衣服破	烂lan²¹

2. 鞋帽 本类词主要涉及鞋的名称、鞋的结构部位名称、袜子的名称、帽子的名称及帽子的部位名称。平底鞋叫长征鞋，这是越南华人的说法。

条目	疍家话
拖鞋	拖鞋tʰɔ⁴⁴ hai²¹
皮鞋	皮鞋pʰei²¹ hai²¹
草鞋	草鞋tsʰou²⁴ hai²¹
解放鞋	解放鞋kai²⁴ fɔŋ³³ hai²¹（回国后才有）
布鞋	布鞋pou³³ hai²¹
球鞋	波鞋pɔ⁴⁴ hai²¹
凉鞋	凉鞋lɔŋ²¹ hai²¹
高跟鞋	高跻鞋kou⁴⁴ tsɐŋ⁴⁴ hai²¹
平底鞋	长征鞋tsʰɔŋ²¹ tsɪŋ⁴⁴ hai²¹
雨靴	水靴sui²⁴ hɛ⁴⁴
鞋底	鞋底hai²¹ tɐi²⁴
鞋帮	鞋跻hai²¹ tsɐŋ⁴⁴
鞋带	鞋带hai²¹ tai³³
鞋后跟	鞋跻hai²¹ tsɐŋ⁴⁴

条目	疍家话
鞋楦子	鞋楦hai²¹ hin³³
木屐	山屐san⁴⁴ kʰɛk²¹
鞋码	号hou²¹
鞋垫	鞋簟hai²¹ tʰim²⁴
袜子	袜子mɐt²¹
长袜	长袜tsʰɐn²¹ mɐt²¹
短袜	短袜tin²⁴ mɐt²¹
帽子	帽mou²¹
皮帽	皮帽pʰei²¹ mou²¹
礼帽	狗毡帽kɐu²⁴ tsin⁴⁴ mou²¹（旧时疍家人结婚时新郎戴的礼帽）
军帽	军帽kʷɐn⁴⁴ mou²¹
草帽	草帽tsʰou²⁴ mou²¹
鸭舌帽	鸭嘴帽ap³ tsui²⁴ mou²¹
帽檐	帽簷mou²¹ kʷʰei⁴⁴

3. 装饰品　本类词涉及到首饰和化妆用品两类。疍家人喜欢佩戴金银首饰，传说这是他们的祖宗遗留下来的做法，因为疍家人在水上生活，很容易发生事故。一旦发生事故，他们希望这些金银首饰能作为不时之需，就算身亡，岸上的居民见到了，也能用这些金银来找人掩埋尸体。疍家人"圈"类的首饰一般是老年妇女和小孩戴的，链是成年人戴的。

条目	疍家话
首饰	首饰 seu^{24} sɪk^5
镯子	手圈 seu^{24} k^{h}in^{44} / 手扼 seu^{24} ɐk^5
戒指	戒指 kai^{33} tsi^{24}
项链	颈链 kɛŋ^{24} lin^{21}
银链	银链 ɐn^{21} lin^{21}
项圈	颈圈 kɛŋ^{24} k^{h}in^{44}
百家锁	锁仔 sɔ^{24} tsɐi^{24}
别针	扣针 k^{h}ɐu^{33} tsɐm^{44}
发夹	头夹 t^{h}ɐu^{21} kɛp^{21}

条目	疍家话
簪子	髻簪 kei^{33} tsam^{44}
耳环	耳环 ji^{24} wan^{21}
胭脂	胭脂 jin^{44} tsi^{44}
脸粉	粉 fɐn^{24}
口红	胭脂 jin^{44} tsi^{44}
爽身粉	沁身粉 sɐm^{24} sɐn^{44} fɐn^{24}
香水	香水 hɔŋ^{44} sui^{24}
花露水	花露水 fa^{44} lɐu^{21} sui^{24}
雪花膏	雪花膏 sit^3 fa^{44} kou^{44}

4. 其他穿戴用品　本类词涉及围身、套手用品、眼镜等词语。"通带"是筒状腰带，中间可以放钱和细小的物件；望远镜叫"天气筒"，这是以用途来起的名字。

条目	疍家话
围裙	围裙 wɐi^{21} k^{wh}ɐn^{21}/ 瞒身 mun^{44} sɐn^{44}
围嘴	口水枷 hɐu^{24} sui^{24} ka^{44}
尿布	尿篓 liu^{21} t^{h}im^{24}
手绢	揸巾 tsa^{44} kɐn^{44}
围巾	颈巾 kɛŋ^{24} kɐn^{44}/颈褛 kɛŋ^{24} lɐu^{21}
披巾	红 huŋ^{21}（疍家人结婚时披的红巾）
手套	手袜 seu^{24} mɐt^{21}
腰巾	腰带 jiu^{44} tai^{33}/通带 t^{h}uŋ^{44} tai^{33}

条目	疍家话
袖套	手袖 seu^{24} tsɐu^{21}
眼镜	眼镜 an^{24} kɛŋ^{33}
镜框	眼镜框 an^{24} kɛŋ^{33} k^{wh}aŋ^{44}
镜片	镜片 kɛŋ^{33} p^{h}in^{24}
墨镜	太阳镜 t^{h}ai^{33} jɛŋ^{21} kɛŋ^{33}
戴眼镜	戴眼镜 tai^{33} an^{24} kɛŋ^{33}
望远镜	天气筒 t^{h}in^{44} hei^{33} t^{h}uŋ^{21}
放大镜	扩大镜 k^{h}ɔŋ^{33} tai^{21} kɛŋ^{33}
徽章	徽章 fei^{44} tsɔŋ^{44}

十四、饮食词汇

本类词语包括主食、肉蛋、素菜、油盐佐料和烟茶酒。

1. 主食 该类词涉及饭的名称、饭的样态、粥的种类、面食、糕点、糖水等的名称。糕点叫"籺",叫"糙",与粤西粤语相同。动词"剩饭"和名词"剩饭"用词有别,动词"剩饭"叫"剩饭"tsɪŋ²¹ fan²¹,名词叫"冷饭"laŋ²⁴ fan²¹。汤叫"羹",米汤叫"米羹"mei²⁴ kaŋ⁴⁴。

条目	疍家话	条目	疍家话
食物	食品(统称)sɪk²¹ pʰen²⁴	稠粥	结粥kit³ tsuk⁵
饭	饭(统称)fan²¹	番薯粥	番薯粥fan⁴⁴ si²¹ tsuk⁵
早饭	早餐tsou²⁴ tsʰan⁴⁴	米汤	米羹mei²⁴ kaŋ⁴⁴
午饭	晏昼an³³ tseu³³	米糊	米糊mei²⁴ fu²¹
晚饭	晚饭man²⁴ fan²¹	米粉	米粉mei²⁴ fen²⁴
零食	口楔heu²⁴ sep⁵	薯粉	薯粉si²¹ fen²⁴
夜宵	宵夜siu⁴⁴ jɛ²¹ / 宵晚siu⁴⁴ man²⁴	粽子	裹粽kɔ²⁴ tsuŋ³³
米饭	米饭fan²¹	粽叶	粽叶tsuŋ³³ jip²¹
饭硬	硬哽aŋ²¹ kʰeŋ²⁴	粽绳	麻皮ma²¹ pʰei²¹
饭软	软柔jin²⁴ jeu²¹	包粽子	包粽pau⁴⁴ tsuŋ³³
剩饭(动词)	剩饭tsɪŋ²¹ fan²¹	年糕	圆笼糙jin²¹ luŋ²¹ tsʰei²¹/ 大笼糙tai²¹ luŋ²¹ ɛt³
剩饭(名词)	冷饭laŋ²⁴ fan²¹	糍粑	煎堆tsin⁴⁴ tui⁴⁴
锅巴	饭焦fan²¹ tseu⁴⁴	发糕	发籺fat³ ɛt³
饭生	生米saŋ⁴⁴ mei²⁴	汤圆	水圆sui²⁴ jin²¹
饭馊	馊suk⁵	面粉	面粉min²¹ fen²⁴
饭生毛	发□fat³ muk⁵ / 发霉fat³ mui⁴⁴	面条	面线min²¹ sin³³
冷饭	冷饭laŋ²⁴ fan²¹	面包	面包min²¹ pau⁴⁴
热饭	热饭jit²¹ fan²¹	馒头	面粉嚿min²¹ fen²⁴ keu²¹
加热饭	焗热kuk²¹ jit²¹	包子	包子pau⁴⁴ tsi²⁴
捞出的饭	捞饭lau²¹ fan²¹	油条	油炸□jeu²¹ tsau³³ kʷɛ²⁴
饭粒	饭米fan²¹ mei²⁴	馄饨	云吞wen²¹ tʰen⁴⁴
粥	粥tsuk⁵	饺子	饺子kau²⁴ tsi²⁴
稀粥	稀粥hei⁴⁴ tsuk⁵		

条目	疍家话
饺子馅	饺子心 kau²⁴ tsi²⁴ sɐm⁴⁴
烧卖	烧卖 ɕiu⁴⁴ mai²⁴
蛋糕	蛋糕 tan²¹ kou⁴⁴
月饼	月饼 jit²¹ pɛŋ²⁴ / 大饼 tai²¹ pɛŋ²⁴
饼干	饼干 pɛŋ²⁴ kɔn⁴⁴
酵母	酒饼 tsɐu²¹ pɛŋ²⁴
点心	点心（糕饼之类食品）tim²⁴ sɐm⁴⁴

条目	疍家话
绿豆汤	绿豆糖水 luk²¹ tɐu²¹ tʰɔŋ²¹ sui²⁴
芝麻糊	芝麻糊 tsi⁴⁴ ma²¹ wu²¹
花生糖	花生糖 fa⁴⁴ sɐŋ⁴⁴ tʰɔŋ²¹
爆米花	米徽 mei²⁴ san²⁴
冰棍	雪条 sit³ tʰiu²¹
雪糕	雪糕 sit³ kou⁴⁴
当地特色食物	咸糙 ham²¹ tsʰei²¹

2. 肉蛋 本小类主要涉及猪的可食部位的名称、鸡的可食部位名称、鸭鹅的成品名称、蛋的烹制品名称以及汤的名称。

疍家话汤和汁不分，汁叫"结汤" kit³ tʰɔŋ⁴⁴ 或"羹" kaŋ⁴⁴，汤叫"羹" kaŋ⁴⁴，例如鱼汤叫"鱼羹" ji²¹ kaŋ⁴⁴，菜汤叫"菜羹" tsʰɔi³³ kaŋ⁴⁴，鸡蛋汤叫"鸡蛋羹" kɐi⁴⁴ tan²¹ kaŋ⁴⁴。例外的是老火汤不能叫"老火羹"。

条目	疍家话
骨头	骨 kʷɐt⁵
脆骨	软骨 jin²⁴ kʷɐt⁵
肥肉	肥肉 fei²¹ juk²¹
瘦肉	瘦肉 sɐu³³ juk²¹
五花肉	五花腩 ŋ²⁴ fa⁴⁴ lam²⁴
腊肉	腊肉 lap²¹ juk²¹
排骨	排骨 pʰai²¹ kʷɐt⁵
肉皮	猪皮 tsi⁴⁴ pʰei²¹
肉丸	肉丸 juk²¹ jin²¹
肘子	圆蹄 jin²¹ tʰɐi²¹
猪蹄	猪蹄 tsi⁴⁴ tʰɐi²¹
猪前脚	猪手 tsi⁴⁴ sɐu²⁴
猪后脚	猪脚 tsi⁴⁴ kɔk³
猪脚趾甲	猪踢 tsi⁴⁴ tʰɛk³

条目	疍家话
蹄筋	猪脚筋 tsi⁴⁴ kɔk³ kɐn⁴⁴
板油	肥肉 fei²¹ juk²¹
猪肠间的油	抛网油 pʰau⁴⁴ mɔŋ²⁴ jɐu²¹
猪舌头	猪脷 tsi⁴⁴ lei²¹
内脏	下水 ha²¹ sui²⁴
猪肺	猪肺 tsi⁴⁴ fɐi³³
猪肚	猪肚 tsi⁴⁴ tʰou²⁴
牛百叶	牛百篇 ɐu²¹ pɐk³ pʰɛn⁴⁴
猪肠	猪肠 tsi⁴⁴ tsʰɔŋ²¹
粉肠	粉肠 fɐn²⁴ tsʰɔŋ²¹
苦肠	苦肠 fu²⁴ tsʰɔŋ²¹
生肠	生肠 sɐŋ⁴⁴ tsʰɔŋ²¹
肠头	大肠头 tai²¹ tsʰɔŋ²¹ tʰɐu²¹
猪尿泡	猪尿囊 tsi⁴⁴ liu²¹ lɔŋ⁴⁴

条目	疍家话	条目	疍家话
猪鞭	猪屌 tsi⁴⁴ tɛu⁴⁴	烤鸭	烤鸭 siu⁴⁴ ap³
猪胰脏	连贴 lin²¹ tʰip³	烧鹅	烧鹅 siu⁴⁴ ŋɔ⁴⁴
尾骨	尾龙骨 mei²⁴ luŋ²¹ kʷɐt⁵	煎鱼	煎鱼 tsin⁴⁴ ji²¹
猪腰	猪腰 tsi⁴⁴ jiu⁴⁴	清蒸鱼	清蒸鱼 tsʰɪŋ⁴⁴ tsɪŋ⁴⁴ ji²¹
猪肝	猪湿 tsi⁴⁴ sɐp⁵	红烧鱼	红烧鱼 huŋ²¹ siu⁴⁴ ji²¹
猪头	猪头 tsi⁴⁴ tʰɐu²¹	煎鸡蛋	煎鸡蛋 tsin⁴⁴ kɐi⁴⁴ tan²¹
猪脑	猪脑桩 tsi⁴⁴ lou²⁴ tsɔŋ⁴⁴	煮鸡蛋	煠鸡蛋 sap²¹ kɐi⁴⁴ tan²¹
猪尾	猪尾 tsi⁴⁴ mei²⁴	荷包蛋	荷包蛋 hɔ²¹ pau⁴⁴ tan²¹
猪颈	猪箍 tsi⁴⁴ kʰu⁴⁴	蛋羹	炖蛋 tɐn²¹ tan²¹
猪皮	猪皮 tsi⁴⁴ pʰei²¹	蛋花	蛋花 tan²¹ fa⁴⁴
猪血	猪红 tsi⁴⁴ huŋ²¹	松花蛋	皮蛋 pʰei²¹ tan²¹
脢肉	脢头肉 mui²¹ tʰɐu²¹ juk²¹	咸蛋	咸蛋 ham²¹ tan²¹
扣肉	扣肉 kʰɐu²¹ juk²¹	汁	结汤 kit³ tʰɔŋ⁴⁴/羹 kaŋ⁴⁴
红烧肉	红烧肉 huŋ²¹ siu⁴⁴ juk²¹	汤	汤 tʰɔŋ⁴⁴
鸡胗	鸡胗 kɐi⁴⁴ kʰɐn²⁴	鱼汤	鱼羹 ji²¹ kaŋ⁴⁴
鸡翅膀	鸡翼稍 kɐi⁴⁴ jɪk²¹ sau⁴⁴	肉汤	肉羹 juk²¹ kaŋ⁴⁴
鸡腿	鸡肶 kɐi⁴⁴ pei²⁴	菜汤	菜羹 tsʰɔi³³ kaŋ⁴⁴
鸡爪	鸡脚 kɐi⁴⁴ kɔk³	鸡蛋汤	鸡蛋羹 kɐi⁴⁴ tan²¹ kaŋ⁴⁴
白切鸡	白斩鸡 pɐk²¹ tsam²⁴ kɐi⁴⁴	老火汤	老火汤 lou²⁴ fɔ²⁴ tʰɔŋ⁴⁴
鸡杂	鸡附赐 kɐi⁴⁴ fu²¹ tsʰi³³		

3. 素菜 本小类主要是豆类素食品和天然植物素食品名称。疍家话剩饭叫"冷饭",剩菜不叫"冷菜",叫"隔餐菜" kak³ tsʰan⁴⁴ tsʰɔi³³;普通话"荤"和"素"相对,婆湾岛疍家话是"斋"与"杂"相对,素菜叫"斋菜",荤菜叫"杂食",吃素叫"吃斋",吃荤叫"食杂"。

条目	疍家话	条目	疍家话
剩菜	隔餐菜 kak³ tsʰan⁴⁴ tsʰɔi³³	吃素	食素 sɪk²¹ sou³³
咸菜	咸菜 hɛm²¹ tsʰɔi³³	吃荤	食杂 sɪk²¹ tsap²¹
素菜	斋菜 tsai⁴⁴ tsʰɔi³³	豆腐	豆腐 tɐu²¹ fu²¹
荤菜	杂食 tsap²¹ sɪk²¹	豆腐渣	豆腐头 tɐu²¹ fu²¹ tʰɐu²¹

续表

条目	疍家话
石膏	石膏sɛk²¹ kou⁴⁴
豆皮	豆腐皮tɐu²¹ fu²¹ pʰei²¹
腐竹	腐竹fu²¹ tsuk⁵
豆腐泡	豆腐炸tɐu²¹ fu²¹ tsa³³
豆腐脑	豆腐花tɐu²¹ fu²¹ fa⁴⁴
豆浆	豆浆tɐu²¹ tsɔŋ⁴⁴
豆沙	豆沙tɐu²¹ sa⁴⁴
豆腐乳	腐乳fu²¹ jui²⁴ / 南乳lam²¹ jui²⁴
粉丝	粉丝fɐn²⁴ si⁴⁴
粉皮	粉皮fɐn²⁴ pʰei²¹

续表

条目	疍家话
凉粉	大菜粉tai²¹ tsʰɔi³³ fɐn²⁴
藕粉	莲藕粉lin²¹ ŋɐu²¹ fɐn²⁴
木耳	木耳muk²¹ ji²⁴
银耳	银耳ɐn²¹ ji²⁴ / 雪耳sit³ ji²⁴
莲子	莲子lin²¹ tsi²⁴
黄花菜	金针kɐm⁴⁴ tsɐm⁴⁴
海带	海带hɔi²⁴ tai³³
紫菜	紫菜tsi²⁴ tsʰɔi³³
野菜	野菜jɛ²⁴ tsʰɔi³³

4. 油盐佐料 本小类主要为油类名称、盐类名称、酱类名称、糖类名称和调味料的名称。婆湾岛疍家话不分荤油素油统称为"油",叫"膏"的是专指鲨鱼或蒲鱼的油。生盐和熟盐相对,但是粗盐和精盐不对称,精盐与熟盐相同。

条目	疍家话
气味	味mei²¹
滋味	味mei²¹
菜色	菜色tsʰɔi³³ sɪk⁵
荤油	油jɐu²¹ / 膏kou⁴⁴(膏,特指鲨鱼、蒲鱼油)
猪油	猪油tsi⁴⁴ jɐu²¹
熬猪油	炸猪油tsau³³ tsi⁴⁴ jɐu²¹
猪油渣	猪油渣tsi⁴⁴ jɐu²¹ tsa⁴⁴
猪油凝固	埋凝mai²¹ kʰŋ²¹
素油	油jɐu²¹
花生油	花生油fa⁴⁴ sɐŋ⁴⁴ jɐu²¹
茶油	茶油tsʰa²¹ jɐu²¹
菜籽油	菜籽油tsʰɔi³³ tsi²⁴ jɐu²¹
芝麻油	麻油ma²¹ jɐu²¹
榨油	榨油tsa³³ jɐu²¹

条目	疍家话
油枯	枯kʰu⁴⁴
生盐	生盐sɐŋ⁴⁴ jim²¹
熟盐	熟盐suk²¹ jim²¹
粗盐	粗盐tsʰou⁴⁴ jim²¹
精盐	熟盐suk²¹ jim²¹
酱油	生抽sɐŋ⁴⁴ tsʰɐu⁴⁴ / 豉油si²¹ jɐu²¹
买酱油	买豉油mai²⁴ si²¹ jɐu²¹
蚝油	蚝油hou²¹ jɐu²¹
豆酱	豆酱tɐu²¹ tsɐŋ³³
辣椒酱	辣椒酱lat²¹ tsiu⁴⁴ tsɐŋ³³
陈醋	陈醋tsʰɐn²¹ tsʰou³³
红糖	红糖huŋ²¹ tʰɔŋ²¹
白糖	白糖pɐk²¹ tʰɔŋ²¹ / 蔗糖tsɛ³³ tʰɔŋ²¹
冰糖	冰糖pɪŋ⁴⁴ tʰɔŋ²¹
蜂糖	蜂糖fuŋ⁴⁴ tʰɔŋ²¹ / 蜜糖mɐt²¹ tʰɔŋ²¹

续表

条目	疍家话
糖精	糖精 tʰɔŋ²¹ tsɪŋ⁴⁴
八角	八角 pat³ kɔk³
胡椒粉	胡椒粉 fu²¹ tsiu⁴⁴ fɐn²⁴
桂皮	桂皮 kʷɐi³³ pʰei²¹

续表

条目	疍家话
味精	味精 mei²¹ tsɪŋ⁴⁴
豆豉	豆豉 tɐu²¹ si²¹
芡粉	打芡 ta²⁴ hin³³

5. 烟、茶、酒 本小类主要为烟的种类、抽烟的工具、茶叶的名称、酒的名称等。船上生活枯燥无聊,很多疍家男性都会抽烟打发时间,所以一般抽烟的工具名称比较常见。旱烟袋和烟斗分别叫"烟头铎"和"烟头克",从名称可以看得出这两种物件的分别,长条状且有一个大头的叫"铎",带节的叫"克"。点烟叫"打烟",可能跟吸食鸦片有关,吸食鸦片需要先打烟泡,简称"打烟"。酿酒叫"蒸酒"tsɪŋ⁴⁴ tsɐu²⁴ 或"发酒"fat³ tsɐu²⁴,这里反映了两种造酒的工艺,一种是需要蒸馏的,一种是自然发酵的。

条目	疍家话
烟叶	烟叶 jin⁴⁴ jip²¹
香烟	烟仔 jin⁴⁴ tsɐi²⁴
旱烟袋	烟包 jin⁴⁴ pau⁴⁴ / 烟头铎 jin⁴⁴ tʰɐu²¹ tɔk²¹
水烟袋	烟分 jin⁴⁴ fɐn⁴⁴
水烟筒	烟筒 jin⁴⁴ tʰuŋ²¹ / 大碌竹 tai²¹ luk⁵ tsuk⁵
烟盒	烟盒 jin⁴⁴ hap²¹
烟斗	烟头克 jin⁴⁴ tʰɐu²¹ kʰɐk⁵
烟嘴	烟嘴 jin⁴⁴ tsui²⁴
抽烟	烧烟 siu⁴⁴ jin⁴⁴ / 食烟 sɪk²¹ jin⁴⁴
抽鸦片	吹烟 tsʰui⁴⁴ jin⁴⁴ / 食片烟 sɪk²¹ pʰin³³ jin⁴⁴
点烟	打烟 ta²⁴ jin⁴⁴
烟屎	烟屎 jin⁴⁴ si²⁴
烟灰	烟灰 jin⁴⁴ fui⁴⁴
烟灰缸	烟缸 jin⁴⁴ kɔŋ⁴⁴
烟头	烟头 jin⁴⁴ tʰɐu²¹
打火机	火鸡 fɔ²⁴ kɐi⁴⁴

条目	疍家话
火石(打火机用的)	火石 fɔ²⁴ sɛk²¹
纸媒	银宝纸 ɐn²¹ pou²¹ tsi²⁴
茶叶	茶叶 tsʰa²¹ jip²¹
茶渣	茶叶渣 tsʰa²¹ jip²¹ tsa⁴⁴
绿茶	绿茶 luk²¹ tsʰa²¹
红茶	红茶 huŋ²¹ tsʰa²¹
茶垢	茶隔 tsʰa²¹ kak³
摘茶	择茶 tsɐk²¹ tsʰa²¹
采茶	采茶 tsʰɔi²⁴ tsʰa²¹
白酒	白酒 pɐk²¹ tsɐu²⁴
米酒	米酒 mei²⁴ tsɐu²⁴
酒糟	酒糟 tsɐu²⁴ tsou⁴⁴
啤酒	啤酒 pɛ⁴⁴ tsɐu²⁴
酒精	酒精 tsɐu²⁴ tsɪŋ⁴⁴
饮料	饮料 jɐm²⁴ liu²¹
汽水	汽水 hei³³ sui²⁴
酿酒	蒸酒 tsɪŋ⁴⁴ tsɐu²⁴ / 发酒 fat³ tsɐu²⁴
酒麴	酒饼 tsɐu²⁴ pɛŋ²⁴

十五、红白大事

本类词语分为婚姻、生育，寿辰、丧葬、鬼怪和迷信。

1. 婚姻、生育 本小类主要为与结婚过程、喜酒、出嫁、婚礼、婚姻情感生活、怀孕生子和抚育孩子相关的词语。恋爱叫"谈婚" $tʰam^{21}$ $fɐn^{44}$，反映了疍家人恋爱的目的是为了结婚；喜日叫"使日子" sei^{24} $jɐt^{21}$ tsi^{24}。使用自己选定的日子即是办喜事。由于疍家话 n/l 不分，新郎和新娘同音相同，为了区别，新郎叫"新郎哥" $sɐn^{44}$ $lɔŋ^{21}$ $kɔ^{44}$，新娘要变调，叫"新娘" $sɐn^{44}$ $lɔŋ^{24}$。摇篮叫"网床"，反映了海上生活的特点，婴儿放在网床上更安全。乳房，自然喂奶的叫"庵"，非自然母乳的叫"奶"。

条目	疍家话
娶老婆	攞老婆 $lɔ^{24}$ lou^{24} $pʰɔ^{21}$
看日子	拣日子 kan^{24} $jɐt^{21}$ tsi^{24}
做媒	做媒 tsu^{33} mui^{21}
牵线	介绍 kai^{33} siu^{21}
相亲	相睇 $sɔŋ^{44}$ $tʰei^{24}$
提亲	问日子 $mɐn^{21}$ $jɐt^{21}$ tsi^{24}
喜欢	喜欢 hei^{24} fun^{44}
年龄	年纪 lin^{21} kei^{24}
恋爱	谈婚 $tʰam^{21}$ $fɐn^{44}$
订婚	订婚 $tiŋ^{21}$ $fɐn^{44}$
未婚夫	未婚夫 mei^{21} $fɐn^{44}$ fu^{44}
未婚妻	未婚妻 mei^{21} $fɐn^{44}$ $tsʰei^{44}$
回绝	回话 wui^{21} wa^{21}
喜日	使日子 sei^{24} $jɐt^{21}$ tsi^{24}
送定礼	定礼 $tiŋ^{21}$ lei^{24}
礼金	身价 $sɐn^{44}$ ka^{33}
喜事	喜事 hei^{24} si^{21}
办喜事	办喜事 pan^{21} hei^{24} si^{21}
结婚	结婚 kit^{3} $fɐn^{44}$

条目	疍家话
贺喜	贺礼 $hɔ^{21}$ lei^{24}
喜酒	喜酒 hei^{24} $tsɐu^{24}$
摆酒	摆酒 pai^{24} $tsɐu^{24}$
嫁女	嫁女 ka^{33} lui^{24}
嫁妆	嫁妆 ka^{33} $tsɔŋ^{44}$ / 嫁策 ka^{33} $tsʰek^{3}$
开脸（用线挟去脸上汗毛）	开面 $hɔi^{44}$ min^{21}
哭嫁	哭嫁 huk^{5} ka^{33}
出嫁	行嫁 $hɐŋ^{21}$ ka^{33}
接亲	接新人 $tsip^{3}$ $sɐn^{44}$ $jɐn^{21}$
送嫁	送嫁 $suŋ^{33}$ ka^{33}
拜堂	拜堂 pai^{33} $tʰɔŋ^{21}$
新郎	新郎哥 $sɐn^{44}$ $lɔŋ^{21}$ $kɔ^{44}$
新娘	心抱 $sɐm^{44}$ $pʰou^{24}$ / 新娘 $sɐn^{44}$ $lɔŋ^{44}$
新房	新人房 $sɐn^{44}$ $jɐn^{21}$ $fɔŋ^{21}$
过门	过门 $kɔ^{33}$ mun^{21}
回门	回门 wui^{21} mun^{21}
三朝	三朝 sam^{44} $tsiu^{44}$

续表

条目	疍家话
离婚	离婚 lei²¹ fen⁴⁴
再醮	返嫁 fan⁴⁴ ka³³
续弦	填房 tʰin²¹ fɔŋ²¹
未婚女嫁再婚男	出妹 tsʰet⁵ mui⁴⁴
再婚男	返头公 fan⁴⁴ tʰeu²¹ kuŋ²¹
偷情	动佬 tuŋ²¹ lou²⁴
爬灰	爬灰 pʰa²¹ fui⁴⁴
守寡	守寡 seu²⁴ kʷa²⁴
害喜	沤仔 eu³³ tsei²⁴
怀孕	有仔 jeu²⁴ tsei²⁴
孕妇	大肚婆 tai²¹ tʰou²⁴ pʰɔ²¹
生孩子	苏细佬哥 sou⁴⁴ sei³³ lou²⁴ kɔ⁴⁴
添丁	添丁 tʰim⁴⁴ tiŋ⁴⁴
接生	执 tsep⁵
出生	出世 tsʰet⁵ sei³³
胎盘	本仁 pun²⁴ jen²¹
脐带	脐带 tsʰei²¹ tai³³
难产	难产 lan²¹ tsʰan²⁴
打胎	落仔 lɔk²¹ tsei²⁴
流产	落仔 lɔk²¹ tsei²⁴

续表

条目	疍家话
养孩仔	养子 jɔŋ²⁴ tsei²⁴
背小孩的背兜	孭带 mɛ⁴⁴ tai³³ / 兜 teu⁴⁴
月子、坐月子	坐月 tsʰɔ²⁴ jit²¹
出月	满月 mun²⁴ jit²¹
头胎	头长 tʰeu²¹ tsɔŋ²⁴
遗腹子	孤寒仔 ku⁴⁴ hɔn²¹ tsei²⁴
遗传	遗传 wei²¹ tsʰin²¹
吃奶	吃庵 sik²¹ ɛm⁴⁴
喂奶	喂奶 wei³³ lai²¹
奶头	庵头 ɛm⁴⁴ tʰeu²¹
奶瓶	奶瓶 lai²⁴ pʰiŋ²¹
奶嘴	奶嘴 lai²⁴ tsui²¹
断奶	戒奶 kai³³ lai²⁴
把尿	试尿 si⁴⁴ liu²¹ / 掂尿 tim⁴⁴ liu²¹
把屎	掂屎 tim⁴⁴ si²¹
尿床	濑尿 lai²¹ liu²¹
摇篮	网床 mɔŋ²⁴ tsʰɔŋ²¹
长大	养大 jɔŋ²⁴ tai²¹
长高	高 kou⁴⁴
懂事	乖 kʷai⁴⁴

2. 寿辰、丧葬、鬼怪 本类词主要为生日和庆祝生日的词语、死亡词语、丧葬词语、横死词语和鬼怪名词。该小类词语与岸上的粤语比较一致，例如投水自杀叫"投河"，不叫"投海"或"跳海"。按理婆湾岛上没有大河，没有这个条件，可见投河已经是一个固定的词，不是以投的对象作分别的。

条目	疍家话	条目	疍家话
生日	生日 sɐŋ⁴⁴ jɐt²¹	孝子、孝孙	孝子 hau³³ tsi²⁴
满月	满月 mun²⁴ jit²¹	孝衣	孝衫 hau³³ sam⁴⁴
小生日	生日 sɐŋ⁴⁴ jɐt²¹	除孝	脱孝 tʰit³ hau³³ / 脱服 tʰit³ fuk²¹
大生日	大生日 tai²¹ sɐŋ⁴⁴ jɐt²¹	出殡、送葬	出山 tsʰit⁵ san⁴⁴ / 上山 sɔŋ²⁴ san⁴⁴
做生日	做生日 tsou²¹ sɐŋ⁴⁴ jɐt²¹	撒纸钱	撒路钱 sa²⁴ lou²¹ tsʰin²¹
祝寿	祝寿 tsuk⁵ sɐu²¹	送终	送终 suŋ²¹ tsuŋ⁴⁴
寿星	寿仙公 sɐu²¹ sin⁴⁴ kuŋ⁴⁴	哭丧棒	孝棍 hau³³ kʷɐn³³（婆湾岛疍家人的孝棍，男性亲属拿竹棍，女性亲属拿木棍）
长寿	长寿 tsʰɐŋ²¹ sɐu²¹	坟地	坟山 fɐn²¹ san⁴⁴
短命	短命 tin²⁴ mɐŋ²¹	墓穴	坎 hɐm²⁴
丧事	白事 pɐk²¹ si²¹	墓碑	石碑 sɛk²¹ pʰei⁴⁴
死	走 tsɐu²⁴ / 死 sei²⁴	殡葬工	大力佬 tai²¹ lɪk²¹ lou²⁴
活	有命 jɐu²⁴ mɛŋ²¹	埋人	葬 tsɔŋ³³
尸体	死佬 sei²⁴ lou²⁴	埋东西	埋 mai²¹
吊气	伸气 sɐn⁴⁴ hei³³	落棺	落坎 lɔk²¹ hɐm²⁴
断气	断气 tʰin²⁴ hei³³	二次葬	执山 tsɐp⁵ san⁴⁴
忌日	忌日 kei²¹ jɐt²¹	骨殖坛子	金缸 kɐm⁴⁴ kɔŋ⁴⁴
当地死的讳称，婉称	走 tsɐu²⁴	火葬	火葬 fɔ²⁴ tsɔŋ³³
安放死人的地方	停尸 tʰɪŋ²¹ si⁴⁴	骨灰	骨灰 kʷɐt⁵ fui⁴⁴
凭吊	吊主 tiu³³ tsi²⁴	骨灰坛子	盒仔 hap²¹ tsɐi²⁴
棺材	棺材 kun⁴⁴ tsʰɔi²¹	头七	头七 tʰɐu²¹ tsʰɐt⁵
寿材	寿板 sɐu²¹ pan²⁴	尾七	末尾 mut²¹ tsʰɐt⁵ / 七七 tsʰɐt⁵ tsʰɐt⁵
入殓	装身 tsɔŋ⁴⁴ sɐn⁴⁴	做七	做七 tsou²¹ tsʰɐt⁵ / 等七 tɐŋ²⁴ tsʰɐt⁵
灵堂	灵堂 lɪŋ²¹ tʰɔŋ²¹	扫墓	拜山 pai³³ san⁴⁴ / 行清 hɐŋ²¹ tsʰɪŋ⁴⁴
灵床	摊尸板 tʰan⁴⁴ si⁴⁴ pan²⁴	自杀	自杀 tsi²¹ sat³
灵牌	灵牌 lɪŋ²¹ pʰai²¹	投水	投河 tʰɐu²¹ hɔ²¹
守灵、守孝	守孝 sɐu²⁴ hau³³	上吊	吊颈 tiu³³ kɛŋ²⁴
戴孝	戴孝 tai³³ hau³³	跳楼	跳楼 tʰiu³³ lɐu²¹

条目	疍家话
病死	病死 pɛŋ²¹ sei²⁴
夭折	崔 sai⁴⁴
吊颈鬼	吊颈鬼 tiu³³ kɛŋ²⁴ kʷei²⁴
刹头鬼	斩头鬼 tsam²⁴ tʰeu²¹ kʷei²⁴
淹死	浸死 tsɐm²¹ sei²⁴

条目	疍家话
水鬼	水鬼 sui²⁴ kʷei²⁴
野鬼	野鬼 jɛ²⁴ kʷei²⁴
大鬼	大鬼 tai²¹ kʷei²⁴
小鬼	鬼仔 kʷei²⁴ tsei²⁴
妖精	怪精 kʷai³³ tsɪŋ⁴⁴

3. 迷信 本小类主要为祸福词语、神灵名称、庙宇、祭祀、求签、算命看风水、问神、预兆、宗族等。疍家话有些迷信用品分类细致，例如供品按荤素分为"三牲" sam⁴⁴ saŋ⁴⁴（牲畜、鸡鹅等）和"青供" tsʰɪŋ⁴⁴ kuŋ³³（果蔬）；纸钱根据是否印制的分为"银宝" ɐn²¹ pou²⁴（火纸）/"阴钱" jɐm⁴⁴ tsʰin²¹（印着银行的）。"房"在婆湾岛疍家话中是不同辈分的意思，上辈与下辈是不同的房，所以同宗的分支叫"支"，长房叫"长哥"，二房叫"二哥"。

条目	疍家话
灾难	灾难 tsɔi⁴⁴ lan²¹
福气	福气 fuk⁵ hei³³
有福气	有福气 jɐu²⁴ fuk⁵ hei³³
运气	运气 wɐn²¹ hei³³
走运	行运 hɐŋ²¹ wɐn²¹
倒运	滞运 tsei²¹ wɐn²¹
手气	手气 sɐu²⁴ hei³³
老天爷	老天爷 lou²⁴ tʰin⁴⁴ jɛ²¹
凤凰	凤凰 fuŋ²¹ woŋ²¹
灶王爷	灶君 tsou³³ kʷɐn⁴⁴
祖宗	祖宗 tsou²⁴ tsuŋ⁴⁴
土地庙	社庙 sɛ³³ miu²¹
菩萨	菩萨 pʰɔ²¹ sat³
阿弥陀佛	阿弥陀佛 ɔ⁴⁴ lei⁴⁴ tʰɔ²¹ fɐt²¹
佛寺	佛堂 fɐt²¹ tʰɔŋ²¹
尼姑庵	庵ɐm⁴⁴
祠堂	祠堂 tsʰi²¹ tʰɔŋ²¹

条目	疍家话
神仙	神仙 sɐn²¹ sin⁴⁴
仙女	仙女 sin⁴⁴ lui²⁴
观音	观音 kun⁴⁴ jɐm⁴⁴
妈祖	阿婆 a³³ pʰɔ²¹
八仙	八仙 pat³ sin⁴⁴
阎王	阎留王 jin²¹ lɐu²¹ woŋ²¹
香案	神台 sɐn²¹ tʰɔi²¹
供品	三牲 sam⁴⁴ saŋ⁴⁴（牲畜、鸡鹅等）/青供 tsʰɪŋ⁴⁴ kuŋ³³（果蔬）
上供	上供 sɐŋ²⁴ kuŋ³³
纸钱	银宝 ɐn²¹ pou²⁴（火纸）/阴钱 jɐm⁴⁴ tsʰin²¹（印着银行的）
纸扎	纸料 tsi²⁴ liu²¹
塔香	塔香 tʰap³ hoŋ⁴⁴
香炉	香炉 hoŋ⁴⁴ lou²¹
烧香	烧香 siu⁴⁴ hoŋ⁴⁴ / 上香 sɔŋ²⁴ hoŋ⁴⁴
敬香	拜 pai³³

续表

条目	疍家话
游神	游神 jɐu²¹ sɐn²¹
扑筶	打筶 ta²⁴ tʰim⁴⁴
解签	解签 kai²⁴ tsʰim⁴⁴
上签	上签 sɔŋ²¹ tsʰim⁴⁴
下签	下签 ha²¹ tsʰim⁴⁴
掐算	□时 lak⁵ si²¹
算卦	占卦 tsim⁴⁴ kʷʰa³³
珓	珓杯 kau³³ pui⁴⁴
阴杯	保杯 pou²⁴ pui⁴⁴
阳杯	阳杯 jɔŋ²¹ pui⁴⁴
圣杯	圣杯 sɪŋ³³ pui⁴⁴
用龟壳占卜	摇龟仔 jiu²¹ kʷei⁴⁴ tsei²⁴
庙会	打功德 ta²⁴ kuŋ⁴⁴ tɐk⁵ / 做社 tsou²¹ sɛ²⁴
做斋	做斋 tsou²¹ tsai⁴⁴
念经	念经 lim²¹ kɪŋ⁴⁴ / 喃摩 lam²¹ mɔ²¹
画符	画符 wak²¹ fu²¹
风水	风水 fuŋ⁴⁴ sui²⁴
看风水	睇风水 tʰei²⁴ fuŋ⁴⁴ sui²⁴
风水先生	风水佬 fuŋ⁴⁴ sui²⁴ lou²⁴
罗盘	罗庚 lɔ²¹ kaŋ⁴⁴
生辰八字	生辰八字 sɐŋ⁴⁴ sɐn²¹ pat³ tsi²¹
命好	好命 hou²⁴ mɛŋ²¹
命不好	命丑 mɛŋ²¹ tsʰɐu²⁴
算命	算命 sin³³ mɛŋ²¹ / 排八字 pʰai²¹ pat³ tsi²¹
算命先生	算命佬 sin³³ mɛŋ²¹ lou²⁴
看相	睇相 tʰei²⁴ sɔŋ³³
看相的人	睇相佬 tʰei²⁴ sɔŋ³³ lou²⁴
看手相	睇手相 tʰei²⁴ sɐu²¹ sɔŋ³³

续表

条目	疍家话
男巫	降生童 kɔŋ³³ sɐn⁴⁴ tʰuŋ²¹
巫婆	问花婆 mɐn²¹ fa⁴⁴ pʰɔ²¹
问花（请下花婆探问已故家人在阴间的情况）	问花 mɐn²¹ fa⁴⁴
跳神	降生 kɔŋ³³ saŋ⁴⁴
拜公	拜祖公 pai³³ tsou²⁴ kuŋ⁴⁴
拜神	上庙 sɔŋ²⁴ miu²¹ / 拜庙 pai³³ miu²¹
拜菩萨	拜菩萨 pai³³ pʰɔ²¹ sat³
保佑	保佑 pou²⁴ jɐu²¹
许愿	作福 tsɔk³ fuk⁵ / 起福 hei²⁴ fuk⁵
还愿	还福 wan²¹ fuk⁵ / 还神 wan²¹ sɐn²¹
放生	放生 fɔŋ³³ sɐn⁴⁴
失魂	失魅 sɐt⁵ mei²¹
招魂	赎魂 suk³ wɐn²¹
投胎	投胎 tʰɐu²¹ tʰoi⁴⁴
宗亲	族人 tsuk²¹ jɐn²¹
房（同宗的分支）	支 tsi⁴⁴
大房	长哥 tsɔŋ²⁴ kɔ⁴⁴
二房	二哥 ji²¹ kɔ⁴⁴
兴旺	兴旺 hɪŋ⁴⁴ wɔŋ²¹
门神	门神 mun²¹ sɐn²¹
见鬼	见鬼 kin³³ kʷei²⁴
积德	积德 tsɪk⁵ tɐk⁵
造业	做阴骘事 tsou²¹ jɐm⁴⁴ tsɐt⁵ si²¹
吉利	顺利 sɐn²¹ lei²¹
眼跳	眼眉跳 an²⁴ mei²¹ tʰiu²¹

十六、日常生活词汇

本类词语包括穿衣、打扮，烹制食物、饮食行为，日常起居和日常事务。

1. 穿衣、打扮　本小类主要为穿着衣帽、制作衣物、洗晒衣物、化妆打扮等的词语。疍家话解开或脱下都叫"解"，穿可以叫"着"，也可以叫"穿"，涂抹叫"搽"。

条目	疍家话	条目	疍家话
穿衣服	着衫 tsɔk³ sam⁴⁴	漂白	漂白 pʰiu³³ pɐk²¹
脱衣服	解衣服 kai²⁴ ji⁴⁴ fuk²¹	褪色	甩色 lɐt⁵ sɪk⁵
换衣服	换衣服 wun²¹ ji⁴⁴ fuk²¹	浆衣服	浆衣服 tsɔŋ⁴⁴ ji⁴⁴ fuk²¹
套衣服	倒衣笠 tou³³ ji⁴⁴ lɐp⁵	晒衣服	晒衣服 sai³³ ji⁴⁴ fuk²¹
穿鞋	穿鞋 tsʰin⁴⁴ hai²¹	晾衣服	晾衣服 lɵŋ²¹ ji⁴⁴ fuk²¹
系鞋带	缚鞋带 fɔk²¹ hai²¹ tai³³	收衣服	收衣服 sɐu⁴⁴ ji⁴⁴ fuk²¹
解鞋带	解鞋带 kai²⁴ hai²¹ tai³³	缩水（衣服洗后缩短）	缩水 suk⁵ sui²⁴
靸鞋(不把鞋后跟拔起来)	踩鞋踭 tsʰai²¹ hai²¹ tsɐŋ⁴⁴	熨衣服	烫衣服 tʰɔŋ³³ ji⁴⁴ fuk²¹
拔鞋	上鞋踭 sɔŋ²¹ hai²¹ tsɐŋ⁴⁴	叠衣服	褶衣服 tsip³ ji⁴⁴ fuk²¹
脱鞋	解鞋 kai²⁴ hai²¹	翻衣服	翻转 fan⁴⁴ tsin³³ / 反转 fan²⁴ tsin³³
穿袜	着袜 tsɔk³ mat²¹	缝衣服	连衣服 lin²¹ ji⁴⁴ fuk²¹
量身	度身 tɔk²¹ sɐn⁴⁴	车衣服	车衣服 tsʰɛ⁴⁴ ji⁴⁴ fuk²¹
做衣服	车衫 tsʰɛ⁴⁴ sam⁴⁴	晒干	晒焦 sai³³ tsau⁴⁴ / 晒干 sai³³ kɔn⁴⁴
裁剪	裁缝 tsʰɔi²¹ fuŋ²¹	烘干	烘干 hɔŋ³³ kɔn⁴⁴
滚边	捆边 kʷʰɐn²⁴ pin⁴⁴	阴干	晾干 lɵŋ²¹ kɔn⁴⁴
缲边	行 hɔŋ²¹	戴帽子	戴帽 tai³³ mou²¹
钉扣子	钉纽 tɪŋ⁴⁴ lɐu²⁴	打领带	打颈呔 ta²⁴ kɛŋ²⁴ tʰai⁴⁴
打补丁	补衲 pou²⁴ la⁴⁴	打扮	打扮 ta²⁴ pan²¹
洗衣服	洗衣服 sɐi²⁴ ji⁴⁴ fuk²¹	化妆	化妆 fa³³ tsɔŋ⁴⁴
搽肥皂	洗枧 sɐi²⁴ kan²⁴ / 擦枧 tsʰat³ kan²⁴	涂胭脂	搽胭脂 tsʰa²¹ jin⁴⁴ tsi²¹
刷衣服	擦衣服 tsʰat³ ji⁴⁴ fuk²¹	洒香水	喷香水 pʰɐn³³ hɔŋ⁴⁴ sui²⁴ / 打香水 ta²⁴ hɔŋ⁴⁴ sui²⁴
投（净水）	过清 kɔ³³ tsʰɪŋ⁴⁴		
捏干	扭干 lɐu²¹ kɔn⁴⁴	涂口红	搽口红 tsʰa²¹ hɐu²⁴ huŋ²¹
漂洗	过水 kɔ³³ sui²⁴		

2. 烹制食物、饮食行为 本小类主要为火候、柴草、煮饭、制作面食、洗菜、磨刀、切菜、购置食品、处理食材、吃饭行为、烹调方法、喝茶喝酒、饮食习惯等。这类词与岸上的粤语比较接近，例如屠宰叫"劏"$t^hɔŋ^{44}$，喝叫"饮"$jɐm^{24}$，吃叫"食"$sɪk^2$等。有个别有差别，例如点汤，煮的时间短叫"煲汤"$pou^{44}\,t^hɔŋ^{44}$或"煮汤"$tsi^{24}\,t^hɔŋ^{44}$，煮的时间长叫"沤汤"$ɐu^{33}\,t^hɔŋ^{44}$；隔水煮叫"蒸"$tsɪŋ^{44}$，长时间蒸叫"炊"ts^hui^{44}。

条目	疍家话	条目	疍家话
冒烟	起烟 hei^{24} jin^{44}	饭沸腾	滚饭 k^{w}ɐn^{24} fan^{21}
烟呛	促 ts^{h}uk^5	水沸腾	滚水 k^{w}ɐn^{24} sui^{24}
生火	逗火 tɐu^{33} fɔ^{24}	滗米汤	滗米羹 pɐt^5 mei^{24} kaŋ^{44}
引火	引火 jɐn^{24} fɔ^{24}	焖饭	焗 kuk^{21}
火旺	猛火 mɐŋ^{24} fɔ^{24}	和面	搓面粉 ts^{h}ai^{44} min^{21} fɐn^{24}
熄火	收火 sɐu^{44} fɔ^{24}	擀面	研 ɛn^{21}
大火	大火 tai^{21} fɔ^{24}	蒸馒头	炊馒嚼 ts^{h}ui^{21} man^{21} kɐu^{21}
小火	慢火 man^{21} fɔ^{24}	买菜	买餸 mai^{24} suŋ^{33} / 买菜 mai^{24} ts^{h}ɔi^{33}
火星	火星 fɔ^{24} sɪŋ^{44}	择菜	择菜 tsɐk^{21} ts^{h}ɔi^{33}
火苗	火苗 fɔ^{24} miu^{21}	切菜	切菜 ts^{h}it^3 ts^{h}ɔi^{33}
烧火	烧火 siu^{44} fɔ^{24}	切西瓜	切西瓜 ts^{h}it^3 sɐi^{44} k^{w}a^{44} / 开西瓜 hɔi^{44} sɐi^{44} k^{w}a^{44}
失火	火烛 fɔ^{24} tsuk^5	磨刀	磨刀 mɔ^{21} tou^{44}
救火	救火 kɐu^{33} fɔ^{24}	鐾刀(在铁棍或硬物上磨)	喝刀 hɔt^3 tou^{44}
柴	柴 ts^{h}ai^{21}	买米	籴米 tɛk^{21} mɐi^{24}
添柴	架柴 ka^{33} ts^{h}ai^{21}	卖米	卖米 mai^{21} mɐi^{24}
捡柴	执柴 tsɐp^5 ts^{h}ai^{21}		
砍柴	斩柴 tsam^{24} ts^{h}ai^{21}	买油	买油 mai^{24} jɐu^{21}
劈柴	破柴 p^{h}ɔ^{33} ts^{h}ai^{21}	买肉	买肉 mai^{24} juk^{21}
把柴砍断	截柴 tsit^3 ts^{h}ai^{21}	剁肉	剁肉 tɔk^3 juk^{21}
做饭	煮饭 tsi^{24} fan^{21}/煲饭 pou^{44} fan^{21}	斩骨头	斩骨 tsam^{24} k^{w}ɐt^5
蒸饭	炊饭 ts^{h}ui^{44} fan^{21}	杀猪	劏猪 t^{h}ɔŋ^{44} tsi^{44}
捞饭	捞饭 lau^{21} fan^{21}		
淘米	淘米 t^{h}ou^{21} mɐi^{24}		

续表

条目	疍家话
放血	签猪 ʦ^{h}im^{44} ʦi^{44}
拔猪毛	刨猪毛 p^{h}au^{21} tsi^{44} mou^{21}
开膛	开肚 hɔi^{44} t^{h}ou^{24}
杀鱼	劏鱼t^{h}ɔŋ^{44} ji^{21}
打鳞	打鳞ta^{24} lɐn^{21}
去腮	撬腮 kɐu^{21} sui^{44}
养鸡	养鸡jɔŋ^{24} kɐi^{44}
杀鸡	劏鸡 t^{h}ɔŋ^{44} kɐi^{44}
拔鸡毛	撍鸡ts^{h}im^{21} kɐi^{44}
做菜	整菜 ʦɪŋ^{24} ʦ^{h}ɔi^{33}
放盐	放盐fɔŋ^{33} jim^{21}
放酱油	放豉油fɔŋ^{33} si^{21} jɐu^{21}
铲菜	铲菜 ʦ^{h}an^{24} ʦ^{h}ɔi^{33}
做汤	煲汤pou^{44} t^{h}ɔŋ^{44}(时间短)/ 煮汤 ʦi^{24} t^{h}ɔŋ^{44}(时间短)/ 沤汤 ɐu^{33} t^{h}ɔŋ^{44}(时间长)
盛饭	装饭ʦɔŋ^{44} fan^{21} / 舀饭jiu^{24} fan^{21}
吃饭	食饭sɪk^{21} fan^{21}
添饭	装多碗饭 ʦɔŋ^{44} tɔ^{44} wun^{24} fan^{21}
吃菜	食餸sɪk^{21} suŋ^{33}
吃多点(菜)	食多啲 sɪk^{21} tɔ^{44} ti^{44}
吃少点(菜)	食少啲 sɪk^{21} siu^{24} ti^{44} / 悭食han^{44} sɪk^{21}
吃不下	有食得落 mou^{24} sɪk^{21} tɐk^{5} lɔk^{21}
(用菜)送饭	餸饭suŋ^{33} fan^{21}
吃零食	吃口楔sɪk^{21} hɐu^{24} sɐp^{5}
受苦	受苦 sɐu^{21} fu^{24}
吃苦	挨苦 ai^{21} fu^{24}
拨(饭菜)	扒p^{h}a^{21}

续表

条目	疍家话
吃饱	食饱sɪk^{21} pau^{24}
打嗝	打嗝ta^{24} ɪk^{5}
撑着了	胀 ʦɔŋ^{33}
呛(喝水~了)	促ʦ^{h}uk^{5}
噎住了	哽k^{h}ɐŋ^{24}
搛菜	挟餸 kap^{21} suŋ^{33}
舀汤	滗汤pɐt^{5} t^{h}ɔŋ^{44}
喝汤	饮汤jɐm^{24} t^{h}ɔŋ^{44}
用汤泡饭	淘汤 t^{h}ou^{21} t^{h}ɔŋ^{44}
挑食	拣食kan^{24} sɪk^{21}
尝	试 si^{33}
嚼不动	有口得郁 mou^{24} jai^{33} tɐk^{5} juk^{5}
煮	煮 ʦi^{24}
放在水里长时间煮	煠sap^{21}
炸	炸ʦau^{33}
氽	出水 ʦ^{h}ɐt^{5} sui^{24}
炖	炖tɐn^{21}
焖	焖mɐn^{44}
蒸	蒸 ʦɪŋ^{44}
炒	炒 ʦ^{h}au^{24}
煎	煎ʦin^{44}
烤	煨 wui^{44}
腌	腌jip^{3}
煨	煨wui^{44}
嘴没味	口淡hɐu^{24} t^{h}am^{24} / 口寡hɐu^{24} k^{w}a^{24}
口渴	渴hɔt^{3}
喝茶	饮茶jɐm^{24} ʦ^{h}a^{21}

续表

条目	疍家话
泡茶	冲茶 tsʰuŋ⁴⁴ tsʰa²¹
倒茶	倒茶 sem⁴⁴ tsʰa²¹
喝酒	饮酒 jɐm²⁴ tsɐu²⁴
喝醉	饮醉 jɐm²⁴ tsui³³
醒酒	解酒 kai²⁴ tsɐu²⁴
酒醒	醉醒 tsui³³ tsʰeŋ²⁴
发酒疯	发酒癫 fat³ tsɐu²⁴ tin⁴⁴

条目	疍家话
饿	肚饿 tʰou²⁴ ɔ²¹
挨饿	挨饿 ai²¹ ɔ²¹
讨饭	乞食 hɐt⁵ sɪk²¹
能吃咸	食得重味 sɪk²¹ tɐk⁵ tsʰuŋ²⁴ mei²¹
能吃辣	食得辣 sɪk²¹ tɐk⁵ lat²¹
塞牙	楔牙 sɐp³ a²¹
剔牙	签牙 tsʰim²¹ a²¹

3. 日常起居 本小类主要为洗漱、梳头、洗澡、生理、休息、睡眠、开关灯、开关门等。这类词与陆上粤语大致相同，只有少数不一样。例如打哈欠叫"打含锣" ta²⁴ hɐm²¹ lɔ²¹，这个说法比较形象，一个人打哈欠，还用手拍打嘴巴，就像敲打含在嘴里的锣。熬夜叫"守眼" sɐu²⁴ an²⁴，跟陆上方言说"守岁"类似。

条目	疍家话
住	住 tsi²¹
起床	起身 hei²⁴ sɐn⁴⁴
洗手	洗手 sei²⁴ sɐu²⁴
洗脸	纠面 kiu²⁴ min²¹
漱口	盪口 lɔŋ²⁴ hɐu²⁴
刷牙	刷牙 tsʰat³ a²¹
梳头	梳头 sɔ⁴⁴ tʰɐu²¹
梳辫子	梳辫 sɔ⁴⁴ pin⁴⁴
梳髻	梳髻 sɔ⁴⁴ kɐi³³
洗澡	冲凉 tsʰuŋ⁴⁴ lɔŋ²¹ / 洗身 sei²⁴ sɐn⁴⁴
擦澡	扯身 tsʰɛ²⁴ sɐn⁴⁴
打肥皂	搽枧 tsʰa²¹ kan²⁴
抹粉	打粉 ta²⁴ fɐn²⁴
垢圿	老泥 lou²⁴ lei²¹
小便	屙尿 ɔ⁴⁴ liu²¹
大便	屙屎 ɔ⁴⁴ si²⁴

条目	疍家话
擦屁股	扠屎 mɛn³³ si²⁴
放屁	打屁 ta²⁴ pʰei³³ / 屙屁 ɔ⁴⁴ pʰei³³
内急	尿急 liu²¹ kɐp⁵ / 屎急 si²⁴ kɐp⁵
来月经	大水来 tai²¹ sui²⁴ lei²¹
乘凉	敲凉 tʰɐu²⁴ lɔŋ²¹
烤火	炙火 tsɛk³ fɔ²⁴
歇歇	敲 tʰɐu²⁴
休息	敲 tʰɐu²⁴
困了	攰 kui²¹
打哈欠	打含锣 ta²⁴ hɐm²¹ lɔ²¹
铺床	铺席 pʰou²⁴ tsɛk²¹
上床	上床 sɔŋ²⁴ tsʰɔŋ²¹
躺下	睡落 sui²¹ lɔk²¹
睡觉	睡觉 sui²¹ kɐu³³
晒太阳	晒热头 sai³³ jit²¹ tʰɐu²¹
睡午觉	睡晏昼觉 sui²¹ an³³ tsɐu³³ kau³³

条目	疍家话
翻身	转身 tsin³³ sɐn⁴⁴
仰面睡	打仰睡 ta²⁴ ɔŋ²⁴ sui²¹
趴着睡	仆到睡 pʰuk⁵ tou³³ sui²¹
侧着睡	集脊睡 tsap²¹ tsɪk⁵ sui²¹
睡着	睡入眼 sui²¹ jɐp²¹ an²⁴
睡不着	难睡 lan²¹ sui²¹
打呼噜	扯鼻囊 tsʰɛ²⁴ pei²¹ lɔŋ²¹
打瞌睡	春眼睡 tsuŋ⁴⁴ an²¹ sui²¹
醒了	睡醒 sui²¹ tsʰɛŋ²⁴
伸懒腰	伸懒腰 sɐn⁴⁴ lan²⁴ jiu⁴⁴
做梦	发梦 fat³ muŋ²¹ / 睡梦 sui²¹ muŋ²¹
说梦话	睡开口梦 sui²¹ hɔi⁴⁴ hɐu²⁴ muŋ²¹
做恶梦	睡恶梦 sui²¹ ɔk³ muŋ²¹
托梦	托梦 tʰɔk³ muŋ²¹

条目	疍家话
点煤油灯	点油灯 tim²⁴ jɐu²¹ tɐŋ⁴⁴
开电灯	开电灯 hɔi⁴⁴ tin²¹ tɐŋ⁴⁴
熄煤油灯	吹过灯 tsʰui⁴⁴ kɔ³³ tɐŋ⁴⁴
熄电灯	熄灯 sɪk⁵ tɐŋ⁴⁴
落枕	枕错枕 tsɐm²⁴ tsʰɔ³³ tsɐm²⁴
熬夜	守眼 sɐu²⁴ an²⁴
过夜	过晚 kɔ³³ man²⁴
关门	关门 kʷan⁴⁴ mun²¹
闩门	闩门 san⁴⁴ mun²¹
开门	开门 hɔi⁴⁴ mun²¹
锁门	锁门 sɔ²⁴ mun²¹
敲门	敲门 hau⁴⁴ mun²¹
撬门	撬门 kʰɐu³³ mun²¹

4. 日常事务 本小类主要为工作和日常生活的琐事，如消遣、肢体护理、打猎、养宠物、养花、分家、照相、做家务等。该类词与陆上粤语基本一致，只有个别不同，例如分家叫"开支" hɔi⁴⁴ tsi⁴⁴ 或"分支" fɐn⁴⁴ tsi⁴⁴，是分家产的意思。

条目	疍家话
干活	做工 tsou²¹ kuŋ⁴⁴
上工	开工 hɔi⁴⁴ kuŋ⁴⁴
上班	上班 sɔŋ²⁴ pan⁴⁴
下班	落班 lɔk²¹ pan⁴⁴
调班	换班 wun²¹ pan⁴⁴
退休	退休 tʰui³³ jɐu⁴⁴
下地（去到田地干活）	做农工 tsou²¹ luŋ²¹ kuŋ⁴⁴
收工	收工 sɐu⁴⁴ kuŋ⁴⁴ / 放工 fɔŋ³³ kuŋ⁴⁴

条目	疍家话
散步	散步 san³³ pou²¹
上街、逛街	行街 hɐŋ²¹ kai⁴⁴
买东西	买野 mai²⁴ jɛ²⁴
剪指甲	剪指甲 tsin²⁴ tsi²⁴ kap³
掏耳朵	撩耳屎 lɐu⁴⁴ ji²⁴ si²⁴
剃头	飞发 fei⁴⁴ fat³
刮脸	剃面 tʰɐi³³ min²¹
刮胡子	剃胡须 tʰɐi³³ fu²¹ sou⁴⁴
染发	染发 jim²⁴ fat³

条目	疍家话
看家	睇屋 tʰɐi²⁴ uk⁵
打猎	打猎 ta²⁴ liu²¹
铳	枪 tsʰɐŋ⁴⁴
火药	火药 fɔ²⁴ jɔk²¹
养狗	养狗 jɔŋ²⁴ kɐu²⁴
养猫	养猫 jɔŋ²⁴ mɛu⁴⁴
养花	种花 tsuŋ³³ fa⁴⁴
公园	公园 kuŋ⁴⁴ jin²¹
动物园	动物园 tuŋ²¹ mɐt³ jin²¹
逛公园	去公园捞 hei³³ kuŋ⁴⁴ jin²¹ lau²⁴
成家	成家 sɪŋ²¹ ka⁴⁴
分家	开支 hɔi⁴⁴ tsi⁴⁴ / 分支 fɐn⁴⁴ tsi⁴⁴
养老	养老 jɔŋ²⁴ lou²⁴
照相	影相 jɪŋ²⁴ sɵŋ³³

条目	疍家话
冲洗照片	晒相 sai³³ sɵŋ³³
相片	相片 sɔŋ⁷⁷ pʰin⁷⁷
底片	相底 sɔŋ³³ tɐi²⁴
合影	合影 hɐp²¹ jɪŋ²⁴
照相机	影相机 jɪŋ²⁴ sɔŋ³³ kei⁴⁴
全家福	全家福 tsʰin²¹ ka⁴⁴ fuk⁵
事情	事 si²¹
亏心事	亏心事 kʰwɐi⁴⁴ sɐm⁴⁴ si²¹
家务事	家里事 ka⁴⁴ lei²⁴ si²¹ / 家下事 ka⁴⁴ ha²¹ si²¹
做家务	做家务事 tsou²¹ ka⁴⁴ mou²¹ si²¹
扫地	扫地 sou³³ tɐi²¹
洗碗	洗碗 sɐi²⁴ wun²⁴
办事	办事 pan²¹ si²¹
管闲事	管闲事 kun²⁴ han²¹ si²¹

十七、诉讼

本类主要分为三类，一类是打官司的术语，一类是犯罪行为，一类是判刑处罚。这类词与岸上粤语基本一致，只有个别不同。例如驳索，这个词的意思是向当事人索取财物才肯帮忙办事。疍家人在越南是弱势群体，在售卖鱼获时经常会被越南当地官员要挟财物。

条目	疍家话
衙门	衙门 a²¹ mun²¹
官司	官司 kun⁴⁴ si⁴⁴
打官司	打官司 ta²⁴ kun⁴⁴ si⁴⁴
告状	告状 kou³³ tsɔŋ²¹
告发	告 kou³³
被告	被告 pei²¹ kou³³
状子	状纸 tsɔŋ²¹ tsi²⁴ / 禀纸 pɐn²⁴ tsi²⁴

条目	疍家话
偷东西	小摸 siu²⁴ mɔ⁴⁴
抢劫	打劫 ta²⁴ kip³
骗人	呃人 ɐk⁵ jɐn²¹
受骗	畀呃 pei²⁴ ɐk⁵
讹诈	勒诈 lɐk²¹ tsa³³
强奸	强奸 kʰɔŋ²¹ kan⁴⁴ / 生擒 sɐŋ⁴⁴ kɐm²¹
杀人	杀人 sat³ jɐn²¹

续表

条目	疍家话
放火	放火 fɔŋ³³ fɔ²⁴
拐卖	拐带 kʷai²⁴ tai³³
索取钱财才帮办事	驳索pɔk³ sɔk³
嫖娼	嫖舍pʰiu²¹ sɛ³³
卖淫	卖身mai²¹ sɐn⁴⁴

续表

条目	疍家话
诬告	安是安非 ɔn⁴⁴ si²¹ ɔn⁴⁴ fei⁴⁴
冤枉	冤枉 jin⁴⁴ wɔŋ²⁴
枪毙	枪毙 tsʰɔŋ⁴⁴ pei²¹
坐牢	坐监 tsʰɔ²⁴ kam⁴⁴ / 劳改 lɐu²⁴ kɔi²⁴
印章	印 jɐn³³
按手印	打手指模 ta²⁴ sɐu²⁴ tsi²⁴ mou²¹

十八、交际

本类词语包括人际交往和请客送礼。

1. 人际交往　本小类主要为交友、相处、见面礼节、人际品质、人际摩擦、冲突调解、托人办事、假装糊涂等。该类词中，有一些词语疍家话跟岸上粤语有差别，例如"佮"是凑份子的意思，它可以用来表示相处，好相处、合得来叫"好佮"hou²⁴ kap³，难相处、合不来叫"难佮"lan²¹ kap³；"倾偈"是聊天的意思，串门也叫"倾偈"，大概是因为串门的主要目的是为了聊天；"倾偈"简称"倾"，它也可以用来表示相处，好相处、合得来叫"好倾" hou²⁴ kʰɪŋ⁴⁴。见面的仪式名称也不一样，鞠躬叫"做礼" tsou³³ lɐi²⁴，作揖、叩头叫"敬礼" kɪŋ³³ lɐi²⁴，握手叫"搭手" tap³ sɐu²⁴。排外和看不起分别叫"冇睇得起" mou²⁴ tʰei²⁴ tɐk⁵ hei²⁴ 或"睇冇起" tʰei²⁴ mou²⁴ hei²⁴。

词条	疍家话
来往	来往 lɔi²¹ wɔŋ²⁴
交朋友	交朋友 kau⁴⁴ pʰɐŋ²¹ jɐu²⁴
做伴	有伴 jɐu²⁴ pʰun²¹
合伙	佮份 kap³ fɐn²¹
散伙	分开 fɐn⁴⁴ hɔi⁴⁴
拜访	问候 mɐn²¹ hɐu²¹
看望	睇下 tʰei²⁴ ha²⁴
串门	倾偈 kʰɪŋ⁴⁴ kɐi²¹
走亲戚	去到亲戚 hei²¹ tou³³ tsʰɐn⁴⁴ tsʰɪk⁵
回娘家	返外家 fan⁴⁴ ɔi²¹ ka⁴⁴
合得来	好倾hou²⁴ kʰɪŋ⁴⁴ / 好佮hou²⁴ kap³

词条	疍家话
合不来	难佮lan²¹ kap³
打招呼	打招呼ta²⁴ tsiu⁴⁴ fu⁴⁴
写信	写信sɛ²⁴ sɐn³³
打电话	打电话ta²⁴ tin²¹ wa²¹
带话	寄声 kei³³ sɐŋ⁴⁴
鞠躬	做礼 tsou³³ lɐi²⁴
作揖、磕头	敬礼kɪŋ³³ lɐi²⁴
握手	搭手·tap³ sɐu²⁴
交情	交情 kau⁴⁴ tsʰɪŋ²¹
断交	断交tʰin²⁴ kau⁴⁴

续表

词条	疍家话	词条	疍家话
讲义气	讲义气 kɔŋ²⁴ ji²¹ hei³³	同意	同意 tʰuŋ²¹ ji³³
负义	负义 fu²¹ ji²¹	不同意	冇同意 mou²⁴ tʰuŋ²¹ ji³³
守信用	讲口齿 kɔŋ²⁴ hɐu²⁴ tsʰi²⁴	赶出去	强走 kʰɛŋ²⁴ tsɐu²⁴
（小孩）怕生	惊丑 kɛŋ⁴⁴ tsʰɐu²⁴	门路	门路 mun²¹ lou²¹
欺生	口人 hɐp⁵ jɐn²¹	关系	关系 kʷan⁴⁴ hɐi²¹
排外	冇睇得起 mou²⁴ tʰɐi²⁴ tɐk⁵ hei²⁴	没关系	冇关系 mou²⁴ kʷan⁴⁴ hɐi²¹
吃亏	蚀底 sit²¹ tɐi²⁴	拉关系	拉关系 lai⁴⁴ kʷan⁴⁴ hɐi²¹
受气	受气 sɐu²¹ hei³³	求人	求人 kʰɐu²¹ jɐn²¹
挑拨	挑拨 tʰiu⁴⁴ put³	求饶	求情 kʰɐu²¹ tsʰɪŋ²¹
惹事	惹事 jɛ²⁴ si²¹	托人	托人 tʰɔk³ jɐn²¹
造谣	安是非 ɔn⁴⁴ si²¹ fei⁴⁴	走后门	走后门 tsɐu²⁴ hɐu²¹ mun²¹
害人	害人 hɔi²¹ jɐn²¹	帮忙	帮手 pɔŋ⁴⁴ sɐu²⁴
得罪	得罪 tɐk⁵ tsɔi²¹	照顾	照顾 tsiu³³ ku³³
不和	冇好 mou²⁴ hou²⁴	面子	面子 min²¹ tsi²⁴
找茬儿	惹事 jɛ²⁴ si²¹	给面子	畀面 pei²⁴ min²¹
吵架	争交 tsaŋ⁴⁴ kau⁴⁴	有面子	有面子 jɐu²⁴ min²¹ tsi²⁴
打架	打交 ta²⁴ kau⁴⁴	没面子	冇面 mou²⁴ min²¹ tsi²⁴
劝架	劝交 hin³³ kau⁴⁴	看得起	睇得起 tʰɐi²⁴ tɐk⁵ hei²⁴
冤家	冤家 jin⁴⁴ ka⁴⁴	看不起	睇冇起 tʰɐi²⁴ mou²⁴ hei²⁴
翻脸	反面 fan²⁴ min²¹	摆架子	摆架子 pai⁴⁴ ka³³ tsi²⁴
调解	讲和 kɔŋ²⁴ wɔ²¹	假装	假装 ka²⁴ tsɔŋ⁴⁴
退让	下气 ha²⁴ hei³³	装傻	诈傻 tsa³³ sɔ²¹
让路	闪开 sim²⁴ hɔi⁴⁴	装东西	装 tsɔŋ⁴⁴
有理	有理 jɐu²⁴ lei²⁴	讨好	讨好 tʰou²¹ hou²⁴
无理	冇理 mou²⁴ lei²⁴	出洋相	失礼 sɐt⁵ lei²⁴
缘由	原理 jin²¹ lei²⁴ / 理由 lei²⁴ jɐu²¹	本领	本事 pun²⁴ si²¹
害羞	小面 siu²⁴ min²¹ / 怕丑 pʰa³³ tsʰɐu²⁴	难办	难做 lan²¹ tsou²¹
巴结	巴结 pa⁴⁴ kit³	秘密	秘密 pei³³ mɐt²¹
包庇	包瞒 pau⁴⁴ mun²¹	消息	消息 siu⁴⁴ sɪk⁵

2. 请客送礼　本小类主要为请客吃饭、招待客人、送礼等。婆湾岛疍家话的"主人"tsi²⁴ jɐn²¹是特指办酒席的主家，平时请朋友吃饭的不能叫主人；"请客"tsʰɛŋ²⁴ hɐk³，是特指为了求人办事而请吃饭。

条目	疍家话	条目	疍家话
主人	主人 tsi²⁴ jɐn²¹（酒席的东家）	酒席	酒席 tsɐu²⁴ tsɛk²¹
客人	客人 hɐk³ jɐn²¹	入席	入席 jɐp²¹ tsɛk²¹
请客	请客 tsʰɛŋ²⁴ hɐk³（求人办事请吃饭）	上菜	上菜 sɔŋ²¹ tsʰɔi³³
陪客	陪客 pʰui²¹ hɐk³	斟酒	斟酒 tsɐm⁴⁴ tsɐu²⁴
送客	送客 suŋ³³ hɐk³	敬酒	敬酒 kɪŋ³³ tsɐu²⁴
聚餐	聚餐 tsui²¹ tsʰan⁴⁴	干杯	干杯 kɔn⁴⁴ pui⁴⁴
凑份子	佮钱 kap³ tsʰin²¹	喝完	饮胜 jɐm²⁴ sɪŋ³³
招待	招待 tsiu⁴⁴ tɔi²¹	划拳	猜码 tsʰai⁴⁴ ma²⁴
接人	接人 tsip³ jɐn²¹	礼物	礼物 lei²⁴ mɐt²¹/手信 sɐu²⁴ sɐn³³
接车	接车 tsip³ tsʰɛ⁴⁴	人情	人情 jɐn²¹ tsʰɪŋ²¹
邀请	邀请 jiu⁴⁴ tsʰɪŋ²⁴	送礼	送礼 suŋ³³ lei²⁴
请帖	请帖 tsʰɪŋ²⁴ tʰip³/ 帖纸 tʰip³ tsi²⁴（回国后才有，以前都是传话告知的）	收礼	接礼 tsip³ lei²⁴
		回礼	回礼 wui²¹ lei²⁴
		封包	封包 fuŋ⁴⁴ pau⁴⁴
		敬烟	敬烟 kɪŋ³³ jin⁴⁴

十九、商业交通

本类词语包括经商，经营、交易，账目、度量衡和交通。

1. 经商　本小类主要为营业执照、招牌广告、行业店铺名称等。布店叫"苏杭铺"、瓷器店叫"缸瓦铺"，这些应该是比较早期的说法。

条目	疍家话	条目	疍家话
税契	契 kʰei³³	招牌	招牌 tsiu⁴⁴ pʰai²¹
纳税	交税 kau⁴⁴ sui³³	广告	广告 kɔŋ²⁴ kou³³（回国后才有）
执照	执照 tsɐp⁵ tsiu³³	开铺子	开铺 hɔi⁴⁴ pʰou³³
合同	合同 hɐp³ tʰuŋ²¹	铺面	铺面 pʰou³³ min²¹

续表

条目	疍家话
旺铺	旺铺wɔŋ²¹ pʰou³³
摊子	摊位tʰan⁴⁴ wɐi²¹
摆摊	摆摊pai²⁴ tʰan⁴⁴
排挡	大排挡tai²¹ pʰai²¹ tɔŋ³³
柜台	柜台kʷɐi²¹ tʰɔi²¹ / 柜围kʷɐi³³ wɐi²¹
商店	商店sɔŋ⁴⁴ tim³³
货物（商品）	货fɔ³³
租	租tsou⁴⁴
租房子	租屋tsou⁴⁴ uk⁵
旅店	旅店lui²⁴ tim³³
饭馆	饭店fan²¹ tim³³
布店	苏杭铺sou⁴⁴ hɔŋ²¹ pʰou³³
百货店	百货pɐk³ fɔ³³

续表

条目	疍家话
粮店	米铺mɐi²⁴ pʰou³³
瓷器店	缸瓦铺kɔŋ⁴⁴ a²⁴ pʰou³³
文具店	文具店mɐn²⁴ kei²¹ tim³³
理发店	飞发铺fei⁴⁴ fat³ pʰou³³
肉铺	猪肉铺tsi⁴⁴ juk²¹ pʰou³³
当铺	当铺tɔŋ³³ pʰou³³
典当	当tɔŋ³³ / 押at³
赎	赎suk²¹
钱庄	钱庄tsʰin²¹ tsɔŋ⁴⁴
金店	金铺kɐm⁴⁴ pʰou³³
妓院	老举站lou²⁴ kei²⁴ tsam²¹/ 妓馆kei²¹ kun²⁴
裁缝店	车衣铺tsʰɛ⁴⁴ ji⁴⁴ pʰou³³

2. 经营、交易 本小类主要包括生意雇工、店铺运转、客人光顾、价格升降、买卖评价、进货出货、借债还钱、利润盈亏、货品好坏等几个方面。辞工叫"起身" hei²⁴ sɐn⁴⁴，应该是委婉的说法；零售叫"卖散" mai²¹ san²⁴，陆上粤语叫"散卖"；批发叫"大头起" tai²¹ tʰɐu²¹ hei²⁴，与陆上粤语不同。贵和值钱都叫"抵钱"，这与粤西的粤方言和闽方言相同。

条目	疍家话
生意	生意sɐŋ⁴⁴ ji³³
做生意	做生意tsou²¹ sɐŋ⁴⁴ ji³³
打工	打工ta²⁴ kuŋ⁴⁴
找工	揾工wɐn²⁴ kuŋ⁴⁴
辞工	辞工tsʰi²¹ kuŋ⁴⁴ / 起身hei²⁴ sɐn⁴⁴
开业	开张hɔi⁴⁴ tsɔŋ⁴⁴
盘点	清算tsʰŋ⁴⁴ sin³³
倒闭	执笠tsɐp⁵ lɐp⁵
打烊	够钟关门kɐu³³ tsuŋ⁴⁴ kʷan⁴⁴ mun²¹

条目	疍家话
买	买mai²⁴
卖	卖mai²¹
宰客	斩客tsam²⁴ hak³
盘	转让tsin²⁴ jɔŋ²¹
给钱	畀钱pei²⁴ tsʰin²¹
收钱	收钱sɐu⁴⁴ tsʰin²¹
找钱	补钱pou²⁴ tsʰin²¹
零售	卖散mai²¹ san²⁴
批发	大头起tai²¹ tʰɐu²¹ hei²⁴

续表

条目	疍家话	条目	疍家话
开价	开价 hɔi⁴⁴ ka³³	毛收入	总收入 tsuŋ²⁴ sɐu⁴⁴ jɐp²¹
还价	还价 wan²¹ ka³³ / 讲价 kɔŋ²⁴ ka³³	开支	开支 hɔi⁴⁴ tsi⁴⁴
成交	交货 kau⁴⁴ fɔ³³	本钱	本钱 pun²⁴ tsʰin²¹
涨价	起价 hei²⁴ ka³³	保本	平本 pʰiŋ²¹ pun²⁴
跌价	落价 lɔk²¹ ka³³	赚钱	赚钱 tsan²¹ tsʰin²¹
贵	抵钱 tɐi²⁴ tsʰin²¹	花钱	使钱 sɐi²⁴ tsʰin²¹
珍贵	经贵 kɪŋ⁴⁴ kʷɐi³³	分红	分红 fɐn⁴⁴ huŋ²¹ / 开数 hɔi⁴⁴ sou³³
便宜	平 pʰɛŋ²¹	垫钱	簦钱 tʰim²⁴ tsʰin²¹ / 贴钱 tʰip³ tsʰin²¹
贱	烂贱 lan²¹ tsin²¹	亏本	蚀本 sit²¹ pun²⁴
占便宜	占平宜 tsim³³ pʰɛŋ²¹ ji²¹	赔钱	赔钱 pʰui²¹ tsʰin²¹
值钱	抵钱 tɐi²⁴ tsʰin²¹	路费	路费 lou²¹ fei³³
合算	抵手 tɐi²⁴ sɐu²⁴ / 值得 tsɪk²¹ tek⁵	利息	利息 lei²¹ sɪk⁵
不合算	冇抵手 mou²⁴ tɐi²⁴ sɐu²⁴	欠钱	欠钱 him³³ tsʰin²¹
公道	公道 kuŋ⁴⁴ tou²¹	讨钱	追债 tsui⁴⁴ tsai³³
缺斤少两	呃秤 ɐk⁵ tsʰɪŋ³³	借条	借条 tsɛ³³ tʰiu²¹
装糊涂	搏懵 pɔk³ muŋ²⁴	借钱	借钱 tsɛ³³ tsʰin²¹
进货	入货 jɐp²¹ fɔ³³ / 攞货 lɔ²⁴ fɔ³³	还债	还债 wan²¹ tsai³³
卸货	卸货 sɛ³³ fɔ³³	抵债	顶债 tɪŋ²⁴ tsai³³
卖完	卖嗮 mai²¹ sai³³ / 卖了 mai²¹ liu²⁴	押金	押金 at³ kɐm⁴⁴
买完	买了 mai²⁴ liu²⁴	赎金	赎金 suk²¹ kɐm⁴⁴
缺货	冇货 mou²⁴ fɔ³³	抵押	抵押 tɐi²⁴ at³
买卖好	兴旺 hiŋ⁴⁴ wɔŋ²¹ / 好生意 hou²⁴ sɐŋ⁴⁴ ji³³	转手	转手 tsin³³ sɐu²⁴
买卖清淡	淡 tam²¹	打折	落价 lɔk²¹ ka³³
薄利多销	薄利多销 pɔk²¹ lei²¹ tɔ⁴⁴ siu⁴⁴	正牌货	真货 tsɐn⁴⁴ fɔ³³ / 真野 tsɐn⁴⁴ jɛ²⁴
工钱	工钱 kuŋ⁴⁴ tsʰin²¹ / 工资 kuŋ⁴⁴ tsi⁴⁴	假货	假野 ka²⁴ jɛ²⁴
		水货	走沙河水 tsɐu²⁴ sa⁴⁴ hɔ²¹ sui²⁴
利润	利润 lei²¹ jɐn²¹	旧货	陈仓货 tsʰɐn²¹ tsʰɔŋ⁴⁴ fɔ³³

3. 账目、度量衡　本小类主要为账目、钞票面值、秤、量器。该类词有几个借词，发票叫"花单"，这是越南语的词汇；硬币叫"先子"，一分钱叫"一先"，这个"先"借自英语。

条目	疍家话	条目	疍家话
赊账	赊数 sɛ⁴⁴ sou³³	一百块钱	一百蚊 jɐt⁵ pɐk³ mɐn⁴⁴
赖账	拖杳 tʰɔ⁴⁴ tʰat³	天平	戥盘秤 tɐŋ²¹ pʰun²¹ tsʰɪŋ³³
烂账	烂债 lan²¹ tsai³³	戥子	戥 tɐŋ²⁴
存款	存钱 tsʰɐn²¹ tsʰin²¹	磅秤	磅 pɔŋ²¹
现金	现钱 jin²¹ tsʰin²¹	台秤	大秤 tai²¹ tsʰɪŋ³³
钞票	银纸 ɐn²¹ tsi²⁴	称盘	戥盘 tɐŋ²¹ pʰun²¹
发票	花单 fa⁴⁴ tan⁴⁴	秤星	秤星 tsʰɪŋ³³ sɪn⁴⁴
整钱	原张 jin²¹ tsɔŋ⁴⁴	秤杆	秤身 tsʰɪŋ³³ sɐn⁴⁴
零钱	散钱 san²⁴ tsʰin²¹	秤钩	秤钩 tsʰɪŋ³³ ŋɐu⁴⁴
硬币	先子 sin⁴⁴ tsi²⁴	秤锤	秤砣 tsʰɪŋ³³ tʰɔ²¹
铜钱	铜钱 tʰuŋ²¹ tsʰin²¹	秤绳	秤耳 tsʰɪŋ³³ ji²⁴
银元	大银 tai²¹ ɐn²¹	秤尾高	丰 fuŋ⁴⁴ /仙 sin⁴⁴ /旺 wɔŋ²¹
一分钱	一先 jɐt⁵ sin⁴⁴	秤尾低	慢 man²¹
一毛钱	一毫 jɐt⁵ hou²¹	吃秤	呃秤 ɐk⁵ tsʰɪŋ³³
两毛钱	两毫 lɔŋ²⁴ hou²¹	凑秤	搭秤 tap³ tsʰɪŋ³³
一块钱	一蚊 jɐt⁵ mɐn⁴⁴	斗（容器）	斗 tɐu²⁴
十元钱	十蚊 sɐp²¹ mɐn⁴⁴	升	筒 tʰuŋ²¹

4. 交通　本小类主要为交通工具名称，包括车、船、渡及其相关的设施，搭载行为等。其中里程单位公里也叫"特"tɐk²¹，这与东南亚地区类似；越式黄包车叫"丝箩"si⁴⁴ lɔ³³，这是英语借词。

条目	疍家话	条目	疍家话
火车	火车 fɔ²⁴ tsʰɛ⁴⁴	公里	公里 kuŋ⁴⁴ lei²⁴ /特 tɐk²¹
火车站	火车站 fɔ²⁴ tsʰɛ⁴⁴ tsam²¹	汽车	电车 tin²¹ tsʰɛ⁴⁴ /汽车 hei³³ tsʰɛ⁴⁴
公路	公路 kuŋ⁴⁴ lou²¹	客车	客车 hɐk³ tsʰɛ⁴⁴

续表

条目	疍家话
货车	货车 fɔ³³ tsʰɛ⁴⁴
公共汽车	公家车 kuŋ⁴⁴ ka⁴⁴ tsʰɛ⁴⁴
轿车	的士 tɪk⁵ si²¹
摩托	电单车 tin²¹ tan⁴⁴ tsʰɛ⁴⁴
三轮车	丝箩 si⁴⁴ lɔ³³/sit⁵ lɔ³³
手扶拖拉机	手扶拖拉机 sɐu²⁴ fu²¹ tʰɔ⁴⁴ lai⁴⁴ kei⁴⁴
独轮车	单轮车 tan⁴⁴ lɐn²¹ tsʰɛ⁴⁴
大板车	板车 pan²⁴ tsʰɛ⁴⁴
人力车	三轮车 sam⁴⁴ lɐn²¹ tsʰɛ⁴⁴
翻斗车	翻斗车 fan⁴⁴ tɐu²¹ tsʰɛ⁴⁴
自行车	单车 tan⁴⁴ tsʰɛ⁴⁴
轮船	大火船 tai²¹ fɔ²⁴ sin²¹

续表

条目	疍家话
军舰	炮舰 pʰau³³ lam²¹
坐船	坐船 tsʰɔ²⁴ sin²¹（自己的船）/搭船 tap³ sin²¹（船不是自己的）
渡船	渡船 tou²¹ sin²¹
过渡	过渡 kɔ³³ tou²¹
渡口	渡口 tou²¹ hɐu²⁴
跳板	跳板 tʰiu³³ pan²⁴
码头	码头 ma²⁴ tʰɐu²¹
马车	马车 ma²⁴ tsʰɛ⁴⁴
牛车	牛车 ɐu²⁴ tsʰɛ⁴⁴
坐车	坐车 tsʰɔ²⁴ tsʰɛ⁴⁴
上车	上车 sɔŋ²⁴ tsʰɛ⁴⁴
下车	落车 lɔk²¹ tsʰɛ⁴⁴

二十、文化教育

本类只选录了上学、放学与文具名称。这类词与陆上粤语基本相同，只有个别有差异，例如逃学叫"流学" lɐu²¹ hɔk²¹，这个词很与"留学"同音，很容易造成误解。

条目	疍家话
学校	学校 hɔk²¹ hau²¹
入学（开始上小学）	入学 jɐp²¹ hɔk²¹
上学（去学校上课）	上学 sɛŋ²⁴ hɔk²¹/返学 fan⁴⁴ hɔk²¹
放学	放学 fɔŋ³³ hɔk²¹
逃学	流学 lɐu²¹ hɔk²¹
早退	偷鸡 tʰɐu⁴⁴ kei⁴⁴

条目	疍家话
圆珠笔	原子笔 jin²¹ tsi²⁴ pɐt⁵
钢笔	钢笔 kɔŋ³³ pɐt⁵
毛笔	毛笔 mou²¹ pɐt⁵
铅笔	铅笔 jin²¹ pɐt⁵
砚台	墨盘 mɛk²¹ pʰun²¹
墨水	墨水 mɛk²¹ sui²⁴
墨汁	墨汁 mɛk²¹ tsɐp⁵

二十一、文体活动

本类词语包括游戏，体育，体育活动和戏剧、音乐。

1. 游戏　本小类主要为儿童的游戏名称和大人的赌博、打牌名称。小孩的游戏名称比较有特色，例如陀螺叫"咔啦" $k^ha^{21} la^{21}$，捉迷藏叫"揞啵咧" $ɐm^{24} pɔ^{21} lɛt^5$，抓子叫"□子" $la^{24} tsi^{24}$，滚铁环叫"车界" $ts^hɛ^{44} kai^{33}$ 等，与岸上的说法不同。

条目	疍家话	条目	疍家话
玩耍	捞 lau^{24}	荡秋千	打千秋 $ta^{24} ts^hin^{44} ts^hɐu^{44}$
好玩	好玩 $hou^{24} fan^{24}$	弹弓	树胶枪 $si^{21} kau^{44} ts^hɛŋ^{44}$
玩具	玩具 $wan^{24} kei^{21}$	打赌	双赌 $sɔŋ^{44} tou^{24}$
陀螺	咔啦 $k^ha^{21} la^{21}$	赌博	赌钱 $tou^{24} ts^hin^{21}$
打陀螺	打咔啦 $ta^{24} k^ha^{21} la^{21}$	压宝	买大细 $mai^{24} tai^{21} sɐi^{33}$
风筝	纸鹞 $tsi^{24} jiu^{21}$	麻将	麻雀 $ma^{21} tsɔk^3$
捉迷藏	揞啵咧 $ɐm^{24} pɔ^{21} lɛt^5$	打麻将	打麻雀 $ta^{24} ma^{21} tsɔk^3$
毽子	燕子 $jin^{33} tsi^{24}$	输	输 si^{44}
踢毽子	踢燕 $t^hɛk^3 jin^{33}$	赢	赢 $jɛŋ^{21}$
抓子	□子 $la^{24} tsi^{24}$	打平	平过 $p^hiŋ^{21} kɔ^{33}$
滚铁环	车界 $ts^hɛ^{44} kai^{33}$	输光	输了 $si^{44} liu^{24}$
跳房子	跳鸡 $t^hiu^{33} kɐi^{44}$	服输	愿输 $jin^{21} si^{44}$
弹指头	弹泵 $t^han^{21} puŋ^{44}$	牌九	牌九 $p^hai^{21} kɐu^{24}$
跳绳	跳绳 $t^hiu^{33} sɪŋ^{21}$	打牌	打牌 $ta^{24} p^hai^{21}$
翻绳	整大海 $tsɪŋ^{24} tai^{21} hɔi^{24}$	谜语	估 ku^{24}
打水漂	片水 $p^hɛn^{33} sui^{24}$	猜谜语	开估 $hɔi^{44} ku^{24}$
掰手劲	拗手巴 $au^{24} sɐu^{24} pa^{44}$	讲故事	讲故事 $kɔŋ^{24} ku^{33} si^{21}$
过家家	煮饭篅 $tsi^{24} fan^{21} lui^{44}$		

2. 体育　本小类主要选录了游泳类的词语。该类词与陆上方言基本一致，所以收录不多。

条目	疍家话	条目	疍家话
下棋	走棋 $tsɐu^{24} k^hei^{21}$	潜泳	湄水 $mei^{21} sui^{24}$
游水	泳水 $juŋ^{24} sui^{24}$	狗爬	泳水 $juŋ^{24} sui^{24}$
仰泳	打仰棹 $ta^{24} ɔŋ^{24} tsau^{21}$	打球	打波 $ta^{24} pɔ^{44}$
踩水	踩水梯 $ts^hai^{24} sui^{24} t^ɐi^{44}$		

3. 体育活动　本小类主要为群体性的体育活动词语。这类词与岸上方言差别不大。

条目	疍家话
武术	功夫 kuŋ⁴⁴ fu⁴⁴
打武术	打功夫 ta²⁴ kuŋ⁴⁴ fu⁴⁴
舞狮	舞狮 mou²⁴ si⁴⁴

条目	疍家话
舞龙	舞龙 mou²⁴ luŋ²¹
耍猴	马骝戏 ma²⁴ lɐu⁴⁴ hei³³
划龙船	掘龙船 kʷɐt²¹ luŋ²¹ sin²¹

4. 戏剧、音乐　本小类主要为民间戏剧、杂技、乐器及其吹奏方法、歌舞的词语。这类词与岸上方言差别不大。

条目	疍家话
粤剧	粤剧 jit²¹ kʰɛk²¹
木偶戏	木偶戏 muk²¹ ɐu²⁴ hei³³
魔术	把戏 pa²⁴ hei³³
变魔术	弄把戏 luŋ²¹ pa²⁴ hei³³
敲锣	敲锣 hau⁴⁴ lɔ²¹ / 打锣 ta²⁴ lɔ²¹
笛子	横箫 waŋ²¹ siu⁴⁴
箫	直箫 tsɪk²¹ siu⁴⁴
吹笛子（箫）	吹箫 tsʰui⁴⁴ siu⁴⁴
二胡	二胡 ji²¹ fu²¹

条目	疍家话
拉二胡	拉二胡 lai⁴⁴ ji²¹ fu²¹
唢呐	咑哒 ti⁴⁴ ta²¹
吹唢呐	吹咑哒 tsʰui⁴⁴ ti⁴⁴ ta²¹
弹琴	弹琴 tʰan²¹ kʰɐm²¹
口哨	口哨 hɐu²⁴ sau³³
哨子	银鸡 ɐn²¹ kɐi⁴⁴
跳舞	跳舞 tʰiu³³ mou²⁴
唱歌	唱歌 tsʰɔŋ³³ kɔ⁴⁴

二十二、动作、行为

本词类包括头部、五官动作，肢体动作，心理活动，言语动作和其他动作行为。该词类动词丰富，能够较好地反映婆湾岛疍家话的面貌。有相当一部分的动词语源不明，也写不出本字。

1. 头部、五官动作　本类主要为头部动作、眼睛动作、听感、嘴部动作等方面的词语。这类动作的词语，在用词上与岸上方言稍有不同，例如摇头叫"拧头" lɪŋ²¹ tʰɐu²¹，这与很多岸上粤方言相同，但是回头叫"拧面" lɪŋ²¹ min²¹，与岸上粤方言不一样。

条目	疍家话	条目	疍家话
摇头	拧头 lıŋ²¹ tʰɐu²¹	张嘴	擘口 mɛk³ hɐu²⁴
点头	□头 ɐp²¹ tʰɐu²¹	努嘴	尖嘴 tsım¹¹ tsuı¹¹
抬头	昂头 ɔŋ²¹ tʰɐu²¹	咂嘴	耷嘴 tap³ tsui²⁴
低头	低头 tɐi⁴⁴ tʰɐu²¹	喷水	喷水 pʰɐn³³ sui²⁴
回头	拧面 lıŋ²¹ min²¹	吞	吞 tʰɐn⁴⁴
睁眼	睁眼 tsɐŋ⁴⁴ an²⁴	吐痰	唎痰 lɛ⁴⁴ tʰam²¹
瞪眼	瞪眼 tɐŋ⁴⁴ an²⁴	含	含 hɐm²¹
盯	针眼 tsɐm⁴⁴ an²⁴	衔	鸽 tam⁴⁴
闭眼	眯眼 mei⁴⁴ an²⁴	咬	咬 au²⁴
眯眼	矇眼 muŋ⁴⁴ an²⁴	舔	歛 lɛm²⁴
眨眼	闪眼 sɐp³ an²⁴	吹	吹 tsʰui⁴⁴
皱眉头	额头皱 ɐk²¹ tʰɐu²¹ jɐu³³	吻	锡 sɛk³/啵嘴 pɔk⁵ tsui²⁴(嘴对嘴亲)
看	睇 tʰɐi²⁴	呼吸	敨气 tʰɐu²⁴ hei³³
看见	睇到 tʰɐi²⁴ tou²⁴	气喘	气喘 hei³³ tsʰin²⁴/气紧 hei³³ kɐn²⁴
遇见	碰到 pʰuŋ³³ tou²⁴	窒息	绝气 tsit²¹ hei³³
望远	望 mɔŋ²¹	嗅	闻 mɐn²¹
听	听 tʰɐŋ⁴⁴		
听见	听到 tʰɐŋ⁴⁴ tou²⁴		

2. 肢体动作 本小类词语主要为手部动作、脚的动作、身体位移、借助工具的动作等。需要注意的是很多普通话里用相同动词的词语,婆湾岛疍家话是分用几个词来表达,例如打,打人、打伞、打毛衣和打水,婆湾岛分别对应"打人" ta²⁴ jɐn²¹、"担遮" tam⁴⁴ tsɛ⁴⁴、"织" tsık⁵、"打水" ta²⁴ sui²⁴。这种现象比较常见。

条目	疍家话	条目	疍家话
挥手	□手 sa²¹ sɐu²⁴	缩手	缩手 suk⁵ sɐu²⁴
摆手	□手 sa²⁴ sɐu²⁴	抓米	孖米 ma⁴⁴ mɐi²⁴
招手	□手 jap²¹ sɐu²⁴	挣扎	挣扎 tsɐŋ⁴⁴ tsat³
动手	郁手 juk⁵ sɐu²⁴	提篮子	□tɐŋ²⁴/□pɛ³³
举手	戙手 tuŋ²¹ sɐu²⁴	拿起来	抽起身 tsʰɐu⁴⁴ hei²⁴ sɐn⁴⁴
伸手	伸手 sɐn⁴⁴ sɐu²⁴	拿走	□去 pɛ³³ hei³³

续表

条目	疍家话
给	畀 pei²⁴
递	递 tɐi²¹
抛	抛 pʰau⁴⁴
扔手榴弹	□mei⁴⁴/□tsai⁴⁴
摔东西	掟 tɛŋ³³
放在桌上	安 ɔn⁴⁴/放 fɔŋ³³
放在柜顶上	挤 tsɐi⁴⁴/放 fɔŋ³³
把书叠起来	叠 tip²¹
把碗摞起来	叠 tip²¹
打人	打人 ta²⁴ jɐn²¹
打伞	担遮 tam⁴⁴ tsɛ⁴⁴
打毛线	织 tsɪk⁵
打水	打水 ta²⁴ sui²⁴
打耳光	打 ta²⁴
拍肩膀	拍 pʰɐk³
拍灰	扫 sou³³
用指关节敲	敲 hau⁴⁴
掐	搣 mɪk⁵/□lɪk⁵
拧毛巾	扭 lɐu²⁴
拧螺丝	拧 lɪŋ²⁴/扭 lɐu²⁴
捻碎	搓 tsʰɔ⁴⁴
拉车	拉 lai⁴⁴
拉直	搖 mɐŋ⁴⁴
串铜钱	穿 tsʰin⁴⁴
抽	搖 mɐŋ⁴⁴
拖走	拖行 tʰɔ⁴⁴ hɐŋ²¹
拖时间	拖 tʰɔ⁴⁴
洗	洗 sɐi²⁴
撕纸	撕 tsʰi⁴⁴

续表

条目	疍家话
卷席子	摺 tsip³
用手指	指 tsi²⁴
拔萝卜	搖 mɐŋ⁴⁴
扒开土	挖 wa⁴⁴
摸头	摸 mɔ⁴⁴
摸鱼	摸 mɔ⁴⁴
抹桌子	抹 mat³
抹油	揩油 sau³³ jeu²¹
刨皮	刨 pʰau²¹/刮 kʷat³
剥皮	擘皮 mɐk⁵ pʰei²¹
剥花生	擘 mɐk⁵
削果皮	批 pʰei⁴⁴
按门铃	㩒 kɐm²¹
蒙眼睛	瞒 mun⁴⁴
盖锅	盖 kʰɐp⁵/冚 kʰɐm²⁴
盖被子	盖 kʰɐp⁵/冚 kʰɐm²⁴
盖上瓶盖	盖 kʰɐp⁵
摊开	摊开 tʰan⁴⁴ hɔi³³
偷懒	偷懒 tʰɐu⁴⁴ lan²⁴
托	托 tʰɔk³
脱手	脱手 tʰit³ sɐu²⁴/甩手 lɐt⁵ sɐu²⁴
背手、叉手	携手 kʰei²¹ sɐu²⁴/屈手 wɐt⁵ sɐu²⁴
抱小孩	抱 pʰou²⁴
拥抱	揽 lam²⁴
牵手	牵手 hin⁴⁴ sɐu²⁴
绑	缚 fɔk³/绑 pɔŋ²⁴
捧	捧 pʊŋ²⁴
端碗	捧 pʊŋ²⁴
搬石头	搬 pun⁴⁴

续表

条目	疍家话	条目	疍家话
搬家	并家 pɪŋ³³ ka⁴⁴/搬屋 pun⁴⁴ uk⁵	戳窗户纸	剟 tuk⁵
捶	捶 tʰui¹¹	刺	剟 tuk⁵/ 刮 kɐt⁵
扶	扶 fu²¹	锯木	刬木 kai³³ muk²¹/锯木 kei³³ muk²¹
收拾行李	执 tsɐp⁵	刬板	刬板 kai³³ pan²⁴
夹在腋下、夹在书里、用夹子夹住	夹 kɛp²¹/楔 sɛp³	锉	锉 tsʰɔ³³
		捡钱	执 tsɐp⁵
甩水	□fɐk³/ □fɪŋ³³	把纸揉成一团	搓 tsʰɔ⁴⁴
掸灰尘	扫 sou³³	搅糖水	搅 kau²⁴
掏	□sɐm²¹/擒 kʰɐm²¹	酱油拌饭	捞 lou⁴⁴
塞住洞口	□tʰɐt⁵/塞 sɐt⁵	铲	铲 tsʰan²⁴
搓绳子、搓衣服	搓 tsʰɔ⁴⁴	挖	挖 wa⁴⁴
搓手	□lɔ⁴⁴	抓阄	执纸球 tsɐp⁵ tsi²⁴ kʰɐu²¹
掰饼干	拗 ɐu²⁴	卡住	卡 kʰa⁴⁴
挽袖子	□jɛp³/摺 tsip³	打活结	打□ ta²⁴ lɐŋ⁴⁴
捋袖子	拉 lai⁴⁴	打死结	打死□ ta²⁴ sei²⁴ lɐŋ⁴⁴
勒颈	箍 kʰu⁴⁴	站	企 kʰei²⁴
握拳	揸 tsa⁴⁴	跑	走 tsɐu²⁴
鼓掌	拍手 pʰɐk³ sɐu²⁴	逃跑	逃走 tʰou²¹ tsɐu²⁴
拆墙	拆 tsʰɐk³	逃难	走难 tsɐu²⁴ lan²¹
拆信封	拆 tsʰɐk³	走	行 hɐŋ²¹
贴邮票	贴 tʰip³	走路	行路 hɐŋ²¹ lou²¹
贴本钱	贴 tʰip³	离开	离开 lei²¹ hɔi⁴⁴
粘在一起	粘 lɛm²¹/搦 la⁴⁴	跨越	逦 lam⁴⁴
挠胳肢窝	咘蛰 pu⁴ tsit⁵	跪	跪 kʷei²¹
趴在桌上	伏 puk²¹/仆 pʰuk⁵	跟随	跟尾 kɐn⁴⁴ mei²⁴
捅一刀	剟 tuk⁵	退	退 tʰui³³
捅马蜂窝	剟 tuk⁵	叉开脚	叉 tsʰa³³

续表

条目	疍家话
踩	踩jai²⁴/tsʰai²⁴
跺脚	钉脚tɪŋ⁴⁴ kɔk³
跷二朗腿	搭脚tap³ kɔk³
抖腿	□脚fɐk²¹ kɔk³
搓脚	擦脚tsʰat³ kɔk³
蹲	跍mɐu⁴⁴/ pɐu⁴⁴
青蛙跳起来	跳tʰiu³³
蹬被子	踢被tʰɛk³ pʰei²⁴/□被tɐm²¹ pʰei²⁴
钻进去	尖入 tsim²⁴ jɐp²¹
搞	整tsɪŋ²⁴
动	郁juk⁵
移	移ji²¹
他到了	到tou³³
扔到水里	丢到tɛu²¹ tou³³
背小孩	孭mɛ⁴⁴
背债	争债tsɐŋ⁴⁴ tsai³³
靠在门上	傍pɐŋ²¹
靠近学校	靠近kʰau³³ kʰɐn²⁴
靠父母	依靠ji⁴⁴ kʰau³³
扑上去	擒kʰɐm²¹
在地上爬	攀pʰan²¹
爬墙	爬pʰa²¹
爬楼	行hɐŋ²¹
跌倒	跌跤 tit³ kɛu⁴⁴
翻滚	碌 luk⁵
转圈	转tsin³³
转身	转身tsin³³ sɐn⁴⁴
挤上车	尖 tsim⁴⁴

续表

条目	疍家话
挑水	担tam⁴⁴
担责任	负责fu²¹ tsɐk³
扛锄头	担tam⁴⁴
揹书包	孭mɛ⁴⁴
挎书包	挂kʷʰa³³
撑腰	撑腰tsʰɐŋ⁴⁴ jiu⁴⁴
弯腰	弯腰wan⁴⁴ jiu⁴⁴
挺胸	牵腰hin³³ jiu⁴⁴
撅屁股	撅屎窟kɐt²¹ si²⁴ fɐt⁵
滑到	滑wat²¹
滑下去	滑wat²¹
掉下去	跌tit³
掉钱	跌tit³
掉头发	甩lɐt⁵
掉叶子	落lɔk²¹
落下来	落lɔk²¹
倒过来	倒tou²⁴
被绳子绊倒	踢仆tʰɛt³ pʰuk⁵
脸转过去	拧 lɪŋ²¹
排队	排队pʰai²¹ tui²¹
插队	插队tsʰap³ tui²¹/ 占队tsim²¹ tui²¹
藏物	收sɐu⁴⁴
人藏起来	收sɐu⁴⁴
赶鸡	赶kun²⁴
追人	趯tɛk³
绕路	运路 wɐn²¹ lou²¹
钱用完了	用了juŋ²¹ liu²⁴/ 用哂juŋ²¹ sai³³
用筷子	用juŋ²¹

3. 心理活动 本小类主要为知晓、料想、记挂、爱憎、疑忌、喜怒、意愿等词语。这类词的否定形式是直接在词的前面加上否定词"冇"mou^{24}。

条目	疍家话	条目	疍家话
动脑	动脑tuŋ^{21} lou^{24}	着急	心急sɐm^{44} kɐp^5
没脑	冇脑mou^{24} lou^{24}	挂念	挂念k^{w}a^{33} lim^{21}
知道	知到tsi^{44} tou^{33}	放心	放心fɔŋ^{33} sɐm^{44}
听懂	听到t^{h}ɛŋ^{44} tou^{33}	盼望	希望hei^{44} mɔŋ^{21}
懂英语	识sɪk^5	巴不得	着紧tsɛk^{21} kɐn^{24}
会	识sɪk^5	记得	记得kei^{33} tɐk^5
不会	冇识mou^{24} sɪk^5	忘记	忘记mɔŋ^{21} kei^{33}/冇记得mou^{24} kei^{33} tɐk^5
认得	认到jɪŋ^{21} tou^{24}		
不认得	冇认到mou^{24} jɪŋ^{21} tou^{24}	眼红	眼红an^{24} huŋ^{21}/眼热an^{24} jit^{21}
想办法	恁办法lɐm^{24} pan^{21} fat^3	眼花	眼花an^{24} fa^{44}
想去	想去sɛŋ^{24} hei^{33}	讨厌	讨厌t^{h}ou^{24} jim^{33}
想妈妈	挂k^{w}a^{33}	讨人嫌	犯众憎fan^{21} tsuŋ^{33} tsɐŋ^{44}
没想到	冇恁到mou^{24} lɐm^{24} tou^{33}	招人爱	佮人kap^3 jɐn^{21}
打算	打算ta^{24} sin^{33}/计划 kei^{33} wak^{21}	恨	嬲lɐu^{44}
估计	估计ku^{24} kei^{33}	责怪	执怪tsɐp^5 k^{w}ai^{33}
打主意	打主意ta^{24} tsi^{24} ji^{33}	错怪	怪错k^{w}ai^{33} ts^{h}ɔ^{33}
猜	猜tsai^{44}/估ku^{24}	嫌弃	嫌弃jim^{33} hei^{33}
料定	预算ji^{21} sin^{33}	妒忌	妒忌tou^{21} kei^{21}
没料到	冇恁到mou^{24} lɐm^{24} tou^{33}	偏心	偏心p^{h}in^{44} sɐm^{44}
相信	信sɐn^{33}	安慰	安慰ɔn^{44} wei^{33}
怀疑	怀疑wai^{21} ji^{21}	忍住	忍住jɐn^{24} tsi^{21}
犹豫	冇决定mou^{24} k^{h}it^3 tɪŋ^{21}	怄气	忍气jɐn^{24} hei^{33}
怕	惊kɛŋ^{44}	生气	嬲lɐu^{44}
留心	留意lɐu^{21} ji^{33}	赌气	赌气tou^{21} hei^{33}/郁火wɐt^5 fɔ^{24}
小心	小心siu^{24} sɐm^{44}	伤心	伤心sɔŋ^{44} sɐm^{44}
走神	心不在sɐm^{44} pɐt^5 tsɔi^{21}	灰心	灰心fui^{33} sɐm^{44}
吓着	吓惊hɐk^3 kɛŋ^{44}	哭	哭huk^5

续表

条目	疍家话
笑	笑 siu³³
流泪	流眼泪 lɐu²¹ an²⁴ lui²¹
爱惜（物）	珍惜 tsɐn⁴⁴ sɪk⁵
疼爱（人）	痛锡 tʰuŋ³³ sɛk³
喜欢	欢喜 fun⁴⁴ hei²⁴/中意 tsuŋ⁴⁴ ji³³
肯	中意 tsuŋ⁴⁴ ji³³
应该	应该 jɪŋ⁴⁴ kɔi⁴⁴
可以	可以 hɔ²⁴ ji³³
敢	敢 kam²⁴
感谢	多谢 tɔ⁴⁴ tsɛ²¹
夸奖	称赞 tsʰɪŋ⁴⁴ tsan³³
迁就	相就 sɵŋ⁴⁴ tsɐu²¹
娇惯	娇惯 kiu⁴⁴ kʷan²¹
纵容	纵容 tsuŋ²¹ juŋ³¹
听话	听话 tʰɛŋ⁴⁴ wa²¹
炫耀	夸张 kʰwa⁴⁴ tsɔŋ⁴⁴/风气 fuŋ⁴⁴ hei³³
高兴	高兴 kou⁴⁴ hɪŋ³³/开心 hɔi⁴⁴ sɐm⁴⁴
得意	得意 tɐk⁵ ji³³
后悔	后悔 hɐu²¹ fui³³
忧愁	忧愁 jɐu⁴⁴ sɐu²¹/忧虑 jɐu⁴⁴ lui²¹
决定	决定 kʰit³ tɪŋ²¹
发楞	懵 muŋ²⁴
耍赖	冇认数 mou²⁴ jɪŋ²¹ sou³³

续表

条目	疍家话
作弄	整蛊 tsɪŋ²⁴ ku²⁴
强迫	强迫 kʰɔŋ²¹ pɪk⁵
羡慕	羡慕 sin²¹ mou²¹
磨蹭	楔工 sɐp⁵ kuŋ⁴⁴
舍得	舍得 sɛ²⁴ tɐk⁵
舍不得	冇舍得 mou²⁴ sɛ²⁴ tɐk⁵
不在乎	冇在乎 mou²⁴ tsɔi²¹ fu⁴⁴
情愿	情愿 tsʰɪŋ²¹ jin²¹
不情愿	冇情愿 mou²⁴ tsʰɪŋ²¹ jin²¹
理睬（人）	理 lei²⁴
不理（事）	冇懒理 mou²⁴ lan²⁴ lei²⁴
脾气	脾气 pʰei²¹ hei³³
发脾气	发性 fat³ sɪŋ³³/发脾气 fat³ pʰei²¹ hei³³
脾气暴躁	脾气暴躁 pʰei²¹ hei³³ pou²¹ tsʰou³³
心烦	心烦 sɐm⁴⁴ fan²¹
逼	逼 pɪk⁵/压迫 at³ pɪk⁵
良心	良心 lɔŋ²¹ sɐm⁴⁴
没良心	冇良心 mou²⁴ lɔŋ²¹ sɐm⁴⁴
感情	感情 kam²⁴ tsʰɪŋ²¹
爱好	爱好 ɔi³³ hou³³
精力	精力 tsɪŋ⁴⁴ lɪk²¹
隐瞒	隐瞒 jɐn²⁴ mun²¹/包瞒 pau⁴⁴ mun²¹

4. 言语动作 本小类主要为言说类词语。疍家话表示说话，主要用"讲"，说话叫"讲话"kɔŋ²⁴ wa²¹，说坏话叫"讲坏话"kɔŋ²⁴ wai²¹ wa²¹。有一些说法是用比喻的方法来表达，例如学话叫"顺风旗"sɵn²¹ fuŋ⁴⁴ kʰei²¹；抬杠叫"撑逆水排"tsʰɐŋ⁴⁴ ɐk²¹ sui²⁴ pʰai²¹。

条目	疍家话	条目	疍家话
声音	声音 sɪŋ⁴⁴ jɐm⁴⁴	嘱咐	叮嘱 tɪŋ⁴⁴ tsuk⁵
说	讲 kɔŋ²⁴	顶嘴	应嘴 jɪŋ⁴⁴ tsui²⁴
话	话 wa²¹	抬杠	撑逆水排 tsʰɐŋ⁴⁴ ɐk²¹ sui²⁴ pʰai²¹
说话	讲话 kɔŋ²⁴ wa²¹	插嘴	参嘴 tsʰam²⁴ tsui²⁴
不做声	冇出声 mou²⁴ tsʰɐt⁵ sɐŋ⁴⁴	多嘴	口多 hɐu²⁴ tɔ⁴⁴
讲坏话	讲坏话 kɔŋ²⁴ wai²¹ wa²¹	骂	闹 lau²¹
住嘴	收声 sɐu⁴⁴ sɐŋ⁴⁴	咒	咒 tsɐu³³
说情	劝谏 hin³³ kan³³	发誓	发誓 fat³ sɐi²¹
乱讲	乱噃 lin²¹ ɐp⁵	挨骂	挨闹 ai²¹ lau²¹ / 畀闹 pei²⁴ lau²¹
八卦	扯是非 tsʰɛ²⁴ si²¹ fei⁴⁴	挨说（挨批评）	畀批评 pei²⁴ pʰei⁴⁴ pʰɪŋ²¹
聊天	倾偈 kʰɪŋ⁴⁴ kɐi²¹	叫他来	喊佢来 ham³³ kʰei²⁴ lɔi²¹
讲笑话	讲笑 kɔŋ²⁴ siu³³	你叫什么名	叫 kiu³³ / 喊 ham³³
讲粗话	牛话 ɐu²¹ wa²¹	说谎	讲假话 kɔŋ²⁴ ka²⁴ wa²¹
开玩笑	讲玩笑 kɔŋ²⁴ fan²⁴ siu³³	吹牛	车大炮 tsʰɛ⁴⁴ tai²¹ pʰau²¹
发牢骚	发啰嗦 fat³ lɔ²¹ sɔ⁴⁴	拍马屁	捧大脚 puŋ²⁴ tai²¹ kɔk³
挖苦	食稀粥，论旧话 sɪk²¹ hei⁴⁴ tsuk⁵，lɐn²¹ kɐu²¹ wa²¹	唆使	敲火 uŋ²⁴ fɔ²⁴
叹息	叹息 tʰan³³ sɪk⁵	啰嗦	啰嗦 lɔ⁴⁴ sɔ⁴⁴
解释	解释 kai²⁴ sɪk⁵	应答	应 jɪŋ³³
搭茬儿	站古柄 tsam²¹ ku²⁴ pɐŋ³³	不答应	冇应 mon²⁴ jɪŋ³³
学话	顺风旗 sɐn²¹ fuŋ⁴⁴ kʰei²¹	称赞	称赞 tsʰɪŋ⁴⁴ tsan³³
告诉	讲畀你识 kɔŋ²⁴ pei²⁴ lei²⁴ sɪk⁵	合心意	中意 tsuŋ⁴⁴ ji³³

5. 其他动作 这个小类的词语较为复杂，主要有找寻、判断、催促、显露、欺负、习惯等。这类词与岸上粤语差别不大。

条目	疍家话	条目	疍家话
回家	回屋己 wui²¹ uk⁵ kei²⁴	寻找	揾 wɐn²⁴
拣	挑拣 tʰiu⁴⁴ kan²⁴	节省	悭 han⁴⁴
丢失	跌 tit³	沉	沉 tsʰɐm²¹

续表

条目	疍家话
水溅在身上	飞 fei⁴⁴
水溢出来	刮 kʷat³
是	系 hɐi²¹
不是	冇系 mou²⁴ hɐi²¹
没有	冇有 mou²⁴ jɐu²⁴
弄坏	整坏 tsɪŋ²⁴ wai²¹
修理	整 tsɪŋ²⁴
烫	爖 luk⁵
催	追 tsui⁴⁴

续表

条目	疍家话
露出来	凸 tɐk²¹
竖起来	咸起身 tuŋ²¹ hei²⁴ sɐn⁴⁴
来得及	来得及 lɔi²¹ tɐk⁵ kɐp²¹/来得快 lɔi²¹ tɐk⁵ fai³³
来不及	冇来得及 mou²⁴ lɔi²¹ tɐk⁵ kɐp²¹
欺负	虾 ha⁴⁴
习惯	习惯 tsɐp²¹ kʷan³³
妨碍	阻拦 tsɔ²⁴ lan²¹

二十三、位置、趋向

本词类包括位置和趋向两类，位置包括上下、前后、左右、里外、周围、方向等词语；趋向包括来去、里外等。婆湾岛疍家话跟很多岸上粤语一样，上下、前后、里外、左右这些位置一般用"边"，物体的正反才用"面"。趋向主要用动词"来"和"去"，方向主要用"向"。

条目	疍家话
上面	上边 sɔŋ²¹ pin²¹/上高 sɔŋ²¹ kou⁴⁴
下面	下边 ha²¹ pin²¹/下低 ha²¹ tɐi⁴⁴
顶部	顶 tɛŋ²⁴
地上	地面 tei²¹ min²¹
地下	地下 tei²¹ ha²¹/地底 tei²¹ tɐi²⁴
天上	天上 tʰin⁴⁴ sɔŋ²¹
天下	天下 tʰin⁴⁴ ha²¹
街上	街上 kai⁴⁴ sɔŋ²¹
碗底	碗底 wun²⁴ tɐi²⁴
里面	里边 lui²⁴ pin²¹
外面	外边 ɔi²¹ pin²¹
手里	手上 sɐu²¹ sɔŋ²¹
心里	心里 sɐm⁴⁴ lei²⁴

条目	疍家话
前面	前边 tsʰin²¹ pin⁴⁴
后面	后边 hɐu²¹ pin⁴⁴
末尾	尽尾 tsɐn²¹ mei²⁴/尽笃 tsɐn²¹ tuk⁵
旁边	边头 pin⁴⁴ tʰɐu²¹
左边	左边 tsɔ²⁴ pin⁴⁴/大边 tai²¹ pin⁴⁴
右边	右边 jɐu²¹ pin⁴⁴/细边 sɐi³³ pin⁴⁴
路边	路边 lou²¹ pin⁴⁴
中间	中间 tsuŋ⁴⁴ kan⁴⁴
对面	对面 tui³³ min²¹
正面	正面 tsɪŋ³³ min²¹
反面	底面 tɐi²⁴ pin²¹
背后	后背 hɐu²¹ pui³³
以上	以上 ji²¹ sɔŋ²¹

续表

条目	疍家话
以下	以下 ji²¹ ha²¹
隔壁	隔壁 kak³ pɐk³
附近	附近 fu²¹ kʰɐn²⁴
周围	周围 tsɐu⁴⁴ wɐi²¹
家里	家里 ka⁴⁴ lui²⁴
城里	城里 sɯ²¹ lui²⁴
乡下	村下 tsʰin⁴⁴ ha²⁴
东南	东南 tuŋ⁴⁴ lam²¹
东北	东北 tuŋ⁴⁴ pɐk⁵
西南	西南 sɐi⁴⁴ lam²¹
西北	西北 sɐi⁴⁴ pɐk⁵
东西	东西 tuŋ⁴⁴ sɐi⁴⁴
南北	南北 lam²¹ pɐk⁵
上去	上去 sɔŋ²⁴ hei³³
下来	落来 lɔk³ lɔi²¹
进去	入去 jɐp²¹ hei³³

续表

条目	疍家话
出来	出来 tsʰɛt⁵ lɔi²¹
出去	出去 tsʰɛt⁵ hei³³
进来	入来 jɐp³ lɔi²¹
回来	回来 wui²¹ lɔi²¹
回去	回去 wui²¹ hei³³
往里走	向里边走 hɐŋ³³ lei²⁴ pin⁴⁴ tsɐu²⁴
往外走	向出边走 hɐŋ³³ tsʰɛt⁵ pin²¹ tsɐu²⁴
……以东	……以东 ji²⁴ tuŋ⁴⁴
……以内	……以内 ji²⁴ lɔi²¹
……以外	……以外 ji²⁴ ɔi²¹
……以来	……以来 ji²⁴ lɔi²¹
……之后	……之后 tsi⁴⁴ hɐu²¹
……之前	……之前 tsi⁴⁴ tsʰin²¹
……之外	……之外 tsi⁴⁴ ɔi²¹
……之内	……之内 tsi⁴⁴ lɔi²¹
……之间	……之间 tsi⁴⁴ kan⁴⁴

二十四、代词

代词分为人称代词、指示代词、疑问代词三类。人称代词分我、你、他，复数形式是三身代词加后缀"哋"，领属格是三身代词加后缀"嘅"；指示代词分远指和近指，近指代词为"果" kɔ²⁴，远指代词为"捞" lou⁴⁴，婆湾岛疍家话的近指代词受到广府粤语的影响比较大，发音人无意识的情况下会用广府系列的近指代词"呢" ni⁴⁴，但是很快就会意识到这个词不是自己母语的代词。指示代词可以指人、物、方位处所、时间、样态、方式等，表示样态方式用"咁 kɐm²⁴"或"咁子" kɐm²⁴ tsi²⁴，无远近的分别。表示不定的非单一数量用"啲"。疑问代词分为问人、问物、问原因、问样态方式、问时间、问数量等。疑问代词有跨类的用法，例如问物的"边个" pin⁴⁴ kɔ³³，可以用来问人；问处所的"边度" pin⁴⁴ tou²¹ 可以表示反问语气或否定语气。问事件的"做乜嘢" tsou²¹ mɐt⁵ jɛ²⁴，可以用来问原因。

条目	疍家话	条目	疍家话
我	我ɔ²⁴	这边	果边kɔ²⁴ pin²¹
你	你lei²⁴	那边	捞边lou⁴⁴ pin²¹
您	你lei²⁴	这里	果度kɔ²⁴ tou²¹
他	佢kʰei²⁴	那里	捞度lou⁴⁴ tou²¹/捞处lou⁴⁴ si³³
我们	我哋ɔ²⁴ tei²¹	哪里	边度pin⁴⁴ tou²¹
咱们	我哋ɔ²⁴ tei²¹	他哪里会开车	边度pin⁴⁴ tou²¹
你们	你哋lei²⁴ tei²¹	这时	果阵kɔ²⁴ tsɐn²¹
他们	佢哋kʰei²⁴ tei²¹	那时	捞阵lou⁴⁴ tsɐn²¹/捞时候lou⁴⁴ si²¹ hɐu²¹
人们	人哋jɐn²¹ tei²¹	这次	果次kɔ²⁴ tsʰi³³/果轮kɔ²⁴ lɐn²¹
自己	自己tsi²¹ kei²⁴	那次	捞次lou⁴⁴ tsʰi³³/捞轮lou⁴⁴ lɐn²¹
人家	人家jɐn²¹ ka⁴⁴/ 人哋jɐn²¹ tei²¹	这种	果种kɔ²⁴ tsuŋ²⁴
大家	大家tai²¹ ka⁴⁴	那种	捞种lou⁴⁴ tsuŋ²⁴
我爸	我爸ɔ²⁴ pa⁴⁴	别的	另外 liŋ²¹ ɔi²¹
你爸	你阿爸lei²⁴ a³³ pa⁴⁴	别人	人哋jɐn²¹ tei²¹
他爸	佢阿爸kʰei²⁴ a³³ pa⁴⁴	这么高	咁高kɐm²⁴ kou⁴⁴
我的	我嘅ɔ²⁴ kɔ³³	那么高	咁高kɐm²⁴ kou⁴⁴
你的	你嘅lei²⁴ kɔ³³	这样做	咁子做kɐm²⁴ tsi²⁴ tsou²¹
他的	佢嘅kʰei²⁴ kɔ³³	那样做	咁做kɐm²⁴ tsou²¹
我们的	我哋嘅ɔ²⁴ tei²¹ kɔ³³	怎样做	点样做tim²⁴ jɵŋ²¹ tsou²¹
你们的	你哋嘅lei²⁴ tei²¹ kɔ³³	怎么办	点办tim²⁴ pan²¹/点算tim²⁴ sin³³
他们的	佢哋嘅kʰei²⁴ tei²¹ kɔ³³	什么	乜嘢mɐt⁵ jɛ²⁴
谁	边个pin⁴⁴ kɔ³³/乜谁mɐt⁵ sui²⁴/乜人mɐt⁵ jɐn²¹	为什么	为乜嘢wei²¹ mɐt⁵ jɛ²⁴/点解tim²⁴ kai²⁴
这个	果个kɔ²⁴ kɔ³³	什么时候	乜时候mɐt⁵ si²¹ hɐu²¹/几时kei²⁴ si²¹
那个	捞个lou⁴⁴ kɔ³³	干什么	做乜嘢tsou²¹ mɐt⁵ jɛ²⁴
哪个	边个pin⁴⁴ kɔ³³	多少	多少tɔ⁴⁴ siu²⁴/几多kei²⁴ tɔ⁴⁴
这些	果啲kɔ²⁴ ti⁴⁴	多久	几耐kei²⁴ lɔi²¹
那些	捞啲lou⁴⁴ ti⁴⁴	多重	几重kei²⁴ tsʰuŋ²⁴
哪些	边啲pin⁴⁴ ti⁴⁴		

续表

条目	疍家话
几只	几多只 kei²⁴ tɔ⁴⁴ tsɛk³
我们俩	我哋两 lɔŋ²⁴ lei²⁴ kɔ³³
夫妻俩	两公婆 lɔŋ²⁴ kuŋ⁴⁴ pʰɔ²¹

续表

条目	疍家话
父子俩	两仔爷 lɔŋ²⁴ tʉi²⁴ jɛ²¹
爷孙俩	两公孙 lɔŋ²⁴ kuŋ⁴⁴ sin⁴⁴
父子几个	几仔爷 kei²⁴ tsei²⁴ jɛ²¹

二十五、形容词

该类词包括形状，性情和味、色。

1. 性状 该小类可以从两个方面来看：(1) 有一些词采用反义的形式，例如活的叫"有命"，死的叫"冇命"；对叫"啱"，不对叫"冇啱"。(2) 与普通话的对应关系，有相同的，例如绑紧、手头紧都叫"紧"，绑松、手头松都叫"松"；也有不同的，例如结实，家具结实叫"坚固"，人身体结实叫"轮健"。

条目	疍家话
人好	好 hou²⁴/人好 jɐn²¹ hou²⁴
东西好	好 hou²⁴/野好 jɛ²⁴ hou²⁴
好，我去	好 hou²⁴/好，我去 hou²⁴, ɔ²⁴ hei³³
病好了	好 hou²⁴/病好 pɛŋ²¹ hou²⁴
人坏	坏 wai²¹/人坏 jɐn²¹ wai²¹
心坏	坏 wai²¹/心坏 sɐm⁴⁴ wai²¹
手机坏了	坏 wai²¹/手机坏咗 sɐu²⁴ kei⁴⁴ wai²¹ tsɔ²⁴
成绩差	□jɐi²¹/成绩□ sɪŋ²¹ sɪk⁵ jɐi²¹
质量差	质量差/□ tsɐt⁵ lɐŋ²¹ tsʰa⁴⁴/jɐi²¹
不错	冇错 mou²⁴ tsʰɔ³³
差不多	差不多 tsʰa⁴⁴ pɐt⁵ tɔ⁴⁴
一般	一般 jɐt⁵ pun⁴⁴
活的	有命 jɐu²⁴ mɛŋ²¹
死的	死 sei²⁴/冇命 mou²⁴ mɛŋ²¹
对	啱 am⁴⁴
不对	冇啱 mou²⁴ am⁴⁴
错	错 tsʰɔ³³

条目	疍家话
凑合	暂使 tsam²¹ sɐi²⁴
女人美	威 wei⁴⁴/靓 lɛŋ³³
男人美	靓仔 lɛŋ³³ tsɐi²⁴
人丑	难睇 lan²¹ tʰɐi²⁴/丑鬼 tsʰɐu²¹ kʷɐi²⁴
物丑	丑样 tsʰɐu²¹ jɛŋ²¹
性格丑	丑 tsʰɐu²⁴
重要	重要 tsuŋ²¹ jiu³³
不重要	冇重要 mou²⁴ tsuŋ²¹ jiu³³
热闹	燊陷 hŋ³³ hɐm²¹
冷清	冷静 lɐŋ²⁴ tsɪŋ²¹
肉煮得烂	脸 lɛm²¹
粥烂	融 juŋ²¹
菜烂了	烂 lan²¹
家具结实	坚固 kin⁴⁴ ku³³
身体结实	轮健 lɐn²¹ kin²¹
糊	浓 lɔŋ⁴⁴
碗破了	崩 pɐŋ⁴⁴/崩口 pɐŋ⁴⁴ hɐu²⁴

续表

条目	疍家话
纸破了	烂 lan²¹
楼房坚固	坚固 kin⁴⁴ ku³³
铁硬	硬 ɐŋ²¹
心肠硬	硬气 ɐŋ²¹ hei³³
棉花软	腍 lɐm²¹
性格软	软弱 jin²⁴ jɔk²¹
干	干 kɔn⁴⁴ / 焦 tsau⁴⁴
湿	湿 sɐp⁵
谷子受潮	潮湿 tsʰiu²¹ sɐp⁵ / 返湿 fan⁴⁴ sɐp⁵
干净	干净 kɔn⁴⁴ tsɪŋ²¹ / 斯文 si⁴⁴ mɐn²¹
脏	邋遢 la²¹ tsa²¹ / 邋遢 lat²¹ tʰat³
快	快 fai³³
慢	慢 man²¹
利	利 lei²¹
钝	倔 kʷɐt²¹
绑紧	紧 kɐn²⁴
手头紧	紧 kɐn²⁴
绑松	松 suŋ⁴⁴
手头松	松 suŋ⁴⁴
难	难 lan²¹
容易	容易 juŋ²¹ ji²¹ / 易得 ji²¹ tɐk⁵
年老	老 lou²⁴
年轻	年轻 lin²¹ hɪŋ⁴⁴ / 后生 hɐu²¹ saŋ⁴⁴
菜老	老 lou²⁴
菜嫩	嫩 lin²¹
鸡蛋煮老了	老火 lou²⁴ fɔ²⁴
广州我熟悉	熟悉 suk²¹ sɪk⁵
我熟悉他	熟悉 suk²¹ sɪk⁵ / 惯 kʷan³³
粥稀	稀 hei⁴⁴

续表

条目	疍家话
粥稠	结 kit²¹
疏	疏 sɔ⁴⁴
密	密 mɐt²¹
亮	光 kɔŋ⁴⁴
暗	暗 am³³
胖	肥 fei²¹
肥	肥 fei²¹
瘦	瘦 sɐu³³
壮	健壮 kin²¹ tsɔŋ³³
横	横 waŋ²¹
竖	直 tsɪk²¹
陡	斜 tsʰɛ³³ / 倚 kʰei²⁴
完整	完整 jin²¹ tsɪŋ²⁴
凸	凸 tɐt²¹
凹	凹 lɐp⁵
稳	稳阵 wɐn²¹ tsɐn²¹
性格稳	踏实 tap²¹ sɐt²¹
活络	浮 fɐu²¹
正宗	正宗 tsɪŋ³³ tsuŋ⁴⁴ / 正斗 tsɪŋ³³ tɐu²⁴
整齐	整齐 tsɪŋ²⁴ tsʰɐi²¹ / 齐整 tsʰɐi²¹ tsɪŋ²¹
买齐了	买齐 mai²⁴ tsʰɐi²¹
乱	乱扒 lin²¹ pʰa²¹
迟	迟 tsʰi²¹
晚	迟 tsʰi²¹
多	多 tɔ⁴⁴
少	少 siu²⁴
纯	纯正 sɐn²¹ tsɪŋ³³
杂	杂 tsap²¹
个头大	大只 tai²¹ tsɛk³

续表

条目	疍家话
南瓜大	大只 tai²¹ tsɛk³
个大小	细只 sei³³ tsɛk³/的惜 tɪk⁵ sɪk⁵
南瓜小	细只 sei³³ tsɛk³
粗绳	粗 tsʰou⁴⁴
细绳	幼 jeu³³
细心	细心 sei³³ sɐm⁴⁴
时间长	长 tsʰɐŋ²¹/耐 lɔi²¹
路长	长 tsʰɐŋ²¹
时间短	短 tin²⁴
棍子短	短 tin²⁴
宽	阔 fut³
窄	窄 tsak³
尖	尖 tsim⁴⁴
扁	扁 pɛn²⁴
平	平整 pʰɪŋ²¹ tsɪŋ²⁴

续表

条目	疍家话
足称	够 kou³³
树高	高 kou⁴⁴
人高	高 kou⁴⁴
门低	矮 ɐi²⁴
人矮	矮 ɐi²⁴
人瘦小	瘦丝 sɐu³³ si⁴⁴
刺鼻	刺鼻 tsʰi³³ pei²¹
刺耳	刺耳 tsʰi³³ ji²⁴/吵耳 tsʰau²⁴ ji²⁴
刺眼	铿眼 tsʰaŋ²¹ an²⁴
腻	腻 lɐi³³
发霉	发霉 fat³ mui⁴⁴
粗糙	骇 hai²¹
脆	脆 tsʰui³³
韧	□jat³

2. 性情 本小类词语与岸上的粤方言一致性较高。有一些词语包含的义项与普通话不同，例如小面既有害羞的意思，也有腼腆的意思；抵力既有难过、难受的意思，也有辛苦的意思；斯文有干净的意思，也有举止斯文的意思。

条目	疍家话
犟	硬颈 ɐŋ²¹ kɛŋ²⁴
好心	好心 hou²⁴ sɐm⁴⁴
坐沙发舒服	舒服 si⁴⁴ fuk²¹
身体不舒服	舒服 si⁴⁴ fuk²¹
心里难过	难受 lan²¹ sɐu²¹/抵力 tɐi²⁴ lɪk²¹
肚子难受	抵力 tɐi²⁴ lɪk²¹/难抵 lan²¹ tɐi²⁴
腼腆	小面 siu²⁴ min²¹
乖	乖 kʷai⁴⁴

条目	疍家话
随地小便，缺德	心丑 sɐm⁴⁴ tsʰɐu²⁴
糊涂	糊涂 fu²¹ tʰou²¹/fu²¹ tʰu²¹
他小气，说她就哭	小气 siu²⁴ hei³³
他小气，一块钱都不给	孤寒 ku⁴⁴ hɔn²¹
他大方，有钱就给	大开 tai²¹ hoi⁴⁴/大方 tai²¹ fɔŋ⁴⁴

续表

条目	疍家话
他老实，不说谎	老实 lou²⁴ sɐt²¹
笨	笨 pen²¹/笨戳 pen²¹ tsʰɔt²¹
傻	傻 sɔ²¹
胆大	胆大 tam²⁴ tai²¹
胆小	胆细 tam²⁴ sɐi³³
可爱	可爱 hɔ²⁴ ɔi³³
可怜	可怜 hɔ²⁴ lin³³/可惜 hɔ²⁴ sɪk⁵
倒霉	滞运 tsɐi²¹ wen²¹
忠厚	忠直 tsuŋ⁴⁴ tsɪk²¹
聪明	聪明 tsʰuŋ⁴⁴ mɪŋ²¹/叻 lɛk⁵
调皮	□皮 jap³ pʰei²¹
斯文	斯文 si⁴⁴ men²¹
厉害	犀利 sɐi⁴⁴ lei²¹
节俭	悭 han⁴⁴
浪费	㗎赖 sai⁴⁴ lai²¹
爽快	轻快 hɛŋ⁴⁴ fai³³
上瘾	上瘾 sɔŋ²⁴ jen²⁴
过瘾	过瘾 kɔ³³ jen²⁴
贪心	贪心 tʰam⁴⁴ sem⁴⁴
风骚	姣 hau²¹
下流（低人一等）	下流 ha²¹ lɐu²¹
（蚊子咬了）痒	骇 hai²¹
（挠胳肢窝）痒	酸 sin⁴⁴
挠痒	挠骇 jau⁴⁴ hai²¹
开心	开心 hɔi⁴⁴ sem⁴⁴
娇气	娇调 kiu⁴⁴ tiu²¹

续表

条目	疍家话
顺利	顺利 sen²¹ lei²¹
凶	恶 ɔk³
恶	恶 ɔk³
心善	善厚 sin²¹ hɐu²¹
野蛮	野蛮 jɛ²⁴ man²¹
顽固	蛮固 man²¹ ku³³
家富	有钱 jɐu²¹ tsʰin²¹/富裕 fu³³ ji²¹
穷	穷 kʰuŋ²¹
忙	冇得闲 mou²⁴ tek⁵ han²¹
闲	闲 han²¹
累	攰 kui²¹
辛苦	辛苦 sen⁴⁴ fu²⁴/难抵 lan²¹ tɐi²⁴
勤快	勤准 kʰen²¹ tsen²⁴
懒	懒 lan²⁴
能干	做得 tsou²¹ tek⁵
无聊	冇心机 mou²⁴ sem⁴⁴ kei⁴⁴
偏僻	偏僻 pʰin⁴⁴ pʰɪk⁵
危险	危险 ɐi²¹ him²⁴
奇怪	奇怪 kʰei²¹ kʷai³³
土气	老土 lou²⁴ tʰou²⁴
花心	花心 fa⁴⁴ sem⁴⁴
钱够了	够 kɐu³³
好久	好耐 hou²⁴ lɔi²¹
琐碎	湿碎 sep⁵ sui³³
方便	方便 fɔŋ⁴⁴ pin²¹
糟糕	弊家伙 pɐi²¹ ka⁴⁴ fɔ²⁴
紧张	紧张 ken²⁴ tsɔŋ⁴⁴
严格	严格 jim²¹ kak³
偷偷摸摸	偷偷摸摸 tʰɐu⁴⁴ tʰɐu⁴⁴ mɔ⁴⁴ mɔ⁴⁴

条目	疍家话
阴险	阴毒 jɐm⁴⁴ tuk²¹
忠诚	忠诚 tsuŋ⁴⁴ sɪŋ²¹
老练	熟手 suk²¹ sɐu²⁴
清楚	清楚 tsʰɪŋ⁴⁴ tsʰɔ²⁴

条目	疍家话
模糊	麻碴 ma²¹ tsʰa²¹/ 朦 muŋ²¹
成功	成功 sɪŋ²¹ kuŋ⁴⁴
失败	失败 sɐt⁵ pai²¹
不正经	冇正经 mou²⁴ tsɪŋ³³ kɪŋ⁴⁴

3. 味、色 该类词与岸上粤语差别不大。其中有些表示食物的味道的词语与植物的味道、生理的感受、行动的表现用词相同,例如菜香与花香,都叫香,这是食物味道与植物味道用词相同;醋酸与腰酸都叫酸,这是味觉与生理感受用词相同;药苦与命苦都叫苦,这是味觉与人生感受用词相同。

条目	疍家话
菜咸	咸 ham²¹/味重 mei²¹ tsʰuŋ²⁴
菜淡	淡 tʰam²⁴
茶淡	淡 tʰam²⁴
茶浓	浓 luŋ²¹
花香	香 hɔŋ⁴⁴
菜香	香 hɔŋ⁴⁴
屎臭	臭 tsʰɐu³³
尿臊	□at³
鱼腥	腥 sɪŋ⁴⁴
醋酸	酸 sin⁴⁴
腰酸	酸 sin⁴⁴
糖甜	甜 tʰim²¹
嘴甜	滑 wat²¹
药苦	苦 fu²⁴
命苦	苦 fu²⁴

条目	疍家话
辣椒辣	辣 lat²¹
肉汤鲜	甜 tʰim²¹
柿子涩	涩 kip³
颜色	颜色 an²¹ sɪk⁵
红色	红色 huŋ²¹ sɪk⁵
蓝色	蓝色 lam²¹ sɪk⁵
绿色	绿色 luk²¹ sɪk⁵
白色	白色 pɐk⁵ sɪk⁵
乳白色	牛奶色 ɐu²¹ lai²⁴ sɪk⁵
灰色	灰色 fui⁴⁴ sɪk⁵
黄色	黄色 wɔŋ²¹ sɪk⁵
青色	青色 tsʰɪŋ⁴⁴ sɪk⁵
紫色	紫色 tsi²⁴ sɪk⁵
黑色	黑色 hɐk⁵ sɪk⁵
金色	金色 kɐm⁴⁴ sɪk⁵

二十六、量词

该类词包括名量词和动量词两大类。名量词包括个体量词、集合量词和不定量词。量词"个"在婆湾岛疍家话中也是一个通用量词，但是它的使用范围远远不如量词"只"，"只"在婆湾岛疍家话中的地位相当于普通话的"个"。疍家话成对的事物主要用"对"，较少用"双"。长条状的物体一般用"条"，厚块或团状一般用"嚿"，厚片一般用"块"，薄片一般用"片"，较少用"啲"。

条目	疍家话	条目	疍家话
一个人	一个人 jɐt⁵ kɔ³³ jɐn²¹	一肚子气	一肚气 jɐt⁵ tʰou²⁴ hei³³
一样东西	一样嘢 jɐt⁵ jɔŋ²¹ jɛ²⁴	一伙人	一伙人 jɐt⁵ fɔ²⁴ jɐn²¹ / 一班人 jɐt⁵ pan⁴⁴ jɐn²¹
一根头发	一条头毛 jɐt⁵ tʰiu²¹ tʰeu²¹ mou²¹	一门亲事	一起亲事 jɐt⁵ hei²⁴ tsʰɐn⁴⁴ si²¹
一张脸	一块面 jɐt⁵ fai³³ min²¹ / 一片面 jɐt⁵ pʰin³³ min²¹	一把椅子	一只椅 jɐt⁵ tsɛk³ ji²⁴
一个鼻子	一个鼻 jɐt⁵ kɔ³³ pei²¹	一张桌子	一张台 jɐt⁵ tsɔŋ⁴⁴ tʰɔi²¹
一张嘴	一把口 jɐt⁵ pa²⁴ heu²⁴ / 一把嘴 jɐt⁵ pa²⁴ tsui²⁴	一排树	一口树 jɐt⁵ lat³ si²¹
一只耳朵	一只耳仔 jɐt⁵ tsɛk³ ji²⁴ tsei²⁴	一块砖	一块砖 jɐt⁵ fai³³ tsin⁴⁴ / 一嚿砖 jɐt⁵ kɐu³³ tsin⁴⁴
一颗牙	一只牙 jɐt⁵ tsɛk³ a²¹ / 一条牙 jɐt⁵ tʰiu²¹ a²¹	一块板	块 fai³³ / 一块板 jɐt⁵ fai³³ pan²⁴
一双眼睛	一双眼 jɐt⁵ sɔŋ⁴⁴ an²⁴	一匹马	匹 pʰɐt⁵
一副眼镜	一副眼镜 jɐt⁵ fu³³ an²⁴ kɛŋ³³	一口猪	只 tsɛk³ / 条 tʰiu²¹
一片嘴唇	一片嘴唇 jɐt⁵ pʰin³³ tsui²⁴ tsʰɐn²¹	一头牛	只 tsɛk³
一条舌头	一条脷 jɐt⁵ tʰiu²¹ lei²¹	一片肉	片 pʰɛn³³
一双手	一对手 jɐt⁵ tui³³ sɐu²⁴	一条毛巾	条 tʰiu²¹
一根手指	一只手指 jɐt⁵ tsɛk³ sɐu²⁴ tsi²⁴	一柱香	枝 tsi⁴⁴
一双腿	一对肶 jɐt⁵ tui³³ pei²⁴	一条河	条 tʰiu²¹
一块肉	嚿 kɐu²¹ / 块 fai³³ / 礼 lei²⁴（拜神的一条肉）	一座桥	道 tou²¹ / 条 tʰiu²¹
一块骨头	嚿 kɐu²¹ / 条 tʰiu²¹	一堵墙	埲 fuŋ²¹ / 片 pʰin³³
一块皮	块 fai³³	一剂药	剂 tsei⁴⁴ / 服 fuk²¹
一口痰	一口痰 jɐt⁵ heu²⁴ tʰam²¹	一味药	味 mei²¹
一个仔	一只仔 jɐt⁵ tsɛk tsei²⁴ / 一个仔 jɐt⁵ kɔ³³ tsei²⁴	一束花	扎 tsat³
		一支花	枝 tsi⁴⁴
		一棵树	兜 pʰɔ⁴⁴ / 苑 tɐu⁴⁴
一把米	一揸米 jɐt⁵ tsa⁴⁴ mei²⁴	一挂香蕉	根 kɐn⁴⁴

续表

条目	疍家话	条目	疍家话
一蕾香蕉	梳sɔ⁴⁴ / 稏kʰuŋ³³	一把尺	把pa²⁴
一条香蕉	条tʰiu²¹	一把伞	把pa²⁴ / 架ka³³
一棵草	条tʰiu²¹	一盒火柴	盒hɐp²¹ / 箱sɔŋ⁴⁴
一粒米	粒lɐp⁵	一根火柴	枝tsi⁴⁴
一餐饭	餐tsʰan⁴⁴	一口锅	只tsɛk³
一桌酒席	台tʰɔi²¹ / 围wɐi²¹	一挂鞭炮	封fuŋ⁴⁴
一道菜	个kɔ³³ / 只tsɛk³	一个鞭炮	只tsɛk³
一场雨	场tsʰɐŋ²¹	一瓶墨水	瓶pʰiŋ²¹ / 罅tsɐn⁴⁴
一台戏	台tʰɔi²¹	一本书	本pun²⁴
一出戏	场tsʰɔŋ²¹	一页书	页jip²¹ / 片pʰin³³
一面旗	门mun²¹	一篇文章	篇pʰɛn⁴⁴
一支枪	支tsi⁴⁴	一个字	只tsɛk³
一把刀	把pa²⁴	一幅画	幅fuk⁵
一支笔	支tsi⁴⁴	一层楼	层tsʰɐŋ²¹
一间铺	间kan⁴⁴	一张纸	张tsɔŋ⁴⁴
一座屋	间kan⁴⁴	一股香水味	阵tsɐn²¹
一间房	个kɔ³³ / 间kan⁴⁴	一副棋	副fu³³
一进屋	座tsɔ²¹	一盘棋	铺pʰou³³
一身衣服	身sɐn⁴⁴ / 套tʰou³³	一件事情	件kin²¹
一件衣服	件kin²¹ / 条tʰiu²¹	一批货	批pʰɐi⁴⁴
一顶帽子	顶tɛŋ²⁴	一窝蜂	窦tɐu³³
一条裤子	条tʰiu²¹	一只鸡	只tsɛk³
一双鞋	对tui³³	一只蚊子	只tsɛk³
一双袜子	对tui³³	一拃	培jam³³ / 㗅la²¹
一对枕头	对tui³³	一扇门	道tou²¹ / 扇sin³³
一床被子	床tsɔŋ⁴⁴ / 翻fan⁴⁴	一段木头	剧kʰɛk⁵
一顶蚊帐	张tsɔŋ⁴⁴	一块木头	嚕kɐu²¹
一床席子	床tsɔŋ⁴⁴	一瓣花	㪇lɐm³³
一根线	条tʰiu²¹	一团泥	嚕kɐu²¹

条目	疍家话
一堆沙	堆 tui^{44}
一泡尿	笃 tuk^{25}
一辆单车	架 ka^{33}
一部汽车	台 t^{h}ɔi^{21}/部 pou^{21}
一班车	班 pan^{44}
一尊佛像	只 tsɛk^3
一块手表	只 tsɛk^3/个 kɔ^{33}
一个灯泡	只 tsɛk^3
一盏灯	盏 tsan^{24}
一条灯管	条 t^{h}iu^{21}
一台电视机	台 t^{h}ɔi^{21}/部 pou^{21}
一把锁	把 pa^{24}
一把钥匙	条 t^{h}iu^{21}/只 tsɛk^3
一套家具	套 t^{h}ou^{33}
一件家具	件 kin^{21}
一张床	张 tsɵŋ^{44}/铺 p^{h}ou^{44}
一个戒子	只 tsɛk^3
一条项链	条 t^{h}iu^{21}
一副镯子	只 tsɛk^3
一颗星	粒 lɐp^5
一朵云	朵 tɔ^{24}
一声雷	声 sıŋ^{44}
一场比赛	场 ts^{h}ɵŋ^{21}
一场电影	场 ts^{h}ɵŋ^{21}
一颗钉子	枚 mui^{44}
一枚图钉	枚 mui^{44}
一点墨水	啲 tit^5
一点心意	啲 tit^5
一箱衣裳	箱 sɔŋ^{44}/槓 luŋ^{24}
一柜书	柜 k^{w}ɐi^{21}
一把火	把 pa^{24}
一炉火	炉 lou^{21}
一包花生	包 pau^{44}
一滩水	滩 t^{h}an^{44}/塘 t^{h}ɔŋ^{21}
一滴水	滴 tık^5
一瓶油	瓶 p^{h}ıŋ^{21}
一坛酒	埕 ts^{h}ıŋ^{21}
一壶茶	壶 fu^{21}
一锅饭	镬 wɔk^{21}
一笼馒头	笼 luŋ^{21}
一碟花生米	碟 tip^{21}
一碗饭	碗 wun^{24}
一杯茶	杯 pui^{44}
一盅酒	盅 tsuŋ^{44}/杯 pui^{44}
一勺酱油	调羹 t^{h}iu^{21}kaŋ^{44}/羹匙 kaŋ^{44} si^{21}
一把梳子	把 pa^{24}
一铺路	铺 p^{h}ou^{33}
一平方土地	平方 p^{h}ıŋ^{21} fɔŋ^{44}
一座坟墓	口 hɐu^{24}
一块地	块 fai^{33}/片 p^{h}in^{33}
一杆秤	把 pa^{24}
一对花瓶	对 tui^{33}
一条船	只 tsɛk^3
一个窗户	只 tsɛk^3
一把鸡毛掸子	把 pa^{24}
一株稻子	条 t^{h}iu^{21}/蔸 tɐu^{44}
一管笛子	支 tsi^{44}

续表

条目	疍家话
一畦菜地	坜 lɛk²¹
一粒约丸	粒 lɐp³
一块肥皂	嚿 kɐu²¹
三个二	条 tʰiu²¹/只 tsɛk³
一阵风	阵 tsɐn²¹
一场台风	场 tsʰɔŋ²¹
一把斧头	把 pa²⁴
一根甘蔗	条 tʰiu²¹
一节甘蔗	碌 luk⁵/剧 kʰɛk⁵
一口水缸	只 tsɛk³
一首歌	条 tʰiu²¹/首 sɐu²⁴/支 tsi⁴⁴
一间工厂	间 kan⁴⁴/个 kɔ³³
一名工人	个 kɔ³³/只 tsɛk³
一条沟	条 tʰiu²¹
一门功课	科 fɔ⁴⁴
一张渔网	张 tsɐŋ⁴⁴/翻 fan⁴⁴
一面鼓	只 tsɛk³
一个故事	条 tʰiu²¹
一口棺材	只 tsɛk³
一颗花生	粒 lɐp⁵
一门技术	门 mun²¹
一块生姜	块 fai³³/片 pʰɛn³³
一笔生意	笔 pɐt⁵
一口井	只 tsɛk³/口 hɐu²⁴
一面镜子	门 mun²¹
一个桔子	只 tsɛk³
一瓣桔子	薟 lim²¹
一个口袋	只 tsɛk³
一双筷子	对 tui³³

续表

条目	疍家话
一根筷子	只 tsɛk³
一座山	只 tsɛk³
一支蜡烛	支 tsi⁴⁴
一只篮子	只 tsɛk³
一篮菜	篮 lam²¹
一筐萝卜	箩 lɔ²¹
一把犁	把 pa²⁴
一份礼	份 fɐn²¹
一个红包	封 fuŋ⁴⁴/只 tsɛk³
一条蛇	条 tʰiu²¹
一身力气	身 sɐn⁴⁴
一家旅馆	间 kan⁴⁴
一面锣	门 mun²¹
一座码头	个 kɔ³³/只 tsɛk³
一条命	条 tʰiu²¹
一条藕	条 tʰiu²¹
一节藕	碌 luk⁵
一张皮	块 fai³³/张 tsɐŋ⁴⁴
一张票	张 tsɐŋ⁴⁴
一副牌	副 fu³³
一张牌	条 tʰiu²¹
一口气	口 hɐu²⁴
一门亲戚	个 kɔ³³
一片树林	片 pʰin³³
一处伤	坶 tat³
一首诗	首 sɐu²⁴
一笔钱	笔 pɐt⁵
一张钱	张 tsɐŋ⁴⁴
一尺布	尺 tsʰɛk³

144

续表

条目	疍家话
一丈布	丈 tsɐŋ²¹
一亩田	亩 mau²⁴
一副手套	对 tui³³
一头蒜	只 tsɛk³
一瓣蒜	粒 lɐp⁵
一座塔	座 tsɔ²¹
一道题	道 tou²¹/ 条 tʰiu²¹
一根铁丝	条 tʰiu²¹
一片西瓜	嘴 kɐu²¹/块 fai³³
一封信	封 fuŋ⁴⁴
一所学校	间 kan⁴⁴
一间医院	间 kan⁴⁴
一枚针	枚 mui⁴⁴
一颗珠子	粒 lɐp⁵
一根柱子	条 tʰiu²¹
一户人家	户 fu²¹
去一次	次 tsʰi³³ /轮 lɐn²¹
说一遍	次 tsʰi³³ /轮 lɐn²¹
走一步	步 pou²¹
走一趟	次 tsʰi³³ /轮 lɐn²¹

续表

条目	疍家话
劝一回	轮 lɐn²¹/下 ha²⁴
病一场	场 tsʰɐŋ²¹
吃一口	啖 tam²¹
吃一顿	餐 tsʰan⁴⁴
打一顿	餐 tsʰan⁴⁴
动一下	下 ha²⁴
看一眼	眼 an²⁴
见一面	面 min²¹
喊一声	声 sɐŋ⁴⁴
坐一坐	坐一坐 tsʰɔ²¹ jɐt⁵ tsɔ²⁴
有一些事	有啲事 jɐu²⁴ tit⁵ si²¹
给一点钱	畀啲钱 pei²⁴ tit⁵ tsʰin²¹
打一圈麻将	铺 pʰou³³
洗一水衣裳	一流水 jɐt⁵ lɐu²¹ sui²⁴
下一阵雨	阵 tsɐn²¹
写一笔好字	手 sɐu²⁴
下一盘棋	盘 pʰun²¹
唱一台戏	台 tʰɔi²¹
跳一个舞	只 tsɛk³

二十七、数词

　　疍家话的数词与普通话一样,包括基数词、序数词、分数、百分数、约数等。基数词主要要注意的是"二"和"两"的用法,表示基数时,主要用"二"不用"两",例如二十、二百、二千;表示事物数量,与量词连接时,一般用"两",少用"二",例如两个、两斤、两升;二两不能说两两,二斤二两可以说二斤二,也可以说两斤二。其次是数词的省略,如果是一百,往往省略前面的"一",如果"百"位后边是整十的,表达时后边一般省略"十",例如一百一十省略为百一,二百五十省略为二百五。再次是数词的合音,只有二十合音为"廿",其他数词没有合音的形式。序数词的表示法，一般是在序数词前加"第"来表示次序。百分数一般用分数来表示。约数的表示，超过的用"多"或"上"或"好几"，不够的用"零"；也可以用两个紧邻的数字表示，例如八九个，也可以用"左右"表示。不定量用"啲啲"。

条目	疍家话	条目	疍家话
数目	数目 sou^{33} muk^{21}	三十	三十 sam^{44} sep^{21}
数量	数量 sou^{33} leŋ^{21}	五十五	五十五 ŋ^{24} sep^{21} ŋ^{24}
整数	整数 tsiŋ^{24} sou^{33}	一百	一百 jet^{5} pek^{3}
尾数	尾数 mei^{24} sou^{33}	一百零五	一百零五 jet^{5} pek^{3} lıŋ^{21} ŋ^{24}
零头	零头 lıŋ^{21} tʰeu^{21}	一百一十	百一 pek^{3} jet^{5}
数（动词）	算 sin^{33}/数 sou^{24}	二百	两百 lɔŋ^{24} pek^{3}
加	加 ka^{44}	二百五十	二百五 ji^{21} pek^{3} ŋ^{24}
减	减 kam^{24}	一千	一千 jet^{5} tsʰin^{44}
乘	乘 sıŋ^{21}	零	零 lıŋ^{21}
除	除 tsʰi^{21}	一个	一个 jet^{5} kɔ^{33}
等于	等于 teŋ^{24} ji^{44}	两个	两个 lɔŋ^{24} kɔ^{33}
一	一 jet^{5}	三个	三个 sam^{44} kɔ^{33}
二	二 ji^{21}	十个	十个 sep^{21} kɔ^{33}
三	三 sam^{44}	整个	整个 tsiŋ^{24} kɔ^{33}/成个 seŋ^{21} kɔ^{33}
四	四 sei^{44}	第一	第一 tai^{21} jet^{5}
五	五 ŋ^{24}	第十	第十 tai^{21} sep^{21}
六	六 luk^{21}	第一个	第一个 tai^{21} jet^{5} kɔ^{33}
七	七 tsʰet^{5}	两升	两升 lɔŋ^{24} sıŋ^{44}
八	八 pat^{3}	两斤	两斤 lɔŋ^{24} ken^{44}
九	九 keu^{24}	二两	二两 ji^{21} lɔŋ^{24}
十	十 sep^{21}	二钱	两钱 lɔŋ^{24} tsʰin^{21}
十一	十一 sep^{21} jet^{5}	一斤半	斤半 ken^{44} pun^{33}
十五	十五 sep^{21} ŋ^{24}	二斤二两	二斤二 ji^{21} ken^{44} ji^{21}/两斤二 lɔŋ^{24} ken^{44} ji^{21}
二十	二十 ji^{21} sep^{21}		
廿	廿 ja^{21}	一成	一成 jet^{5} sıŋ^{21}

续表

条目	疍家话
五成	五成ŋ²⁴ sɪŋ²¹
十分之一	十分一sɐp²¹ fɐn²¹ jɐt⁵
十分之五	二分一ji²¹ fɐn²¹ jɐt⁵
百分之十	十分一sɐp²¹ fɐn²¹ jɐt⁵
百分之百	百分百pɐk³ fɐn²¹ pɐk³
个把	个把两个kɔ³³ pa²⁴ lɔŋ²⁴ kɔ³³
一两个	一两个jɐt⁵ lɔŋ²⁴ kɔ³³
好几个	好几个hou²⁴ kei²⁴ kɔ³³
好多	好多hou²⁴ tɔ⁴⁴
好多个	好多个hou²⁴ tɔ⁴⁴ kɔ³³
大量	大量tai²¹ lɔŋ²¹/大把tai²¹ pa²⁴
一千多	千多tsʰin⁴⁴ tɔ⁴⁴
好几万	好几万hou²⁴ kei²⁴ man²¹
一些些	一哋哋jɐt⁵ tit⁵ tit⁵
一点点	一哋哋jɐt⁵ tit⁵ tit⁵
百把个	百零个pɐk³ lɐŋ²¹ kɔ³³

续表

条目	疍家话
千数个	上千个sɔŋ²⁴ tsʰin⁴⁴ kɔ³³
万把块钱	万零蚊man²¹ lɐŋ²¹ mɐn⁴⁴
里把路	里几路lei²⁴ kei²⁴ lou²¹
一两里路	一两里路jɐt⁵ lɔŋ²⁴ lei²⁴ lou²¹
十来个（不到十个）	十零个sɐp²¹ lɐŋ²¹ kɔ³³
十多个（比十个多）	十多个sɐp²¹ tɔ⁴⁴ kɔ³³
一百多个	百几个pɐk³ kei²⁴ kɔ³³
半个	半个pun²⁴ kɔ³³
一半	一半jɐt⁵ pun³³
一大半	一大半jɐt⁵ tai²¹ pun³³
一个半	一个半jɐt⁵ kɔ³³ pun³³
八九个	八九个pat³ kɐu²⁴ kɔ³³
十个左右	十个左右sɐp²¹ kɔ³³ tsɔ²⁴ jɐu²¹
上下	左右tsɔ²⁴ jɐu²¹

二十八、其他词

该类词包括拟声词和新词。

1. 拟声词 本小类为呼唤家禽家畜的声音，这些词模仿家禽的叫声，采用三叠或四叠的形式。

条目	疍家话
呼鸡声	谷谷谷kuk⁵ kuk⁵ kuk⁵
呼鸭声	呧呧呧呧ti²¹ ti²¹ ti²¹ ti²¹
呼狗声	嗾嗾嗾tsuk²¹ tsuk²¹ tsuk²¹

条目	疍家话
呼猫声	猫猫猫mɛu⁴⁴ mɛu⁴⁴ mɛu⁴⁴
呼猪声	噜噜噜lu⁴⁴ lu²¹ lu²¹
赶鸡声	簌簌簌su²¹ su²¹ su²¹

2. 新词 这类词是最近三四十年出现的。从婆湾岛疍家话的情况看，疍家人已经融入了中国发展的大潮之中。

条目	疍家话
赤脚医生	行医 hɐŋ²¹ ji⁴⁴
的确良	的确良 tɪk⁵ kʰɔk³ lɔŋ²¹
语录	语录 ji²⁴ luk²¹
公社	公社 kuŋ⁴⁴ sɛ²⁴
社员	社员 sɛ²⁴ jin²¹
大队	大队 tai²¹ tui²¹
知青	知青 tsi³³ tsʰɪŋ⁴⁴
下放	下放 ha²¹ fɔŋ³³
个体户	个体户 kɔ³³ tʰɐi²⁴ fu²¹

条目	疍家话
汽水	汽水 hei³³ sui²⁴
二奶	二奶 ji²¹ lai⁴⁴
包二奶	包二奶 pau⁴⁴ ji²¹ lai⁴⁴
发廊	发廊 fat³ lɔŋ²¹
电脑	电脑 tin²¹ lou²⁴
上网	上网 sɔŋ²⁴ mɔŋ²⁴
吸毒	食白粉 sɪk²¹ pɐk²¹ fɐn²⁴
收音机	收音机 sɐu²⁴ jɐm⁴⁴ kei⁴⁴
录音机	录音机 luk²¹ jɐm⁴⁴ kei⁴⁴

二十九、渔业生产生活词语

该类词包括居住环境船的结构及附件名称、渔业生活、渔业生产、海产加工、海产名称和海岛植物。

1. 居住环境　旧时疍家人不能上岸，他们主要住在船上或者在水边搭建木棚居住。所以这一部分词语主要反映他们居住木棚的结构和材料，其次是船上的生活设施。

条目	疍家话
疍家人住的木棚	棚 pʰaŋ²¹
棚面	棚板 pʰaŋ²¹ pan²⁴
棚底柱	戙 tuŋ²¹
棚面柱	柱 tsʰi²⁴
用竹子织成做疍家棚的墙	竹笪 tsuk⁵ tat³
芒萁的芯，用以盖屋顶	芒芯 mɔŋ⁴⁴ sɐm⁴⁴
蒲葵叶子，用以盖屋顶	葵叶 kʷʰɐi²¹ jip²¹
桁条，屋顶的横木	桁 lɔŋ³³
给棚屋墙壁糊泥浆和稻草的混合物	打壁巴 ta²⁴ pɛk³ pa⁴⁴
铁皮瓦	瓦坑□a²⁴ hɐŋ²⁴ sɛk³
搭棚	起木棚 hei²⁴ muk³ pʰaŋ²¹
疍家人居住的船	家口艇 ka⁴⁴ hɐu²⁴ tʰɛŋ²⁴

续表

条目	疍家话
大船上的房屋	更楼 kaŋ⁴⁴ leu²¹
驾驶室	舵楼 tʰai²⁴ leu²¹
厨房	煮饭柜 tsi²⁴ fan²¹ kʷei²¹
船上的冲凉房	柜 kei²¹

2. 船的结构及附件名称 该小类包括船的结构及其相关的配件名称。船舱按照大小来分，大的叫舱，小的叫柜，船头的小舱叫"头柜仔"，是放网具的，其他的柜根据用途来命名，例如用来养活鱼的叫"生柜"，用来煮饭的叫"煮饭柜"；甲板叫"柜面"。小船一般有船篷，旧式大船一般有风帆，风帆叫"桯"，风帆的单位用"架"来计算，大船有五架桯，风帆的叶片用"坑"来计算。悬挂风帆的大木叫桅，支张风帆的绳索叫"缭丝"，安装于前桅的航行信号灯叫"头灯"。小船没有桅，支撑起来的风帆叫"浮帆"或"头哥"，用于支撑浮帆的绳索叫"头粥"。船体的不同部位也有名称，船底的主骨叫"底骨"，船体的主干叫"大骨"，船体树立的木板叫"骨格"。有了这个框架，船就可以一层一层架起来，贴着龙骨钉上去的木条叫"横柴"，船舷上最高的两条木板叫"面踏"，面踏下面第一根长木条叫"大筋"，大筋下面的长木条叫"二筋"，船头二筋往上的部位叫"头须"。船体里边的各个部位，整条船的重心位置叫"大当"，船中间靠近船篷的位置叫"二当"，靠近船头的位置叫"头当"，靠近船尾的位置叫"尾当"。船底边缘两边突出，可以扩大船体受水面积，起平衡作用的木板叫"水翼"。船上用于调整方向的圆盘叫"舵"，船头中间用于调整方向的鱼尾状部件叫"艑"，使船移动的工具，安装在船尾或船边，形状弯曲，像鱼尾的长木叫"橹"，不固定在船上的短桨叫桡，固定在船两边的长桨叫"棹"。船头尾两侧突出来用于拴缆索的短木叫"□缆桩"。用于接驳的泡沫浮板叫"胶排"。

条目	疍家话
船舱	船舱 sin²¹ tsʰoŋ⁴⁴/柜 kʷei²¹
船篷	篷 pʰuŋ²¹
弯弓的篷骨	篷拱 pʰuŋ²¹ kuŋ²
舵	舵 tʰai²⁴
船底两边突出的长木板，用以扩大船底受水，平衡船身	水翼 sui²⁴ jɪk²¹

续表

条目	疍家话
没有桅，根据风速增减的帆	浮帆 feu²¹ fan²¹/头哥 tʰeu²¹ kɔ⁴⁴
用中立撑浮帆，可伸缩	头弼 tʰeu²¹ pet²¹
船身的骨架	绕头 jiu⁴⁴ tʰeu²¹
靠近船头的小舱	头柜仔 tʰeu²¹ kʷei²¹ tsei²⁴
在艚两边的两个舱，与海水相通，用于放养活鱼	生柜 saŋ⁴⁴ kʷei²¹
甲板	柜面 kʷei²¹ min²¹
拖网、拖鱼的大绳	缆 lam²¹
锚	碇 teŋ³³
锚缆	碇缆 teŋ³³ lam²¹
木锚	木碇 muk²¹ teŋ³³
帆	悝 lei²⁴/风悝 fuŋ⁴⁴ lei²⁴
风帆的叶片	坑 heŋ⁴⁴
桅杆	桅 wei²¹
中间的桅	大桅 tai²¹ wei²¹
支张风帆的绳索	缭丝 liu⁴⁴ si⁴⁴
安装于前桅的航行信号灯	头灯 tʰeu²¹ teŋ⁴⁴
给风帆上色的一种染料	树茛 si²¹ leŋ²¹
船舷两侧最高的两条木板	面踏 min²¹ tap²¹
面踏下面第一根长木板	大筋 tai²¹ kɐn⁴⁴
大根下面的长木板	二筋 ji²¹ kɐn⁴⁴
船舟竖立的木板	骨格 kʷek⁵ kɐk³
船上最近船头的位置，船的重心	大当 tai²¹ tɔŋ³³
船中间靠近船篷下面的部位	二当 ji²¹ tɔŋ³³
靠近船头的位置	头当 tʰeu²¹ tɔŋ³³
靠近船尾的地方	尾当 mei²¹ tɔŋ³³
贴着龙骨钉上去的木条	横柴 weŋ²¹ tsʰai²¹
船体主杆	大骨 tai²¹ kʷɐt⁵
船底的主骨，也叫龙骨	底骨 tei²⁴ kʷɐt⁵

续表

条目	疍家话
舵的一类，安装于船头中间的位置，用于调整方向，也叫前舵	挿 tsʰap³
船头二筋往上的部位	头须 tʰɐu²¹ su⁴⁴
安在船尾或船边的桨	橹 lou²⁴
划船的一种工具，形状和桨差不多	棹 tsau²¹
弯曲的桨	桡 jiu⁴⁴
船头尾两侧突出的木桩，用于栓缆绳	□缆桩 lai³³ lam²¹ tsɔŋ⁴⁴
用泡沫做的浮板	胶排 kau⁴⁴ pʰai²¹/泡沫排 pʰau⁴⁴ mut⁵ pʰai²¹
用手摇的小船	摇船 jiu²¹ sin²¹

3. 渔业生活 该小类词语主要包括造船，修整渔船，泊船补给，观察天气、潮汐，行船出海，风俗等。旧时渔船主要用油灰填补船板之间的缝隙，用竹麻来加固和填充。定方向主要用木庚，这是用一种木头做的罗盘；早晚通过观察云色来判断天气，通过观察流水来判断鱼群，返航叫"回港"或"回湾"，加水叫"上水"，用小艇搭到大船边叫"落船"，从小艇走上大船叫"行上船"。划船叫"掘船"，翻船叫"仆"。扁平足叫"鸭乸蹄"，这在疍家人中很常见，因为长期没有在岸上行走，足弓退化所致。渔家女子出嫁前哭嫁叫"叹家姐"。

条目	疍家话
拥有渔船的人	船佬 sin²¹ lou²⁴
以捕鱼为生	做海 tsou²¹ hɔi²⁴
渔船	做海船 tsou²¹ hɔi²⁴ sin²¹
造船	装船 tsɔŋ⁴⁴ sin²¹
修船	整船 tsɪŋ²⁴ sin²¹
用油灰填补船缝	挣灰 tsɐŋ³³ fui⁴⁴
用石灰和桐油按比例调配出来的混合物	油灰 jɐu²¹ fui⁴⁴/灰 fui⁴⁴
用刀刮去篾青，将篾青下面的竹质破成小条，然后用手搓软，用于填补船板之间的缝隙。	竹麻 tsuk⁵ ma²¹
泊船	抛船 pʰau⁴⁴ sin²¹
风帆装风	食风 sɪk²¹ fuŋ⁴⁴
大北风	大北 tai²¹ pɐk⁵

续表

条目	疍家话
罗盘	木庚 muk²¹kaŋ⁴⁴
早晚天边云彩的颜色，用于判断天气	云色 wɐn²¹sɪk⁵
潮汐	流水 lɐu²¹sui²⁴
潮汐表	流水部 lɐu²¹sui²⁴pou²¹
返航	回湾 wui²¹wan⁴⁴/回港 wui²¹kɔŋ²⁴
加水	上水 sɛŋ²⁴sui²⁴
指用小艇搭载到大船上	落船 lɔk³sin²¹
指从小艇走上大船	行上船 hɐŋ²¹sɛŋ²⁴sin²¹
篙	竹篙 tsuk⁵kou⁴⁴
撑船	撑船 tsʰɐŋ⁴⁴ sin²¹
划船	掘船 kʷɐt²¹ sin²¹
翻船	仆 pʰuk⁵
扁平足	鸭嫲蹄 ap³la²⁴tʰɐi²¹
疍家姑娘出嫁前两天开始唱的民歌，主要内容为感谢父母的养育之恩及兄弟姐妹的手足之情，采用对唱的形式。	叹家姐 tʰan²¹ka⁴⁴tsɛ²⁴

4. 渔业生产 这一小类词语主要包括捕鱼方法和捕鱼工具的名称。用网捕鱼的有拖网、单拖、双拖、做灯光、打罛棚、拖虾、淌箩、端罾等，用鱼钩捕鱼的有下鱼、流刺网、钓鱼等。捕鱼的工具有网、鱼竿等。

条目	疍家话
一条绳子放一千几百枚钓钩	下鱼 ha²⁴ji²¹
用船拖网捕鱼	拖网 tʰɔ⁴⁴mɔŋ²⁴
用一条船拖网捕鱼	单拖 tan⁴⁴tʰɔ⁴⁴
用两条船拖网捕鱼	双拖 sɔŋ⁴⁴tʰɔ⁴⁴
晚上用灯光引诱鱼群聚集再围捕	做灯光 tsou²¹tɐŋ⁴⁴kɔŋ⁴⁴
在渔船上放网捕鱼	放网 fɔŋ³³mɔŋ²⁴
用小船包围，敲击船板，鱼群受惊便往中间靠拢，然后用大船放网围捕	打罛棚 ta²⁴ku⁴⁴pʰɐŋ²¹

续表

条目	疍家话
在船上用网捕虾	拖虾 $tʰɔ^{44}ha^{44}$
使用一层或多层塑胶丝所织成的长方形网片，一般会将多张网片结合在一起，上缘系多个海绵塑胶所制的浮子，下端配附铅制沉子，垂直张开设于接近海平面的位置，等待鱼类游入而被网目缠住。	流刺网 $lɐu^{21}tsʰi^{33}mɔŋ^{24}$
用陶土做成杯子投入海中，引诱八爪鱼以之为居室，再将杯提起捕捉。	八爪煲 $pat^{3}tsau^{24}pou^{44}$
用竹将网撑开，人在水中移动，一人抓一边来拖鱼。	淌箩 $tʰɔŋ^{33}lɔ^{44}$
用于搭载人撑罾捕鱼的小船。	□罾艇 $kɔŋ^{21}tsɐŋ^{44}tʰɛŋ^{24}$
在船上用罾捕鱼。	□鱼 $kɔŋ^{21}ji^{21}$
捞鱼	端簪 $tin^{44}tsɐŋ^{44}$/捞鱼 $lau^{21}ji^{21}$
钓鱼	□鱼 $tʰai^{44}ji^{21}$(老)/钓鱼 $tiu^{44}ji^{21}$(新)
钓鱼钩	鱼钩 $ji^{21}ŋɐu^{44}$
钓鱼杆	□鞭 $kɐt^{21}pin^{44}$(老)/□竹 $kɐt^{21}tsuk^{5}$(老)/鱼杆 $ji^{21}kɔŋ^{44}$(新)
浮标	蒲泡 $pʰou^{21}pʰau^{33}$/蒲仔 $pʰou^{21}tsɐi^{24}$
捞鱼的网兜	捞□ $lɐu^{21}kʰei^{44}$
鱼篓	鱼篇 $ji^{21}lui^{44}$
渔网	网 $muŋ^{24}$(老)/$mɔŋ^{24}$(新)
钓鱼线上加来使鱼钩下沉的金属	铅砣 $jin^{21}tʰɔ^{21}$
航道浮标	水鼓 $sui^{24}ku^{24}$
网底横线	底纲 $tɐi^{24}kɔŋ^{44}$/铅纲 $jin^{21}kɔŋ^{44}$
网底铅块	网铅 $muŋ^{24}jin^{21}$
撒网	抛网 $pʰau^{44}muŋ^{24}$
收网	收网 $sɐu^{44}muŋ^{24}$
吃钩	食钓 $sɪk^{21}tiu^{33}$
上钩	上钩 $sɐŋ^{21}ŋɐu^{33}$
渔业税	交产 $kau^{44}tsʰan^{24}$

5. 海产加工 本小类词语主要涉及晒鱼干、腌制咸鱼和制作鱼露的工序和方法。晒鱼干和腌制咸鱼的主要方法是"腌咸",成品有藏盐鱼、霉香鱼、风吹鱼。制作鱼露基本上用小鱼,主要是青鳞鱼,放盐装到木桶里密封,不淋日晒发酵半年左右,然后将汁液取出熬制。刚提取出来的鱼露叫"生汤",煮好的叫"熟汤",熟汤提取出来的第一趟汁液叫"一级汁",剩下的渣加上盐再进行熬制,得出的是"二级汁"。

条目	疍家话
腌制咸鱼	腌咸 jip^{3}ham^{21}
鱼干	焦鱼 tsau^{44}ji^{21}/鱼干 ji^{21}kɔn^{44}
咸鱼	咸鱼 ham^{21}ji^{21}
鲞(剖开晒干的鱼)	披鱼 p^{h}ei^{44}ji^{21}/开砖鱼 hɔi^{44}tsin^{44}ji^{21}
用小虾腌制的酱	虾酱 ha^{44}tsɐŋ^{33}
用盐腌鱼,短时食用	藏盐鱼 ts^{h}ɔŋ^{21}jim^{21}ji^{21}
长时间腌制的咸鱼,使其霉变	霉香鱼 mui^{21}hɐŋ^{44}ji^{21}
用风吹干葵龙鱼	风吹鱼 fuŋ^{44}ts^{h}ui^{44}ji^{21}
在船舱里腌制出来的咸鱼	大柜鱼 tai^{21}k^{w}ei^{21}ji^{21}
船舱腌制海鱼留下的汁水	大柜汤 tai^{21}k^{w}ei^{21}t^{h}ɔŋ^{44}
用水煮	煠 sap^{21}
用火煨鱼	煨鱼 wui^{44}ji^{21}
鱼露	鱼汁 ji^{21}tsɐp^5/咸汤 ham^{21}t^{h}ɔŋ^{44}
烧煮鱼汁	煠咸汤 sap^{21}ham^{21}t^{h}ɔŋ^{44}
十斤鱼三斤盐	三成盐 sam^{44}sɪŋ^{21}jim^{21}
未煮过的淡水	生水 saŋ^{44}sui^{24}
晒制好的第一趟鱼露	生汤 saŋ^{44}t^{h}ɔŋ^{44}
第一趟鱼露取出后,加水煮来提取的第二趟鱼露	熟汤 suk^{21}t^{h}ɔŋ^{44}
从熟汤里提取出的第一趟鱼露	一级汁 jɐt^{5}k^{h}ɐp^{5}tsɐp^5
用盐水和剩下的鱼骨浸泡晾晒一段时间,再拿来水煮提取出来的鱼露	二级汁 ji^{21}k^{h}ɐp^{5}tsɐp^5
制作鱼露时用棍子搅动鱼	撩 lɛu^{44}

6. 海产名称 该类词语包括鱼类、虾蟹、贝类、海龟、海虫等的名称。北部湾的海产丰富，海鲜非常多，由于调查仅根据网页上常见的海鲜图片展开，故而未能穷尽调查。婆湾岛疍家话中海鲜的区分非常细致，即使同一类的海鲜，根据外形特点还会再进一步细分，例如鱲鱼，根据身体颜色可以分为黑鱲、银鱲、红鱲、黄丝鱲等；再如鰔鱼，根据形体特征可以再细分为香牙鰔、三牙鰔、黑耳骨等。这种情况比较常见。

条目	疍家话
黑鲷	黑鱲 hɐk⁵lap³
大白鲷	银鱲 ɐn²¹lap³
四长棘鲷	沙鱲 sa⁴⁴lap³
二长棘鲷	红鱲 huŋ²¹lap³
黄脚鲷	黄丝鱲 woŋ²¹si⁴⁴lap³
红笛鲷	红鱼仔 huŋ²¹ji²¹tsɐi²⁴
纵带笛鲷	火草 fɔ²⁴tʰou²⁴
驼背天竺鲷	□□鱼 ki²¹kau²¹ji²¹
平鲷	鱲鱼 lap³ji²¹
甘鲷	马头 ma²⁴ tʰɐu⁴⁴
大眼鲷	大眼鸡 tai²¹ an²⁴ kɐi⁴⁴
扁棘鲷	大铁 tai²¹ tʰit³
星斑裸颊鲷	棱尖 lɪŋ²¹tsim⁴⁴
大白姑鱼	鰔鱼 wak²¹ji²¹
大白姑鱼的一种	香牙鰔 hɵŋ⁴⁴a²¹wak²¹
大白姑鱼的一种，嘴里长着三颗锋利的牙齿	三牙鰔 sam⁴⁴a²¹wak²¹
大白姑鱼的一种，靠近眼睛的地方有两块黑点	黑耳骨 hɐk⁵ji²⁴kʷɐk⁵
细鳞鯻	北鯻 pɐk⁵lei²¹

条目	疍家话
突吻鳅	罗姑 lɔ²¹ku⁴⁴
六带牙䱛	甘草鱼 kɐm⁴⁴tsʰou²⁴ji²¹
四带牙䱛	北䱛仔 pɐk⁵lei²¹tsɐi²⁴
宽身牙	肉鲫 juk²¹lak⁵
颈带	三角鲫 sam⁴⁴kɔk³lak⁵
鯒鱼	牛抄 ɐu²¹tsʰau⁴⁴/沙甲鱼 sa⁴⁴kap³ji²¹（本地人）
小鯒鱼	潺钉 san²¹tɛŋ⁴⁴/棺材钉 kun⁴⁴tsʰɔi²¹tɛŋ⁴⁴
斑点鸡笼鲳	花鲳 fa⁴⁴tsʰɔŋ⁴⁴
金鲳鱼	金鲳鱼 kɐm⁴⁴tsʰɔŋ⁴⁴ji²¹
龟鲳	软头龟 jin²⁴tʰɐu²¹kʷei⁴⁴
乌鲳	牛屎鲳 ŋɐu²¹si²⁴tsʰɔŋ⁴⁴
长棘银鲈	□□ pɐn²¹pɔ²⁴
斑尾鲈	鰔鱼 wak²¹ji²¹
花鲈	花鲈 fa⁴⁴lu²¹
赤点石斑	石斑 sɛk²¹pan⁴⁴
金钱斑	花斑 fa⁴⁴pan⁴⁴
小石斑	石斑仔 sɛk²¹pan⁴⁴tsɐi²⁴
红斑	红斑仔 huŋ²¹pan⁴⁴tsɐi²⁴
飞鱼	飞鲻 fei⁴⁴tsɐi⁴⁴
鲻鱼	鲻鱼 tsɐi⁴⁴ji²¹
尖颌北梭鱼	沙鲻 sa⁴⁴tsɐi⁴⁴
长蛇鲻	狗棍 kɐu²⁴ kʷɐn³³

续表

条目	疍家话
剥皮鱼	沙鱼 sa⁴⁴mɐŋ⁴⁴
中华单角鲀	石沙鱼 sɛk²¹sa⁴⁴mɐŋ⁴⁴
虫纹东方鲀	花鲑 fa⁴⁴kʷei⁴⁴
双棘三棘鲀	木马 muk²¹ma²⁴
硬壳鲑	硬壳鲑 ŋaŋ²¹hɔk³kʷei⁴⁴
刺鲑	簕鲑 lak²¹kʷei⁴⁴
褐菖鲉	老虎鱼 lou²⁴fu²⁴ji²¹
白斑菖鲉	石狗公 sɛk²¹kɐu²⁴kuŋ⁴⁴
巴鲽鱼	鰳鱼 lak⁵ji²¹
鲽鱼的一种	大地鱼 tai²¹tei²¹ji²¹
鲽鱼的一种，嘴巴在左边	左口鱼 tsɔ²⁴hɐu²⁴ji²¹
鲽鱼的一种，嘴巴在右边	右口鱼 jɐu²¹hɐu²⁴ji²¹
吉打鲹	黄尾 wɔŋ²¹mei²⁴
短吻丝鲹	鸡肾鱼 kei⁴⁴sɐn²⁴ji²¹/白须公 pɐk²¹su⁴⁴kuŋ⁴⁴
血蛟	血蛟 hit³kau⁴⁴
马鲛	马鲛 ma²⁴kau⁴⁴
四指马鲅	马友 ma²⁴jɐu²⁴
泥鱼	泥鱼 lei²¹mɐŋ⁴⁴
洋鱼	洋鱼 jɛŋ²¹mɐŋ⁴⁴
金梭鱼	崔鱼 tsʰui⁴⁴ji²¹
竹荚鱼	崔鱼仔 tsʰui⁴⁴ji²¹tsei²⁴
沙锥鱼	沙钻 sa⁴⁴tsin³³
单带鲱鲤	红线仔 huŋ²¹sin³³tsei²⁴
金鳞甲	鲑鱼 kʷei⁴⁴ji²¹
一种细鳞海鱼	重鳞仔 tsʰuŋ²¹lɐn²¹tsei²⁴
青鳞鱼	青鳞 tsʰɩŋ⁴⁴lɐn²¹

续表

条目	疍家话
带鱼	刃带 a²¹tai
背点棘赤刀鱼	红腰带 huŋ²¹jiu⁴⁴tai³³
盖苏文鱼	飞角 fei⁴⁴kɔk³
花鳍海猪鱼	豪妹 hou²¹mui⁴⁴
鹦鹉鱼	青衣 tsʰɩŋ⁴⁴ji²¹
新月锦鱼	金鼓 kɐm⁴⁴ku²⁴
曹白鱼	曹白 tsʰou²¹pɐk²¹
黄鸡鱼	黄鸡 wɔŋ²¹kei⁴⁴
红三鱼	红三 huŋ²¹sam⁴⁴
四丝天竺鱼	大牙□ tai²¹a²¹pɔk⁵
金线魮	肥猪仔 fei²¹tsi⁴⁴tsei²⁴
三棘多板盾尾鱼	黑鬼猪 hɐk⁵kʷei²⁴tsi⁴⁴
倒吊	犁戬 lei²¹tɐŋ²⁴
真线鳠	棍子 kun³³tsi²⁴
军曹鱼	鱼重 ji²¹tsuŋ²¹
盲曹鱼	盲曹 mɐŋ²¹tsʰou²¹
鲥鱼	三黎 sam⁴⁴lei²¹
鳗鱼	鳝 sin²⁴
鳗鲇	溜鱼 lɐu²¹ji²¹
魔鬼鱼	虾鹏 ha⁴⁴pʰaŋ²¹
赤魟	蒲鱼 pʰou²¹ji²¹
针鱼	江针 kɔŋ⁴⁴tsɐm³³
角鱼	油角头 jɐu²¹kɔk³tʰɐu²¹
鲕鱼	油鲕 jɐu²¹kɐm⁴⁴
弹涂鱼	跳狗 tʰiu²¹kɐu²⁴
龙头鱼、豆腐鱼	九肚 kɐu²⁴tʰou²⁴

续表

条目	疍家话
鱼印，一种吸附在船底的小海鱼	船底鱼 sin²¹ tɐi²⁴ ji²¹
叉尾斗鱼	花手巾 fa⁴⁴ sɐu²⁴ kɐn⁴⁴
一种细长，长鳍的海鱼	扯鲤针 tsʰɛ²⁴ lei²⁴ tsɐm⁴⁴
鲨鱼	鲨鱼 sa⁴⁴ji²¹
乌贼	墨鱼 mɐk²¹ji²¹
大尾鱿鱼	大尾鱿 tai²¹ mei²⁴ jɐu²¹
章鱼	八爪 pat³ tsau²⁴
鱿鱼	鱿鱼 jɐu²¹ji²¹
龙虾	龙虾 luŋ²¹ ha⁴⁴
狗虾	狗虾 kɐu²⁴ ha⁴⁴
濑尿虾	虾膏 ha⁴⁴kɐu⁴⁴/弹虾 tʰan²¹ ha⁴⁴
中华虎头蟹	狮子蟹 si⁴⁴tsi²⁴hai²⁴

续表

条目	疍家话
鲍鱼	鲍鱼 pau⁴⁴ji²¹/鲍螺 pau⁴⁴ lɔ²¹
带子螺	带子 tai³³tsi²⁴
指甲螺	指甲螺 tsi²⁴kap³lɔ²¹
蚝（牡蛎）	蚝蛎 hou²¹ lɐi²¹
背部光滑的乌龟	乌龟 wu⁴⁴ kʷei⁴⁴/鱼龟 ji²¹kʷei⁴⁴
海龟的一种，龟壳的纹路分成十三块	十三鳞 sɐp²¹ sam⁴⁴lɐn²¹
鲎	鲎 hou²¹
海蜇	海捞 hɔi²⁴ lau²⁴
海马	海马 hɔi²⁴ ma²⁴
海参	参 sɐm⁴⁴/海参 hɔi²⁴ sɐm⁴⁴
沙虫	沙虫 sa⁴⁴tsʰuŋ²¹
泥虫	泥钉 lɐi²¹ tɐŋ⁴⁴

7. 海岛植物 婆湾岛港湾边上陆地的范围不太大，而其他的海岛都是陡峭的喀斯特石山，岛上较多的植物就是红树林、鲎藤、露兜树和悬崖上的树木。发音人冯明福先生告诉笔者，在婆湾岛的石山上，雨后在石缝中会长出一种类似于银耳的菌类，叫"□指菜" la²⁴tsi²⁴tsʰɔi³³ 或"雾水菜" mou²¹sui²⁴tsʰɔi³³，可以采摘来食用，清热解毒。这种植物只有雨后才有，太阳一出就不见了。他说只见到婆湾岛上有，回到北海就再也没见到过。其实这种菌类叫"地皮菜"，西南地区很常见。婆湾岛及北部湾沿海也产一种叫"猪肚簕" tsi⁴⁴tʰou²⁴lɐk²¹ 的植物，学名叫"假石榴"。当地人采摘它的果实来制作饮品，现在侨港镇很多小店或流动摊贩都有卖的，据说清热解毒效果显著。

条目	疍家话
红树林	榄钱树 lam²⁴tsʰin²¹si²¹
鲎藤	拦沙藤 lan²¹sa⁴⁴tʰɐn²¹
地皮菜	□指菜 la²⁴tsi²⁴tsʰɔi³³/雾水菜 mou²¹sui²⁴tsʰɔi³³

条目	疍家话
假石榴	猪肚簕 tsi⁴⁴tʰou²⁴lɐk²¹
露兜树	榄鼓 lam²⁴ ku²⁴
悬崖上长不大的树	夭公树 ɐn⁴⁴ kuŋ⁴⁴si²¹

第四章　语法

第一节　婆湾岛疍家话的构词法和形态

婆湾岛疍家话的构词形态主要从词内语序、名词小称、姓名、排行形式、词缀、领属格、名词的复数形式、动词的重叠、形容词的重叠、量词的重叠等几个方面来介绍。

一、词的内部语序

婆湾岛疍家话中，词的语序没有严格的规律，有些词的语素可以前后调换，意义没有变化，例如：

(1) 客人 hɐk³ jɐn²¹：人客 jɐn²¹ hɐk³

(2) 焦菜_{干菜} tsau⁴⁴ tsʰɔi³³：菜焦_{菜干} tsʰɔi³³ tsau⁴⁴

(3) 焦肉_{干肉} tsau⁴⁴ juk²¹：肉焦_{肉干} juk²¹ tsau⁴⁴

客人，可以叫"客人"，也可以叫"人客"；干菜，可以叫"焦菜"，也可以叫"菜焦"；干肉，可以叫"焦肉"，也可以叫"肉焦"。

有些词的语素前后调换后意义不同，例如：

(4) 生鱼 saŋ⁴⁴ ji²¹ ≠ 鱼生 ji²¹ saŋ⁴⁴

"生鱼"指的是活鱼，"鱼生"是生鱼片。

大多数词的词序只有一种，词序改变后，要么意思不同，要么没有这种说法。例如：

(5) 拖鞋 tʰɔ⁴⁴ hai²¹：＊鞋拖

(6) 牛公 ɐu²¹ kuŋ⁴⁴：＊公牛

(7) 牛㜷 ɐu²¹ la²⁴：＊㜷牛

拖鞋不能叫鞋拖；公牛只能叫牛公，不能叫公牛；母牛叫牛㜷，不能叫㜷牛。

二、名词的小称形式

婆湾岛疍家话指称细小的物件，或对细小人物的昵称，一般用"仔"，例如：

（8）车 tsʰɛ⁴⁴：车仔 tsʰɛ⁴⁴ tsɐi²⁴

（9）屋 uk⁵：屋仔 uk⁵ tsɐi²⁴

（10）窿 luŋ⁴⁴：窿仔 luŋ⁴⁴ tsɐi²⁴

（11）雨 ji²⁴：雨仔 ji²⁴ tsɐi²⁴

（12）花 fa⁴⁴：花仔 fa⁴⁴ tsɐi²⁴

（13）脚 kɔk³：脚仔 kɔk³ tsɐi²⁴

（14）虾 ha⁴⁴：虾仔 ha⁴⁴ tsɐi²⁴

（15）猫 mɛu⁴⁴：猫仔 mɛu⁴⁴ tsɐi²⁴

（16）刀 tou⁴⁴：刀仔 tou⁴⁴ tsɐi²⁴

（17）碗 wun²⁴：碗仔 wun²⁴ tsɐi²⁴

（18）盘 pʰun²¹：盘仔 pʰun²¹ tsɐi²⁴

（19）袋 tɔi²¹：袋仔 tɔi²¹ tsɐi²⁴

（20）包 pau⁴⁴：包仔 pau⁴⁴ tsɐi²⁴

小车叫"车仔"，小房子叫"屋仔"，小洞叫"窿仔"，小雨叫"雨仔"，小花叫"花仔"，小脚叫"脚仔"，小虾叫"虾仔"，小猫叫"猫仔"，小刀叫"刀仔"，小碗叫"碗仔"，小盘叫"盘仔"，小袋叫"袋仔"，小包叫"包仔"。

并非所有小的物件都是词根加上"仔"的形式来表示小，有一些词没有小称的形式，例如：

（21）眼 an²⁴：*眼仔

（22）米 mei²⁴：*米仔

（23）桃 tʰou²¹=桃子 tʰou²¹ tsi²⁴：*桃仔

（23）桔 kɐk⁵=桔仔 kɐk⁵ tsɐi²⁴≠小桔子

眼睛叫"眼"，没有眼仔的说法；米没有米仔的说法；桃叫"桃"或"桃子"，没有桃仔的说法；桔子叫"桔"或"桔仔"，桔仔没有大小的分别。

此外，亲属称谓中的哥哥、姐姐、妹妹、弟弟似乎也没有小称的形式，"哥仔""姐姐仔"是对年轻男性/女性泛称，"妹仔"是对年轻女性的泛称，弟弟叫"细佬"，"细佬仔"指的是小孩。

三、姓、名、排行的形式

婆湾岛疍家话中以姓称人的说法，称呼比自己年老的，在姓前加上"老"lou²⁴字；称呼比自己年轻的，在姓后加"仔"tsɐi²⁴，例如：

（24）比自己年老的姓陈的：老陈 lou²⁴ tsʰɐn²¹
（25）比自己年轻的姓陈的：陈仔 tsʰɐn²¹ tsei²⁴

很少在姓的前面加上"阿"来指称别人，也很少在名的前面加上"小"字来指称比自己小的人。

称呼同辈或小辈喜欢在名的前面加上"阿"，或在名的后面加上"仔"；用排行称呼别人时也是在排行前加"阿"，例如：

（26）名字叫 x 强的人：阿强 a³³ kʰɐŋ²¹；强仔 kʰɐŋ²¹ tsei²⁴
（27）排行第三的人：阿三 a³³ sam⁴⁴

四、动词、形容词的名词化词缀

婆湾岛疍家话用"嗰"kɔ³³ 来连接动词、形容词或词组来使之变成名词性词组，例如：

（28）卖菜嗰 卖菜的 mai²¹ tsʰɔi³³ kɔ³³
（29）开车嗰 开车的 hɔi⁴⁴ tsʰɛ⁴⁴ kɔ³³
（30）细佬嗰 弟弟 sei³³ lou²⁴ kɔ³³
（31）食嗰着嗰 吃的穿的 sɪk² kɔ³³ tsɵk³ kɔ³³
（32）你攞来嗰 你拿来的 lei²⁴ lɔ²⁴ lɔi²¹ kɔ³³
（33）大嗰 大的 tai²¹ kɔ³³
（34）肥嗰 胖的 fei²¹ kɔ³³
（35）三号嗰 三号的(这张票是~) sam⁴⁴ hou²¹ kɔ³³

除了"嗰"kɔ³³ 之外，也可以用"佬"附在动词、形容词或词组后表示某类人，例如：

（36）高佬 高个儿 kou⁴⁴ lou²⁴
（37）肥佬 胖子 fei²¹ lou²⁴
（38）佝背佬 驼子 kʰɐu⁴⁴ pui³³ lou²⁴
（39）飞发佬 理发匠 fei⁴⁴ fat³ lou²⁴
（40）笨戳佬 笨人 pɐn²¹ tsʰɔt²¹ lou²⁴

也有个别用"头"，例如：

（41）甜头 tʰim²¹ tʰɐu²¹
（42）惗头 想头 lɛm²⁴ tʰɐu²¹

五、形容词的生动用法

形容词的生动形式主要有三种，第一种是ABB式，例如：

(43) 圆碌碌 jin²¹ luk⁵ luk⁵

(44) 皱巢巢 jɐu³³ tsʰau²¹ tsʰau²¹

(45) 慢吞吞 man²¹ tʰɐn⁴⁴ tʰɐn⁴⁴

(46) 甜蜜蜜 tʰim²¹ mɐt²¹ mɐt²¹

(47) 苦涩涩 fu²⁴ kip³ kip³

(48) 香喷喷 hɔŋ⁴⁴ pʰɐn³³ pʰɐn³³

(49) 臭坑坑 tsʰɐu³³ haŋ⁴⁴ haŋ⁴⁴

(50) 湿嗲嗲 sɐp⁵ tɛ²¹ tɛ²¹

(51) 干确确 kɔn⁴⁴ kʰɔk³ kʰɔk³

(52) 气冲冲 hei³³ tsʰuŋ⁴⁴ tsʰuŋ⁴⁴/气促促 hei³³ tsʰuk⁵ tsʰuk⁵/气滚滚 hei³³ kɐn²⁴ kɐn²⁴

(53) 软吊吊 jin²⁴ tɛu³³ tɛu³³

(54) 硬邦邦 aŋ²¹ pɐŋ⁴⁴ pɐŋ⁴⁴/硬碻碻 aŋ²¹ kʰɐk²¹ kʰɐk²¹

第二种是AABB式，例如：

(55) 四四方方 sei³³ sei³³ fɔŋ⁴⁴ fɔŋ⁴⁴

(56) 咪咪摸摸 mi⁴⁴ mi⁴⁴ mɔ⁴⁴ mɔ⁴⁴

(57) 快快脆脆 fai⁴⁴ fai⁴⁴ tsʰɔi³³ tsʰɔi³³

(58) 腊腊杂杂 lap²¹ lap²¹ tsap²¹ tsap²¹

(59) □□腻腻 lak⁵ lak⁵ lei²¹ lei²¹

第三种是ABC式，例如：

(60) 圆□砣 jin²¹ tʰɐm²¹ tʰɔ²¹

六、动词的重叠形式

婆湾岛疍家话的动词重叠所表达的语法意义与普通话相同，都可以表示动作持续的时间短或者尝试进行一个动作，例如：

(61) 睇睇_{看看} tʰei²⁴ tʰei²⁴

(62) 试试_{尝尝} si³³ si³³

(63) 行行_{走走} hɐŋ²¹ hɐŋ²¹

(64) 唱唱歌、跳跳舞 tsʰɔŋ³³ tsʰɔŋ³³ kɔ⁴⁴、tʰiu³³ tʰiu³³ mou²⁴

(65) 跑跑步 pʰau²⁴ pʰau²⁴ pou²¹

(66) 执拾执拾 收拾收拾 tsɐp⁵ sɐp²¹ tsɐp⁵ sɐp²¹

(67) 商量商量 sɵŋ⁴⁴ lɔŋ²¹ sɵŋ⁴⁴ lɔŋ²¹

(68) 我哋在街上逛下逛下，谁到仒脆。我们趁在街上逛逛的，迟到傍晚。ɔ²⁴ tei²¹ tsʰɔi²⁴ kai⁴⁴ sɵŋ²¹ kʷaŋ³³ ha²⁴ kʷaŋ³³ ha²⁴，kʷaŋ³³ tou³³ kɐm⁴⁴ man²⁴。

(69) 我睇睇就睡入眼啦。我看着看着睡着了。ɔ²⁴ tʰei²⁴ tʰei²⁴ tseu²¹ sui²¹ jɐp²¹ an²¹ la³³。

(70) 你度度睇咁高够未够？你量量看这么高够不够？lei²⁴ tɔk²¹ tɔk²¹ tʰei²¹ kɐm²⁴ kou⁴⁴ kɐu³³ mei²¹ kɐu³³？

七、量词的重叠形式

婆湾岛疍家话量词重叠的形式可以表示周遍性，是"每一"的意思。这个重叠的量词可以充当句子的主语、定语和状语，例如：

(71) 个个都来啦。个个都来了 kɔ³³ kɔ³³ tou⁴⁴ lɔi²¹ la³³

(72) 只只台都系坏嘞。张张桌子都是坏的。tsɛk³ tsɛk³ tʰɔi²¹ tou⁴⁴ hɐi²¹ wai²¹ kɔ³³

(73) 件件家私都□走啦。一件件家具都搬走了。kin²¹ kin²¹ ka⁴⁴ si²¹ tou⁴⁴ pɛ³³ tseu²⁴ la²¹

(74) 佢次次都攞好多野。她次次都拿很多东西。kʰei²⁴ tsʰi³³ tsʰi³³ tou⁴⁴ lɔ²⁴ hou²⁴ tɔ⁴⁴ jɛ²⁴

(71) 作主语，(72)(73) 作定语，(74) 作状语。

数量结构重叠，可以表示"每一"的意义，也可以表示"依次"的意义，例如：

(75) 家私要一件一件咁□走。家具要一件件地搬。ka⁴⁴ si⁴⁴ jiu³³ jɐt⁵ kin²¹ jɐt⁵ kin²¹ kɐm²⁴ pɛ³³ tseu²⁴。

(76) 一个一个朋友都来探佢。一个一个朋友都来看他。jɐt⁵ kɔ³³ jɐt⁵ kɔ³³ pʰɐŋ²¹ jɐu²⁴ tou⁴⁴ lɔi²¹ tʰam³³ kʰei²⁴

(77) 你哋一个一个入去。你们一个一个地进去。lei²⁴ tei²¹ jɐt⁵ kɔ³³ jɐt⁵ kɔ³³ jɐp²¹ hei³³

(75)(76) 表示"每一个"，(77) 表示"依次"。

数量结构重叠可以作定语，如(73)；可以作状语，如(75)、(77)；也可以作谓语，例如：

(78) 天上白云一朵一朵。天上白云朵朵。tʰin²¹ sɵŋ²¹ pɐk³ wɐn²¹ jɐt⁵ tɔ²⁴ jɐt⁵ tɔ²⁴

"一朵一朵"作谓语。

第二节　词类与句法

婆湾岛疍家话的部分词类在词汇篇已作了介绍，如名词、动词、形容词、数词、量词、代词等，常见的用法在这里不再赘述。这一节除了介绍句法的内容外，主要补充词汇部分未介绍到的内容。

一、代词

婆湾岛疍家话的代词与大多数汉语方言的代词一样，有人称代词、指示代词、疑问代词三大类。

1. 人称代词

婆湾岛的人称代词有第一人称代词"我"，第二人称代词"你"，第三人称代词"佢"，它们的复数形式是在人称代词后加词缀"哋"。指代别人的代词为"人家"或"人哋"，反身代词为"自己"。

	单数	复数
第一人称	我 ɔ²⁴	我哋 ɔ²⁴ tei²¹
第二人称	你 lei²⁴	你哋 lei²⁴ tei²¹
第三人称	佢 kʰei²⁴	佢哋 kʰei²⁴ tei²¹
别人	人家 jɐn²¹ ka⁴⁴ / 人哋 jɐn²¹ tei²¹	
反身代词	自己 tsi²¹ kei⁴⁴	

人称代词没有排除式与包括式的区别，例如：

(79) A：我哋走啦，你坐啦。我们走了，你再坐一会儿。ɔ²⁴ tei²¹ tsɐu²⁴ la⁴², lei²⁴ tsɔ²⁴ la⁴⁴。

B：我哋一齐行啦。咱们一起走吧。ɔ²⁴ tei²¹ jɐt⁵ tsʰei²¹ hɐŋ²¹ la⁴⁴。

普通话的"我们"和"咱们"，在婆湾岛疍家话中都是"我哋"。

婆湾岛疍家话第二人称没有尊称的形式，例如：

(80) 爷爷，你坐低先。爷爷，您先坐下来。jɛ²¹ jɛ²¹, lei²⁴ tsʰɔ²⁴ tɐi⁴⁴ sin⁴⁴。

2. 指示代词

婆湾岛疍家话的指示代词分远指和近指两类，近指代词为"果"kɔ²⁴，远指代词为"捞"lou⁴⁴。远近指代词后面加上表示事类的词即可以表示相应的内容。表示样态不分远近指，用"咁""咁样""咁子"。下面是具体情况。

	近指		远指
这个	果个 kɔ²⁴ kɔ³³	那个	捞 lou⁴⁴ kɔ³³
这些	果啲 kɔ²⁴ ti⁴⁴	那些	捞啲 lou⁴⁴ ti⁴⁴
这边	果边 kɔ²⁴ pin⁴⁴	那边	捞边 lou⁴⁴ pin⁴⁴

续表

	近指		远指	
这时	果阵 kɔ²⁴ tsɐn²¹		那阵	捞阵 lou⁴⁴ tsɐn²¹
这里	果度 kɔ²⁴ tou²¹		那里	捞度 lou⁴⁴ tou²¹
这次	果轮 kɔ²⁴ lɐn²¹		那次	捞轮 lou⁴⁴ lɐn²¹
这么	咁 kɛm²⁴		那么	咁 kɛm²⁴
这样	咁样 kɛm²⁴ jɔŋ²¹ / 咁子 kɛm²⁴ tsi²⁴		那样	咁样 kɛm²⁴ jɔŋ²¹ / 咁子 kɛm²⁴ tsi²⁴

婆湾岛疍家话表示"近—中—远"时，近指用 kɔ²⁴，中和远都用 lou⁴⁴，例如：

(81) 果度系学校，捞度系码头，捞度系水厂。 这里是学校，那里是码头，那里是水厂。 kɔ²⁴ tou²¹ hɐi²¹ hɔk²¹ hau²¹, lou⁴⁴ tou²¹ hɐi²¹ ma²⁴ tʰɐu²¹, lou⁴⁴ tou²¹ hɐi²¹ sui²¹ tsʰɔŋ²⁴。

3. 疑问代词

婆湾岛疑问代词按语义类别来分，有问人、问物、问原因、问样态方式、问时间、问处所等，下表是具体情况。

条目		疍家话
人	谁	边个 pin⁴⁴ kɔ³³/乜人 mɛt⁵ jɐn²¹
事、物	哪个	边个 pin⁴⁴ kɔ³³
	哪些	边啲 pin⁴⁴ ti⁴⁴
	什么	乜野 mɛt⁵ jɛ²⁴
处所	哪里	边度 pin⁴⁴ tou²¹/边基 pin⁴⁴ kei⁴⁴
样态方式	怎样	点 tim²⁴/点样 tim²⁴ jɔŋ²¹
	怎么办	点办 tim²⁴ pan²¹/点算 tim²⁴ sin³³
事、原因	干什么	做乜 tsou²¹ mɛt⁵/做乜野 tsou²¹ mɛt⁵ jɛ²⁴
原因	为什么	为乜 wei²¹ mɛt⁵
时间	什么时候	几时 kei²⁴ si²¹/乜野时候 mɛ⁴⁴ jɛ²⁴ si²¹ hɐu²¹
数量	多少	几多 kei²⁴ tɔ⁴⁴

下面是具体的例子：

(82) 果支毛笔系边个(乜人)嘎？我用一下。 这毛笔是谁的? 我用一下。 kɔ²⁴ tsi⁴⁴ mou²¹ pɛt⁵ hɐi²¹ pin⁴⁴ kɔ³³ (mɛ⁴⁴ jɐn²¹) ka³³? ɔ²⁴ juŋ²¹ jɛt⁵ ha²⁴。

(83) 果只系乜人（边个）？这个人是谁？ kɔ²⁴ tsɛk³ hei²¹ mɐ⁴⁴ jɐn²¹（pin⁴⁴ kɔ³³）?

(84) 果只系乜野？这是什么？ kɔ²⁴ tsɛk³ hei²¹ mɛ⁴⁴ jɛ²⁴?

(85) 果两件衣服你中意边件？这两件衣服你喜欢哪一件？ kɔ²⁴ lɔŋ²⁴ kin²¹ ji⁴⁴ fuk²¹ lei²⁴ tsuŋ⁴⁴ ji³³ pin⁴⁴ kin²¹?

(86) 你要果哋或系捞哋？你要这些，还是那些？ lei²⁴ jiu³³ kɔ²⁴ ti⁴⁴ wak²¹ hei²¹ lou⁴⁴ ti⁴⁴?

(87) 我咁做冇啱，咁子做又冇啱，咁我点样做啱？我这么做不对，那么做也不对，那我应该怎么做呢？ ɔ²⁴ kɐm²⁴ tsou²¹ mou²⁴ am⁴⁴，kɐm²⁴ tsi²¹ tsou²¹ jɐu²¹ mou²⁴ am⁴⁴，kɐm²⁴ ɔ²⁴ tim²⁴ jɔŋ²⁴ tsou²¹ am⁴⁴?

(88) 果样冇系，捞样又冇系，你想点样？这也不对，那也不对，你想怎么样？ kɔ²⁴ jɔŋ²¹ mou²⁴ hei²¹，lou⁴⁴ jɔŋ²¹ jɐu²¹ mou²¹ hei²¹，lei²⁴ sɐŋ²⁴ tim²⁴ jɔŋ²⁴?

(89) 佢乜野时候回来？他什么时候回来？ kʰei²⁴ mɛ⁴⁴ jɛ²⁴ si²¹ hɐu²¹ wui²¹ lɔi²¹?

(90) 你要去边基（度）？你要到哪里去？ lei²⁴ jiu³³ hei³³ pin⁴⁴ kei⁴⁴（tou²¹）?

(91) 你家下出去做乜野？你现在出去干吗？ lei²⁴ ka²⁴ ha²⁴ tsʰit⁵ hei³³ tsou²¹ mɛ⁴⁴ jɛ²⁴?

(92) 你嗰字为乜写得咁靓？我点样写都写冇靓。你的字怎么/为什么写得这么好？我怎么写也写不好。 lei²⁴ kɔ³³ tsi²¹ wei²¹ mɐt⁵ sɛ²⁴ tɐk⁵ kɐm²⁴ lɛŋ³³? ɔ²⁴ tim²⁴ jɔŋ²⁴ sɛ²⁴ tou⁴⁴ sɛ²⁴ mou²⁴ lɛŋ³³。

(93) 条村有几多人？村里有多少人？ tʰiu²¹ tsʰin⁴⁴ jɐu²⁴ kei²⁴ tɔ⁴⁴ jɐn²¹?

(94) A. 今年几大年纪？今年多大年纪？ kɐm⁴⁴ lin²¹ kei²⁴ tai²¹ lin²¹ kei²⁴?（问成年人）

B. 今年几多岁？今年多少岁？ kɐm⁴⁴ lin²¹ kei²⁴ tɔ⁴⁴ sui³³?（问未成年人）

(95) 果畚树有几高？这棵树有多高？ kɔ²⁴ pʰɔ⁴⁴ si²¹ jɐu²⁴ kei²⁴ kou⁴⁴?

(96) 边个都冇讲得通（过）佢。谁都说不过他。 pin⁴⁴ kɔ³³ tou⁴⁴ mou²⁴ kɔŋ²⁴ tɐk⁵ tʰuŋ⁴⁴（kɔ³³）kʰei²⁴。

(97) 边个将石头搬走我就畀边个十蚊鸡。谁把石头搬走我就给谁十块钱。 pin⁴⁴ kɔ³³ tsɵŋ⁴⁴ sɛk³ tʰɐu²¹ pun⁴⁴ tsɐu²⁴ ɔ²⁴ tsɐu²¹ pei²⁴ pin⁴⁴ kɔ³³ sɐp²¹ mɐn⁴⁴ kɐi⁴⁴。

(98) 佢哋两家边个都认冇到边个。他们俩谁也不认识谁。 kʰei²⁴ tei²¹ lɔŋ²⁴ ka⁴⁴ pin⁴⁴ kɔ³³ tou⁴⁴ jɪŋ²¹ mou²⁴ tou²⁴ pin⁴⁴ kɔ³³。

二、数量名结构

婆湾岛疍家话的数量名结构可以作主语、宾语、状语和补语，例如：

(99) 果次分房，两个人分一间。这一次分房子，两个人分一间。 kɔ²⁴ tsʰi³³ fɐn⁴⁴ fɔŋ²¹，lɔŋ²⁴ kɔ³³ jɐn²¹ fɐn⁴⁴ jɐt⁵ kan⁴⁴。

（100）走咗一个人。走了一个人。tsɐu²⁴ tsɔ²⁴ jɐt⁵ kɔ³³ jɐn²¹。

（101）A. 得一个人报名。才一个人报名。tɐk⁵ jɐt⁵ kɔ³³ jɐn²¹ pou³³ mıŋ²¹。

　　　 B. 报名得一个人。才一个人报名。pou³³ mıŋ²¹ tɐk⁵ jɐt⁵ kɔ³³ jɐn²¹。

例（99）"两个人"充当主语，（100）"一个人"充当宾语，（101）A"一个人"充当状语，（101）B"一个人"充当补语。

婆湾岛疍家话的数量名结构，一般表示无定指，往往有"每一"的意思，例如：

（102）一个村干部就应该好好工作，为群众做事情。一个村干部就应该好好工作，为群众做事情。jɐt⁵ kɔ³³ tsʰin⁴⁴ kɔn³³ pou²¹ tsɐu²¹ jıŋ⁴⁴ kɔi⁴⁴ hou²⁴ hou²⁴ kuŋ⁴⁴ tsɔk³，wɐi²¹ kʷʰɐn²¹ tsuŋ³³ tsou²¹ si²¹。

（103）一个人食两碗饭，食完再做工。一个人吃两碗饭，吃完再干活。jɐt⁵ kɔ³³ jɐn²¹ sık²¹ lɔŋ²⁴ wun²⁴ fan²¹，sık²¹ jin²¹ tsɔi³³ tsou²¹ kuŋ⁴⁴。

（102）"一个村干部"没有指定是哪一个村干部，相当于"每一个"；（103）"一个人"也没有指定是谁，相当于"每个人"。

有些数量名结构习惯采用存现句的形式来表达，例如：

（104）有班人等咗两个钟头，有三个人先走咗啦。一群人等了两个小时了，有三个人先走了。jɐu²⁴ pan⁴⁴ jɐn²¹ tɐŋ²⁴ tsɔ²⁴ lɔŋ²⁴ kɔ³³ tsuŋ⁴⁴ tʰɐu²¹，jɐu²⁴ sam⁴⁴ kɔ³³ jɐn²¹ sin⁴⁴ tsɐu²⁴ tsɔ²⁴ la³³。

（105）有一个人已经先走啦。有一个人已经走了。jɐu²⁴ jɐt⁵ kɔ³³ jɐn²¹ ji²⁴ kıŋ⁴⁴ sin⁴⁴ tsɐu²⁴ la⁴²。

（104）（105）以"有"字句来表示无定指的数量名作主语句式。

三、领属结构

婆湾岛疍家话的领属格标记是"嘅"kɔ³³，例如：

（106）我爸爸：我爸爸 ɔ²⁴ pa²¹ pa⁴⁴ / 我嘅老窦 ɔ²⁴ kɔ³³ lou²⁴ tɐu²¹

（107）你哥哥：你哥哥 lei²⁴ kɔ²¹kɔ⁴⁴ / 你嘅哥哥 lei²⁴ kɔ³³kɔ²¹kɔ⁴⁴

（108）他姐夫：佢姐夫 kʰei²⁴ tsɛ²⁴ fu⁵⁵ / 佢嘅姐夫 kʰei²⁴ kɔ³³ tsɛ²⁴ fu⁴⁴

（109）你们学校（对方为一个人时）：你哋学校 lei²⁴ tei²¹ hɔk²¹ hau²¹ / 你哋嘅学校 lei²⁴ tei²¹ kɔ³³ hɔk²¹ hau²¹

以上，结构助词"嘅"可以出现，也可以不出现。

（110）小张的爸爸：张仔嘅老窦 tsɔŋ⁴⁴ tsɐi²⁴ kɔ³³ lou²⁴ tɐu²¹

（111）老张的老婆：老张嘅老婆 lou²⁴ tsɔŋ⁴⁴ kɔ³³ lou²⁴ pʰɔ²¹

(112) A. 老张的公司（老张是老板）：老张嘅公司 lou²⁴ tsɐŋ⁴⁴ kɔ³³ kuŋ⁴⁴ si⁴⁴
　　　B. 老张的公司（老张是员工）：老张嘅公司 lou²⁴ tsɐŋ⁴⁴ kɔ³³ kuŋ⁴⁴ si⁴⁴
(113) 老张的家/老张家：老张嘅屋企 lou²⁴ tsɐŋ⁴⁴ kɔ³³ uk⁵ kʰei²⁴
(114) 老张的菜园：老张嘅菜园 lou²⁴ tsɐŋ⁴⁴ kɔ³³ tsʰɔi³³ jin²¹
(115) 老张的眼睛：老张嘅眼睛 lou²⁴ tsɐŋ⁴⁴ kɔ³³ an²⁴ tsɪŋ⁴⁴
(116) 老张的眼镜：老张嘅眼镜 lou²⁴ tsɐŋ⁴⁴ kɔ³³ an²⁴ kɛŋ³³
(117) 老张的想法：老张嘅谂法 lou²⁴ tsɐŋ⁴⁴ kɔ³³ lɐm²⁴ fat³
(148) 谁爸爸/谁的爸爸？：边个嘅老窦 pin⁴⁴ kɔ³³ kɔ³³ lou²⁴ tɐu²¹
(119) 谁的书包？：边个嘅书包 pin⁴⁴ kɔ³³ kɔ³³ si⁴⁴ pau⁴⁴

以上，结构助词"嘅"一定要出现。

四、动补结构

婆湾岛疍家话的动词后面可以直接连接补语来表达动作的结果，例如：

(120) 吃饱：食饱 sɪk²¹ pau²⁴
(121) 收拾干净：执拾干净 tsɐp⁵ sɐp²¹ kɔn⁴⁴ tsɛŋ²¹/执拾其理 tsɐp⁵ sɐp²¹ kʰei²¹ lei²⁴

婆湾岛动词加结果补语后面可以带宾语，例如：

(122) 打死他：打死佢 ta²⁴ sei²⁴ kʰei²⁴
(123) 吃掉一个包子：食咗一只包 sɪk²¹ tsɔ²⁴ jɐt⁵ tsɛk³ pau⁴⁴

动词重叠式后面可以带补语，例如：

(124) 煲煲热：pou⁴⁴ pou⁴⁴ jit²¹
(125) 洗洗净：sɐi²⁴ sɐi²⁴ tsɛŋ²¹

婆湾岛疍家话的动词可以连接表示趋向的动词组成趋向补语，例如：

(126) 走开 tsɐu²⁴ hɔi⁴⁴
(127) 带过来 tai³³ kɔ³³ lɔi²¹
(128) 送回来 suŋ³³ wui²¹ lei²¹
(129) 攞来 lɔ²⁴ lei²¹
(130) 攞一本书出来（拿一本书出来） lɔ²⁴ jɐt⁵ pun²⁴ si⁴⁴ tsʰɐt⁵ lɔi²¹。

婆湾岛的能性补语，肯定式用助词"得"，否定式有两种，一种是直接在肯定式前面加否定词，另一种是在动词后面加否定词。例如：

(131) 食得饱（吃得饱）：sɪk⁵ tɐk⁵ pau²⁴；食冇饱（吃不饱）sɪk²¹ mou²⁴ pau²⁴ / 冇食得饱（吃不饱） mou²⁴ sɪk²¹ tɐk⁵ pau²⁴

（132）攞得过来 拿得过来 lɔ²⁴ tɐk⁵ kɔ³³ lɔi²¹；攞冇过来 lɔ²¹ mou²⁴ kɔ³³ lɔi²¹ / 冇攞得过来 mou²⁴ lɔ²¹ tɐk⁵ kɔ³³ lɔi²¹

婆湾岛疍家话的程度补语可以直接连在形容词后面，也可以用"到"字结构来连接，例如：

（133）热死啦 热死了 jit²¹ sei²⁴ la⁴⁴

（134）好极了 hou²⁴ kɪk²¹ la⁴²

（135）高兴死了 高兴坏了 kou⁴⁴ hɪŋ⁴⁴ sei²⁴ la⁴⁴

（136）好到不得了 好得不得了 hou²⁴ tou³³ pɐt⁵ tɐk⁵ liu²⁴

（137）高兴到似乜野咁 高兴得像什么似的 kou⁴⁴ hɪŋ³³ tou²⁴ hou²⁴ tsʰi²⁴ mɐt⁵ jɛ²⁴ kɐm²⁴

婆湾岛疍家话的状态补语是在动词后面加"得"或"到"字结构，例如：

（138）佢嘅字写得好靓（威）。他的字写得好好看。 kʰei²⁴ kɔ³³ tsi²¹ sɛ²⁴ tɐk⁵ hou²⁴ lɛŋ³³（wɐi⁴⁴）。

（139）老张激到话都冇讲得出来。老张气得话也说不出来。 lou²⁴ tsɐŋ⁴⁴ kɪk⁵ tou²⁴ wa²¹ tou⁴⁴ mou²⁴ kɔŋ²⁴ tɐk⁵ tsʰɐt⁵ lɔi²¹。

（140）老张嘅花生种得好好。老张的花生种得很好。 tou²⁴ tsɐŋ⁴⁴ kɔ³³ fa⁴⁴ saŋ⁴⁴ tsuŋ³³ tɐk⁵ hou²⁴ hou²⁴。

（141）老张种花生种得好好。老张种花生种得很好。 lou²⁴ tsɐŋ⁴⁴ tsuŋ³³ fa⁴⁴ saŋ⁴⁴ tsuŋ³³ tɐk⁵ hou²⁴ hou²⁴。

五、介词

婆湾岛疍家话中，根据语义关系会选用不同的介词。

1. 表示处所，用介词"系"，例如：

（142）我哋系系车站买嘅票。我们是在车站买的票。 ɔ²⁴ tei²¹ hei²¹ hei²⁴ tsʰɛ⁴⁴ tsam²¹ mai²⁴ kɔ³³ pʰiu³³。

（143）放系台上。放在桌子上。 fɔŋ³³ hɐi²⁴ tʰɔi²¹ sɐŋ²¹。

（144）你系边基来？/你系边哟来？你是从哪里来的？ lei²⁴ hɐi²⁴ pin⁴⁴ kei²¹ lɔi²¹？/lei²⁴ hɐi²⁴ pin⁴⁴ ti⁴⁴ lɔi²¹？

2. 表示时间起点，用"从"，例如：

（145）从今日开始做工。从今天开始干活。 tsʰuŋ²¹ kɐm⁴⁴ mɐt²¹ hɔi²⁴ tsʰi²⁴ tsou²¹ kuŋ⁴⁴。

3. 表示方向，用"向"或"自"，例如：

（146）向（自）北边行。向/住北走。 hɐŋ³³（tsi²¹）pɐk⁵ pin²¹ hɐŋ²¹。

4. 表示空间经由，用"经跟"，例如：

(147) 去县城要经跟捞边过。_{去县城要从那儿过。} hei³³ jin²¹ sɪŋ²¹ jiu³³ kɪŋ⁴⁴ kɐn⁴⁴ lou⁴⁴ pin⁴⁴ kɔ³³。

5. 表示承受关系，用"畀"，例如：

(148) 送本书畀佢_{送本书给他。}suŋ³³ pun²⁴ si⁴⁴ pei²⁴ kʰei²⁴。

(149) 我去开门畀佢_{我去给他开门。}ɔ²⁴ hei³³ hɔi⁴⁴ mun²¹ pei²⁴ kʰei²⁴。

(150) 果架单车畀佢整坏啦。_{那辆自行车他给我弄坏了。}kɔ³³ ka³³ tan⁴⁴ tsʰɛ⁴⁴ pei²⁴ kʰei²⁴ tsɪŋ²⁴ wai²¹ la⁴²。

6. 表示言语对象、伴同对象或索取对象，用"捞"或"同"，例如：

(151) 我捞佢讲，听日落雨。_{我跟他说，明天要下雨。}ɔ²⁴ lou⁴⁴ kʰei²⁴ kɔŋ²⁴, tʰɪŋ⁴⁴ jɐt²¹ lɔk²¹ ji²⁴。

(152) 我听日捞佢一齐去口鱼_{我明天跟他一起去钓鱼。}ɔ²⁴ tʰɪŋ⁴⁴ jɐt²¹ lau⁴⁴ kʰei²⁴ jɐt⁵ tsʰei²¹ hei³³ tʰai⁴⁴ ji²¹。

(153) 我同（捞）佢借一百蚊。_{我向他借一百块钱。}ɔ²⁴ tʰuŋ²¹ (lou⁴⁴) kʰei²⁴ tsɛ³³ jɐt⁵ pɐk³ mɐn⁴⁴。

7. 表示动作方向，用"畀"或"对"，例如：

(154) 我口手畀佢。_{我向他招手。}ɔ²⁴ jap²¹ sɐu²⁴ pei²⁴ kʰei²⁴。

(155) 屋企人对我好好。_{家里人对我很好。}uk⁵ kʰei²⁴ jɐn²¹ tui³³ ɔi²⁴ hou²⁴ hou²⁴。

8. 表原因，用"为"或"因为"，例如：

(156) A. 为咗果件事捞隔离嗌交，好冇值得。_{为这事儿和邻居吵架，很不值得。}wɐi²¹ tsɔ²⁴ kɔ²⁴ kin²¹ si²¹ lou⁴⁴ kak³ lei²¹ tsʰou²¹ kau⁴⁴, hou²⁴ mou²⁴ tsɪk²¹ tɐk⁵。

B. 因为果件事捞隔离嗌交，好冇值得。_{为这事儿和邻居吵架，很不值得。}jɐn⁴⁴ wɐi²¹ kɔ²⁴ kin²¹ si²¹ lou⁴⁴ kak³ lei²¹ tsʰou²¹ kau⁴⁴, hou²⁴ mou²⁴ tsɪk²¹ tɐk⁵。

六、常见句型

1. 双及物句

(157) A. 老张畀咗老李一千蚊。_{老张给了老李一千块钱。}lou²⁴ tsɔŋ⁴⁴ pei²⁴ tsɔ²⁴ lou²⁴ lei²⁴ jɐt⁵ tsʰin⁴⁴ mɐn⁴⁴。

B. 老张畀一千蚊畀老李。_{老张给了老李一千块钱。}lou²⁴ tsɔŋ⁴⁴ pei²⁴ jɐt⁵ tsʰin⁴⁴ mɐn⁴⁴ pei²⁴ lou²⁴ lei²⁴。

(158) 佢抢咗我一千蚊。_{他抢了我一千块钱呢。}kʰei²⁴ tsʰɐŋ²⁴ tsɔ²⁴ ɔ²⁴ jɐt⁵ tsʰin⁴⁴ mɐn⁴⁴。

(159) 张仔奖励畀自己一台新车。小张奖励了自己一辆新车。tsɵŋ⁴⁴ tsɐi²⁴ tsɵŋ²⁴ lei²¹ pei²⁴ tsi²¹ kei²⁴ jɐt⁵ tʰɔi²¹ sɐn⁴⁴ tsʰɛ⁴⁴。

(160) 佢送咗只表畀我。他送了我块表。kʰei²⁴ suŋ³³ tsɔ² tsɛk³ piu⁴⁴ pei²⁴ ɔ²⁴。

(161) 老张借畀老李一百蚊。老张借了老李一百块钱。(老张从老李处借入一百元。)lou²⁴ tsɵŋ⁴⁴ tsɛ³³ pei²⁴ lou²⁴ lei²⁴ jɐt⁵ pɐk³ mɐn⁴⁴。

(162) 老张借老李一百蚊。老张借了老李一百块钱。(老张给老李借出钱。)lou²⁴ tsɵŋ⁴⁴ tsɛ³³ lou²⁴ lei²⁴ jɐt⁵ pɐk³ mɐn⁴⁴。

(163) 汽车啱开过去，射咗我一身泥。汽车刚开过去，溅了我一身泥。hei³³ tsʰɛ⁴⁴ am⁴⁴ hɔi⁴⁴ kɔ³³ hei³³，sɛ²¹ tsɔ²⁴ ɔ²⁴ jɐt⁵ sɐn⁴⁴ lei²¹。

(164) 我哋都叫佢老王。我们都叫他老王。ɔ²⁴ tei²¹ tou⁴⁴ kiu³³ kʰei²⁴ lou²⁴ wɔŋ²¹。

2. 兼语句

(165) 老张冇畀佢嗰仔食饭。老张不让他儿子吃饭。lou²⁴ tsɵŋ⁴⁴ mou²⁴ pei²⁴ kʰei²⁴ kɔ³³ tsɐi²⁴ sɪk²¹ fan²¹。

(166) 果件事令我冇高兴。这件事让我不高兴。kɔ²⁴ kin²¹ si²¹ lɪŋ²¹ ɔ²⁴ mou²⁴ kou⁴⁴ hɪŋ³³。

(167) 佢去，等(留)佢去。他要去，就随他去吧。kʰei²⁴ hei⁴⁴，tɐŋ²⁴ (lɐu²¹) kʰei²⁴ hei³³。

(168) 果只碗借畀你用啦。这只碗借给你用吧。kɔ²⁴ tsɛk³ wun²⁴ tsɛ³³ pei²⁴ lei²¹ juŋ²¹ la⁴⁴。

(169) 大家选老张当村长。大家选了老张当村长。tai²⁴ ka⁴⁴ sin²⁴ lou²⁴ tsɵŋ⁴⁴ tsʰɵn⁴⁴ tsɵŋ²⁴。

(170) 我就中意佢勤力。我就喜欢他勤快。ɔ²⁴ tsɐu²¹ tsuŋ⁴⁴ ji³³ kʰei²⁴ kʰɐn²¹ lɪk²¹。

3. 连动句

(171) 佢踩单车上山啦。她骑着自行车上山了。kʰei²⁴ jai²⁴ tan⁴⁴ tsʰɛ⁴⁴ sɵŋ²⁴ san⁴⁴ la⁴²。

(172) 你饮咗酒食咗饭再走啦。你喝了酒吃了饭再走吧。lei²⁴ jɐm²⁴ tsɔ²⁴ tsɐu²⁴ sɪk²¹ tsɔ²⁴ fan²¹ tsɔi³³ tsɐu²⁴ la⁴⁴。

(173) 老张几时都打开窗睏觉，容易感冒。老张总是开着窗睡觉，容易感冒。lou²⁴ tsɵŋ⁴⁴ kei²⁴ si²¹ tou⁴⁴ ta²⁴ hɔi⁴⁴ tsʰɵŋ⁴⁴ fɐn³³ kau²⁴，juŋ²¹ ji²¹ kam²⁴ mou²¹。

4. 动词拷贝句

(174) 老张批墙批咗整整一日。老张刷墙刷了整整一天了。lou²⁴ tsɵŋ⁴⁴ pʰei⁴⁴ tsʰɵŋ²¹ pʰɐi²¹ tsɔ²⁴ tsɪŋ²⁴ tsɪŋ²⁴ jɐt⁵ jɐt²¹。

(175) 果只演员唱戏唱得好多人都睡熟。这个演员唱戏唱得好多人都睡着了。kɔ²⁴ tsɛk³ jin²⁴ jin²¹ tsʰɔŋ³³ hei³³ tsʰɵŋ³³ tɐk⁵ hou²⁴ tɔ⁴⁴ jɐn²¹ tou⁴⁴ sui²¹ suk²¹。

5. 存现句

(176) 墙上挂住一幅年画。墙上挂着一张年画。tsʰɵŋ²¹ sɔŋ²¹ kʷa³³ tsi²¹ jɐt⁵ fuk⁵ lin²¹ wak²¹。

(177) 张椅果度坐到一只病人。椅子上坐着一个病人。tsɔŋ⁴⁴ ji²⁴ kɔ²⁴ tou²¹ tsʰɔ²⁴ tou²⁴ jɐt⁵ tsɛk³ pɛŋ²¹ jɐn²¹。

(178) 半天好多蚊系度飞。半空中飞着很多苍蝇。pun³³ tʰin⁴⁴ hou²⁴ tɔ⁴⁴ mɐn⁴⁴ hɐi²⁴ tou²¹ fei⁴⁴。

(179) 村里头来咗个外地人。村里来了一个外地人。tsʰin⁴⁴ lei²⁴ tʰɐu²¹ lɔi²¹ tsɔ²⁴ kɔ³³ ɔi²¹ tei²¹ jɐn²¹。

(180) 老张屋企一次死咗三只牛。老张家一下子死了三头牛。lou²⁴ tsɔŋ⁴⁴ uk⁵ kʰei²⁴ jɐt⁵ tsʰi³⁵ sei²⁴ tsɔ²⁴ sam⁴⁴ tsɛk³ ɐu²¹。

(181) 佢包里头带咗一罇药。他包里带了一瓶药。kʰei²⁴ pau⁴⁴ lei²⁴ tʰɐu²¹ tai³³ tsɔ²⁴ jɐt⁵ tsɐn⁴⁴ jɵk²¹。

6. 处置句

(182) 乜人将果瓶酒饮晒啦？谁把那瓶酒给喝完了？mɐt⁵ jɐn²¹ tsɔŋ⁴⁴ kɔ²⁴ pʰɪŋ²¹ tsɐu²⁴ jɐm²⁴ sai³³ la³³?

(183) 你将地板拖下。你把地板拖一下。lei²⁴ tsɔŋ⁴⁴ tei²¹ pan²⁴ tʰɔ⁴⁴ ha²⁴。

(184) 佢将桔仔□咗皮。他把桔子剥了皮。kʰei²⁴ tsɔŋ⁴⁴ kɵt⁵ tsɐi²⁴ mɐt⁵ tsɔ²⁴ pʰei²¹。

(185) 我同细佬一直将老张当成自己嘅长辈。我和弟弟一直把老张当我们自己的长辈。ɔ²⁴ tʰuŋ²¹ sei³³ lou²⁴ jɐt⁵ tsɪk²¹ tsɔŋ⁴⁴ lou²⁴ tsɔŋ⁴⁴ tɔŋ³³ sɪŋ²¹ tsi²¹ kei⁴⁴ kɔ³³ tsɔŋ²⁴ pui³³。

(186) 老张将村长激傻咗。老张把村长气疯了。lou²⁴ tsɔŋ⁴⁴ tsɔŋ⁴⁴ tsʰin⁴⁴ tsɔŋ²⁴ kɪk⁵ sɔ²¹ tsɔ²⁴。

7. 被动句

(187) 鸡仔畀大尾老鼠鸹走咗。小鸡被黄鼠狼给叼走了。kɐi⁴⁴ tsɐi²⁴ pei²⁴ tai²¹ mei²⁴ lou²⁴ si²⁴ tam³³ tsɐu²¹ tsɔ²⁴。

(188) 我畀村长批评啦，佢畀村长表扬。我被村长批评了，他被村长表扬了。ɔ²⁴ pei²⁴ tsʰin⁴⁴ tsɔŋ²⁴ pʰei⁴⁴ pʰɪŋ²¹ la³³，kʰei²⁴ pei²⁴ tsʰin⁴⁴ tsɔŋ²⁴ piu²⁴ jɔŋ²¹。

(189) 老张畀风吹走咗顶帽。老张被风吹走了草帽。lou²⁴ tsɔŋ⁴⁴ pei²⁴ fuŋ⁴⁴ tsʰui⁴⁴ tsɐu²⁴ tsɔ²⁴ tɛŋ²⁴ mou²¹。

(190) 只窗畀震碎晒。窗户都被震碎了。tsɛk³ tsʰɔŋ⁴⁴ pei²⁴ tsɐn³³ sui³³ sai³³。

(191) 我哋已经畀录取啦。我们已经被录取了。ɔ²⁴ tei²¹ ji²⁴ kɪŋ⁴⁴ pei²⁴ luk²¹ tsʰui²⁴ la³³。

8. 反身、强化句

(192) 老张买咗一件衣服畀自己。老张给自己买了一件衣服。lou²⁴ tsɔŋ⁴⁴ mai²⁴ tsɔ²⁴ jɐt⁵ kin²¹ ji⁴⁴ fuk²¹ pei²⁴ tsi²¹ kei²⁴。

(193) 老张喊李仔买一件衣服畀自己。老张让小李给自己买件衣服。lou²⁴ tsɔŋ⁴⁴ ham³³ lei²⁴ tsɐi²⁴ mai²⁴ jɐt⁵ kin²¹ ji⁴⁴ fuk²¹ pei²⁴ tsi²¹ kei²⁴。("自己"可以指老张，也可以指小李)

(194) 老张话畀李仔知，自己系村头有一块菜地。老张告诉小李，自己在村头还有一块菜地。lou²⁴ tsɐŋ⁴⁴ wa²⁴ pei²⁴ lei²⁴ tsɐi²⁴ tsi⁴⁴，tsi²¹ kei²⁴ hɐi²⁴ tsʰin⁴⁴ tʰɐu²¹ jɐu²⁴ jɐt⁵ fai³³ tsʰɔi³³ tei²¹。

(195) 我同老张冇熟，你自己同佢讲啦。我和老张不熟，你自己跟他说吧。ɔ²⁴ tʰuŋ²¹ lou²⁴ tsɐŋ⁴⁴ mou²⁴ suk²¹，lei²⁴ tsi²¹ kei²⁴ tʰuŋ²¹ kʰei²⁴ kɔŋ²⁴ la⁴⁴。

(196) 自己嘅事自己做。自己的事情自己做。tsi²¹ kei⁴⁴ kɔ³³ si²¹ tsi²¹ kei⁴⁴ tsou²¹。

(197) A：几多个人去嘅？几个人去的？kei²⁴ tɔ⁴⁴ kɔ³³ jɐn²¹ hɐi³³ kɔ³³？

B：就系佢自己。就他自己。tsɐu²¹ hɐi²¹ kʰei²⁴ tsi²¹ kei²⁴。

9. 复杂句、复合句

(198) 我睇听日老张都冇到。我看明天老张不会来。ɔ²⁴ tʰɐi²⁴ tʰɪŋ⁴⁴ jɐt²¹ lou²⁴ tsɐŋ⁴⁴ tou⁴⁴ mou²⁴ tou³³。

(199) 你冇去医院睇睇老张，冇好。你不去医院看看老张不好。lei²⁴ mou²⁴ hɐi³³ ji⁴⁴ jin²¹ tʰɐi²⁴ tʰɐi²⁴ lou²⁴ tsɐŋ⁴⁴，mou²⁴ hou²⁴。

(200) 我斟茶畀老张嘅时候，门外有汽车嘅声音。我给老张倒茶的时候，门外响起了汽车的声音。ɔ²⁴ tsɐm⁴⁴ tsʰa²¹ pei²⁴ lou²⁴ tsɐŋ⁴⁴ kɔ³³ si²¹ hɐu²¹，mun²¹ ɔi²¹ jɐu²⁴ hɐi²⁴ tsʰɛ⁴⁴ kɔ³³ sɪŋ⁴⁴ jɐm⁴⁴。

(201) 佢好似一个病人咁子睡系床上。他像个病人似的躺在床上。kʰei²⁴ hou²⁴ tsʰi²⁴ jɐt⁵ kɔ³³ pɐŋ³³ jɐn²¹ kɐm²⁴ tsi²⁴ sui²¹ hɐi²¹ tsʰɔŋ²¹ sɛŋ²¹。

(202) 果啲系边个写嘅字？这是谁写的字？kɔ²⁴ ti⁴⁴ hɐi²¹ pin⁴⁴ kɔ³³ sɛ²⁴ kɔ³³ tsi²¹？

(203) 我畀张仔嘅果张台系我一个做木工嘅舅父做嘅。我给小张的桌子是我一个做木匠的舅舅做的。ɔ²⁴ pei²⁴ tsɐŋ⁴⁴ tsɐi²⁴ kɔ³³ kɔ²⁴ tsɐŋ⁴⁴ tʰɔi²¹ hɐi²¹ ɔ²⁴ jɐt⁵ kɔ³³ tsou²¹ muk²¹ kuŋ⁴⁴ kɔ³³ kʰɐu²⁴ fu²⁴ tsou²¹ kɔ³³。

(204) 如果（话系）老张听日去县城，你就叫佢帮你买5斤白菜。假如老张明天去县城，你就让他帮你买5斤白菜。ji²¹ kɔ²⁴（wa²¹ hɐi²¹）lou²⁴ tsɐŋ⁴⁴ tʰɪŋ⁴⁴ jɐt²¹ hɐi³³ jin²¹ sɪŋ²¹，lei²⁴ tsɐu²¹ kiu³³ kʰei²⁴ pɔŋ⁴⁴ lei²⁴ mai²⁴ ŋ²⁴ kɐu⁴⁴ pɐk²¹ tsʰɔi³³。

(205) 佢不单止冇去过北京，连省城佢都冇去过。他不但没来过北京，而且连省城也没到过。kʰei²⁴ pɐt⁵ tan⁴⁴ tsi²⁴ mou²⁴ hɐi²⁴ kɔ³³ pɐk⁵ kɪŋ⁴⁴，lin²¹ sɐŋ²¹ sɪŋ²¹ tou⁴⁴ mou²⁴ hɐi³³ kɔ³³。

(206) 既然你已经到咗县城，咁就系餐馆果度食餐好食嘅。既然你已经到了县城，那就在馆子里面吃顿好吃的。kei³³ jin²¹ lei²⁴ ji²⁴ kɪŋ⁴⁴ tou³³ tsɔ²⁴ jin²¹ sɪŋ²¹，kɐm²⁴ tsɐu²¹ hɐi²⁴ tsʰan⁴⁴ kun²⁴ kɔ²⁴ tou²¹ sɪk²¹ tsʰan⁴⁴ hou²⁴ sɪk²¹ kɔ³³。

(207）佢当年因为屋企穷，所以冇得读书。_{他当年因为家里穷，所以读不起书。}k^hei^{24} $tɔŋ^{44}$ lin^{21} $jɐn^{44}$ $wɐi^{21}$ uk^5 k^hei^{21} $k^huŋ^{21}$, $sɔ^{24}$ ji^{24} mou^{21} $tɐk^5$ tuk^{21} si^{44}。

(208）老张食了饭去田垌做工，佢嗰仔畀锁系门外，只能先去田垌揾佢老窦攞锁匙。_{老张吃完饭去地里干活了，他儿子被锁在门外面，只能先去地里找他爸爸拿钥匙。}lou^{24} $tsɐŋ^{44}$ $sɪk^{21}$ liu^{21} fan^{21} hei^{33} t^hin^{21} $tuŋ^{21}$ $tsou^{21}$ $kuŋ^{44}$, k^hei^{24} $kɔ^{33}$ $tsɐi^{24}$ pei^{24} $sɔ^{24}$ $hɐi^{24}$ mun^{21} $ɔi^{21}$, tsi^{24} $lɐŋ^{21}$ sin^{44} hei^{33} t^hin^{21} $tuŋ^{21}$ $wɐn^{24}$ k^hei^{24} lou^{24} $tɐu^{21}$ $lɔ^{24}$ $sɔ^{24}$ si^{21}。

(209）佢又高又瘦。_{他又高又瘦。}k^hei^{21} $jɐu^{21}$ kou^{44} $jɐu^{21}$ $sɐu^{33}$。

(210）佢一边食饭一边睇电视。_{他一边吃饭，一边看电视。}k^hei^{24} $jɐt^5$ pin^{44} $sɪk^{21}$ fan^{21}, $jɐt^5$ pin^{44} t^hei^{24} tin^{21} si^{21}。

(211）阿冇系你去，就系王仔去。_{要么你去，要么小王去。}a^{44} mou^{24} $hɐi^{24}$ lei^{24} hei^{33}, $tsɐu^{21}$ $hɐi^{24}$ $wɔŋ^{21}$ $tsɐi^{24}$ hei^{33}。

参考文献

[1] 黄高飞，2015. 广东华侨农场越南广宁省归侨粤语语音研究[D]. 暨南大学博士论文.

[2] 黄昭艳，2012. 广西沿海地区汉语方言及其研究概况[J]. 广西社会科学（4）：159-163.

[3] 陈晓锦，2014. 东南亚华人社区汉语方言概要（上中下）[M]. 广州：世界图书出版广东有限公司.

[4] 雷学海，陈昌齐. 雷州府志卷13《海防志》（上），嘉庆十六年刻本.

[5] 李心传，1992. 建炎以来系年要录三卷(181)[M]，上海：上海古籍出版社.

[6] 李伢伢，2017. 明清海盗的妈祖信仰浅析[J]. 名作欣赏（14）：160-162.

[7] 李如龙，1999. 论汉语方言语音的演变[J]. 语言研究（1）：102-113.

[8] 李如龙，2013. 论语言接触的类型、方式与过程[J]. 青海民族研究（4）：163-166.

[9] 潘家懿，2001. 广东饶平疍家粤语的变异及其交际功能的丧失[J]. 汕头大学学报（3）：102-107.

[10] 吴福祥，2007. 关于语言接触引发的演变[J]. 民族语文（2）：3-23.

[11] 徐荣，2013. 粤语止摄开口三等字的历史层次[J]. 汉语史学报（第十三辑）：179-187.

[12] 徐通锵，王洪君，1986. 说"变异"——山西祁县方言音系的特点及其对音变理论研究的启示[J]. 语言研究（1）：42-63.

[13] 詹伯慧，张日昇，1988. 珠江三角洲方言词汇对照[M]. 广州：广东人民出版社.

[14] 詹伯慧，张日昇，1998. 粤西十县市粤方言调查报告[M]. 广州：暨南大学出版社.

[15] 张永兵，2008. 19世纪中后期两广人口迁移入越问题探究（1865—1885）[D]. 广西师范大学硕士学位论文.

[16] 张双庆，庄初升，2003. 香港新界方言[M]. 香港：商务印书馆（香港）有限公司.

[17] 庄初升，2009. 岭南地区水上居民（疍家）的方言[J]. 文化遗产（3）：126-132.

附录一　发音人情况简介

冯明福　男，1953年在婆湾岛出生，第三代华人，祖籍广东省雷州市企水镇。1978年回国，安置于北海市侨港镇。回国前在婆湾岛读小学，三年级辍学后与家人出海打渔。成年后在婆湾岛海燕社当社员，继续从事捕捞工作，偶尔会到广西北海卖鱼。归国后在侨港华侨捕捞公司工作，曾担任捕捞公司经理。在广西北海读过大专管理班。除了在侨港生活，偶尔会到广州、南宁等地出差。

郭世辉　男，1958年在婆湾岛出生，祖父为北海外沙人，日本侵华时逃难到婆湾岛。1978年（20岁）回国，回国后主要从事渔业捕捞工作。没有接受过学校教育，回国后自学，能满足日常的读写。

李启珍　男，1946年在广西北海出生，祖籍广东新会。一两岁时祖父带父亲和他逃难到婆湾岛，在岛上读小学二年级后就辍学到船上做工，捕捞作业范围在北部湾海域的婆湾岛、白龙尾岛、姑苏岛群岛和广西北海。归国后在渔业公司从事捕捞工作，直至退休。

林春权　男，1942年出生，婆湾岛海燕社社员。听说祖辈是从广东流落到婆湾岛，以打渔为生。1978年3月回国，被安置在北海市侨港镇。在婆湾岛没上过学，回国后（20多岁）参加过进修班，会唱疍家咸水歌和山歌，对疍家礼俗较为精通。

骆祖成　男，1941年生，37岁回国，第六代华人，小学文化，祖籍广西防城港市洲尾。原住越南广宁省姑苏群岛姑苏岛，是越南国营珍珠场会计。归国后被安置在广东省阳江市岗美华侨农场。

钟应球　男，1942年生，26岁回国，第三代华人，中师学历（毕业于芒街华文中学）。祖籍广西防城企沙镇，原住越南广宁省姑苏群岛青仑山，原姑苏岛华侨小学教师。1968年回国，被安置在北海市侨港镇。

范权保 男，1948年生，30岁回国，第二代华人，中师学历（毕业于广宁师范学院）。祖籍广西防城企沙镇，原住越南广宁省姑苏群岛青仑山，原锦普县华侨中学教师。回国后被安置在北海市侨港镇。

陈家齐 男，1931年生，47岁回国，祖籍、入越年代不详，原住越南广宁省姑苏群岛姑苏岛，海防师范学院中师毕业，原姑苏岛华侨小学教师。回国后被安置在北海市侨港镇。

李振鹏 男，1949年生，29岁回国，祖籍广东鹤山，高中学历（毕业于海防华侨中学），原住越南海防市。回国后被安置在广东省深圳市光明华侨畜牧场当高中老师。

附录二 俗语、歌谣、故事

一、俗语

(1) 端罾冇记得淌箩时。提着罾捕鱼忘了在水里捞鱼的时候。tin^{44} tsɐŋ^{44} mou^{24} kei^{33} tek^5 tʰɔŋ^{33} lɔ^{44} si^{21}。(端罾是站在船上或岸上捕鱼,不用湿身;淌箩是在水里行走捕鱼,要湿身。比喻好了伤疤忘了痛。)

(2) 上眉跳跳跳入口,下眉跳跳揾路走。上眉跳跳到嘴里,下眉跳跳要寻路逃跑了。sɔŋ^{21} mei^{21} tʰiu^{21} tʰiu^{21} tʰiu^{21} jɐp^{21} hɐu^{24}, ha^{21} mei^{21} tʰiu^{21} tʰiu^{21} wɐn^{24} lou^{21} tsɐu^{24}。(上眼皮跳预示有好吃的,下眼皮跳预示有殃祸。)

(3) 行船争解缆,买卖争梳头。开船就差没有解开缆索,做买卖还差把头梳好。hɐŋ^{21} sin^{21} tsɐŋ^{44} kai^{24} lam^{21}, mai^{24} mai^{21} tsɐŋ^{44} sɔ^{44} tʰɐu^{21}。(比喻做事想快点,但是还有一些关键细节没做好。争,差的意思。)

(4) 有风冇好尽扯罅。有风的时候不要把所有风帆都拉上去。jɐu^{24} fuŋ^{44} mou^{24} hou^{24} tsɐn^{21} tsʰɛ^{24} lei^{24}。(比喻得势的时候不要把事情做绝,有好处不要把好处捞尽。)

(5) 有五罅就望五罅,冇五罅就扯直行。船有五叶风帆的就架五叶风帆,没有五叶风帆的话,就把航线开直走。jɐu^{24} ŋ^{24} lei^{24} tsɐu^{21} mɔŋ^{21} ŋ^{24} lei^{24}, mou^{24} ŋ^{24} lei^{24} tsɐu^{21} tsʰɛ^{24} tsɪk^{21} hɐŋ^{21}。(比喻人多自然好,人少也能做。)

(6) 龙眼核碰过罗洞。龙眼核穿过渔网眼。luŋ^{21} an^{24} wɐt^{21} pʰuŋ^{33} kɔ^{33} lɔ^{44} tuŋ^{21}。(龙眼核很小,捞鱼网在茫茫大海,与龙眼核相遇的机会是微乎其微的,比喻非常巧。)

(7) 过桥拉板。过河拆桥。kɔ^{33} kʰiu^{21} lai^{44} pan^{24}。(比喻事情做完后不留后路,忘恩负义。)

(8) 船一到,排又到。船到了,排也到了。sin^{21} jɐt^5 tou^{33}, pʰai^{21} jɐu^{21} tou^{33}。(船有动力,开得快,竹排只能靠水流,开得很慢。这是懒人找借口,快能做到,慢也能做到。)

二、歌谣

婆湾岛疍家话的歌谣主要有咸水歌、叹家姐和童谣。内容主要是歌唱生产、生活、恋情、婚姻等,歌谣喜用修辞,表达的感情委婉细腻。

（一）旧时风流就系我

旧时风流就係我，keu²¹si²¹fuŋ⁴⁴leu²¹tseu²¹hei²¹ŋɔ²⁴，
如今风流交别人，ji²¹kɐm⁴⁴fuŋ⁴⁴leu²¹kau⁴⁴pit⁵jen²¹，
老鼠咬烂风流袋，lou²⁴si²⁴ŋau²⁴lan²¹fuŋ⁴⁴leu²¹tɔi²¹，
丝线交回有旧痕。si⁴⁴sin³³kau⁴⁴wui²¹jeu²⁴keu²¹hen²¹。

注：这首咸水歌是对自己风流不再的感叹。

（二）昨夜乌云盖北斗

重夜乌云都系盖北斗，tsuŋ²¹jɛ²¹wu⁴⁴wen²¹tou⁴⁴hei²¹kɔi³³pek⁵teu²⁴，
我好耐都冇见你姊妹星嗳，ɔ²⁴hou²⁴lɔi²¹tou⁴⁴mou²⁴kin³³lei²¹tsi²⁴mui²¹siŋ⁴⁴ɔi⁴²
天寒蜘蝒都牵夜网啊，tʰin⁴⁴hɔn²¹tsi²⁴tsau⁴⁴tou²⁴hin⁴⁴jɛ²¹mɔŋ²⁴a²¹
妹呀，我一晚都冇睡为丝哦情嗳。mui²¹ja²⁴，ɔ²⁴jet⁵man²⁴tou⁴⁴mou²⁴sui²¹wei²¹si⁴⁴
ɔ²¹tsʰiŋ²¹ɔi⁴²。

注：这首歌谣是以蜘蛛的口吻来表达男子思恋情人，辗转难眠的心境。以夜里乌云密布遮住北斗星来渲染自己不见情人的郁闷心情。这首歌开头用了比的手法，接着两处运用一语双关，婆湾岛疍家话"星"与"声"同音，"姊妹星"谐音"姊妹声"，就是妹妹的消息；"丝情"与"思情"同音，蜘蛛夜里继续结网是因为有丝情，暗指男子彻夜不眠是因为思情。重夜，昨夜；蜘蝒，蜘蛛。

（三）紧水滩头放宝鸭

紧水滩头放宝鸭，ken²⁴sui²⁴tʰan⁴⁴tʰeu²¹fɔŋ²¹pou²⁴ap³，
宝鸭一滩水一滩。pou²⁴ap³jet⁵tʰan⁴⁴sui²⁴jet⁵tʰan⁴⁴。
手揸白米滩头撒，seu²⁴tsa⁴⁴pek²¹mei²⁴tʰan⁴⁴tʰeu²¹sat³，
系哥福分转回翻。hei²¹kɔ⁴⁴fuk⁵fen²¹tsin²⁴wui²¹fan⁴⁴。

注：这首咸水歌写男子与情人分别后对再度重逢的无能为力。紧水，急水；宝鸭，指代情人。在急水滩头放下了鸭子，鸭子和水各在一边。手里拿着白米在沙滩上撒，如果哥哥有福气，鸭子自然就会回来的。

（四）宝鸭飞来踩软索

宝鸭飞来踩软索，pou²⁴ap³fei⁴⁴lɔi²¹jai²⁴jin²⁴sɔk³，
撩拐就系妹娇娥。liu⁴⁴lɛt³tseu²¹hei²¹mui²¹kiu⁴⁴ɔ²¹。

重夜弄刀割到手，tsuŋ²¹jɛ²¹luŋ²¹tou⁴⁴kɔt³tou³³sɐu²⁴，
哥系痛妹妹痛哥。kɔ⁴⁴hei²¹tʰuŋ³³mui²⁴mui²⁴tʰuŋ³³kɔ⁴⁴。

注：这首歌写的是男子与情人相会，情人间心心相惜。用鸭子飞来比喻情人到来。撩捌是柔软缠绵的意思，娇娥是情人的意思。用鸭子踩到柔软的绳索上的轻盈来比喻女性柔软。后面两句用了双关，以刀割到手的"疼"来暗指"疼爱"的"疼"。

（五）难又难

难又难啊，lan²¹jɐu²¹lan²¹a³³，
麻篮装水又上高山啰。ma²¹lam²¹tsoŋ⁴⁴sui²⁴jɐu²¹soŋ²⁴kou⁴⁴san⁴⁴lɔ³³
上到高山冇见妹啊，soŋ²⁴tou³³kou⁴⁴san⁴⁴mou²⁴kin³³mui²⁴a³³，
揽住麻篮又哭一餐啰哦。lam²⁴tsi²¹ma²¹lam²¹huk⁵jɐt⁵tsʰan⁴⁴lɔ⁴²ɔ³³。

注：这首歌写与情人见面的艰难。麻篮是用麻编的篮子，用麻篮装水，这是不可能的事情。用麻篮装水上高山，到了高山见不到情人，只能抱着篮子大哭一场。

（六）大海茫茫一座山

大海茫茫一座山，tai²¹hɔi²⁴mɔŋ²¹mɔŋ²¹jɐt⁵tsɔ²¹san⁴⁴，
斑鸠飞去冇飞返，pɐŋ⁴⁴kɐu⁴⁴fei⁴⁴hei³³mou²⁴fei⁴⁴fan⁴⁴，
蟛蟧耕丝半桅尾，kʰɐm²¹lɔ²¹kɐŋ⁴⁴si⁴⁴pun³³wɐi²¹mei²⁴，
问哥攞食好艰难。mɐn²¹kɔ⁴⁴lɔ²⁴sik²¹hou²⁴kan⁴⁴lan²¹。

注：这首歌以蜘蛛的口吻来诉说生活的不易。大海茫茫包围的一座孤岛，斑鸠飞过去都飞不回来。蜘蛛为了捕捉蚊虫，把网都结到了桅杆的顶部了（还是一只蚊虫都没抓住），你们向我讨吃，是很难的。蟛蟧，蜘蛛；哥，是蜘蛛的自称；攞食，讨吃的。

（七）童谣

六月六，棯仔熟；luk²¹jit²¹luk²¹，lim⁴⁴tsɐi²⁴suk²¹；
七月七，棯仔红屎窟；tsʰɐt⁵jit²¹tsʰɐt⁵，lim⁴⁴tsɐi²⁴huŋ²¹si²⁴fɐt⁵；
八月八，棯仔在地挞。pat³jit²¹pat³，lim⁴⁴tsɐi²⁴tsʰɔi²⁴tei²¹tat³。

注：棯仔，桃金娘；屎窟，屁股；挞，掉。

三、故事

封礼习俗 fuŋ⁴⁴lei²⁴tsap²¹tsuk²¹

或者喜庆事，或者系封礼，封礼嘅时候呢就系讲，系在，亻丁讲亻家社会旧社会都系冇，有人富贵有人穷噶，所以就打个比方讲，啊，咁啊我叔嘅仔结婚啦，咁啊我两兄弟，两兄弟呢，一只富贵一只穷，一只搵得朝冇晚，同埋呢，有一只呢又亿万富翁嘅只。咁啊，假如你挪现金来封呢，一递出放出呢，有钱肯定封多啲嘅嘛，但系冇钱嘅只肯定封少嘅。有钱嘅只可以封一万，冇钱嘅至多封一两百。咁两兄弟一齐去封礼，人家外边啲人睇到就好难睇。不过呢，我用只封包袋包住放里边，有钱嘅只可以放一百蚊一张，你可以放一万蚊落去，但冇钱嘅只呢可以，佢放十蚊一张或一蚊一张，一蚊一张佢可以放一百张入来只封包袋里头。大家都系咁大包，你都冇分得开系边个多边个少，所以人家外边睇得系都好好睇。

<small>或者喜庆的事，或者是包红包，包红包时呢，不论是现在还是旧社会都有的，有人富贵有人穷困，所以就打个比方，我叔的儿子结婚，这样我们兄弟俩，一个富裕，一个穷困，一个有上顿没下顿，一个是亿万富翁。这样如果你拿现金来送礼金，一拿出来，有钱的肯定给得多，没钱那个肯定给得少。有钱的那个可以给一万，没钱的最多给一两百。那两兄弟一起去给礼金，人家外边的人看到了就不好看。不过呢，如我用一只红包装起来放钱，有钱的，可以放一百一张的，你可以放一万进去，没钱的，他可以放十元一张或一元一张，一元一张他可以放一百张进去。大家的红包袋都一样大，你都分不清谁包得多，谁包得少，所以别人看起来就好看。</small>

wak²¹ tsɛ²⁴ hei²⁴ hiŋ³³ si²¹, wak²¹ tsɛ²⁴ hei²¹ fuŋ⁴⁴ lei²⁴, fuŋ⁴⁴ lei²⁴ ko³³ si²¹ heu²¹ lɛ⁴⁴ tseu²¹ hei²¹ kɔŋ²⁴, ka⁴⁴ tsʰɔi²⁴, mou²⁴ kɔŋ²⁴ ka⁴⁴ sɛ²⁴ wui²¹ keu²¹ sɛ²⁴ wui²¹ tou⁴⁴ hei²¹ jeu²⁴, jeu²⁴ jen²¹ fu³³ kʷei²¹ jeu²⁴ jen²¹ kʰuŋ²¹ ka³³. so²⁴ ji²¹ tseu²¹ ta²⁴ ko³³ pei²⁴ foŋ⁴⁴ kɔŋ²⁴, a⁴², kem²⁴ a³³ ɔ²⁴ suk⁵ ko³³ tsei²⁴ kit³ fen⁴⁴ la³³, kem³³ a³³ ɔ²⁴ lɔŋ²⁴ hiŋ⁴⁴ tei²¹, lɔŋ²⁴ hiŋ⁴⁴ tei²¹ lɛ⁴⁴, jet⁵ tsɛk³ fu³³ kʷei³³ jet⁵ tsɛk³ kʰuŋ²¹, jet⁵ tsɛk³ wen²⁴ tek⁵ tsiu⁴⁴ mou²⁴ man²⁴, tʰuŋ²¹ mai²¹ lɛ⁴⁴, jeu²⁴ jet⁵ tsɛk³ lɛ⁴⁴ jeu²¹ jɪk⁵ man²¹ fu³³ juŋ²⁴ ko²⁴ tsɛk³。kem²⁴ a³³, ka²⁴ ji²¹ lei²⁴ lɔ²⁴ jin²¹ kem⁴⁴ lɔi²¹ fuŋ⁴⁴ lɛ⁴⁴, jet⁵ tei²¹ tsʰet⁵ fɔŋ²³ tsʰet⁵ lɛ⁴⁴, jeu²⁴ tsʰin²¹ heŋ²⁴ tiŋ²¹ fuŋ⁴⁴ tɔ⁴⁴ ti⁴⁴ ko⁴² ma³³, tan²¹ hei²¹ mou²⁴ tsʰin²¹ kɔ²⁴ tsɛk³ heŋ²⁴ tiŋ²¹ fuŋ⁴⁴ siu²⁴ ko³³。jeu²⁴ tsʰin²¹ ko²⁴ tsɛk³ hɔ²⁴ ji²⁴ fuŋ⁴⁴ jet⁵ man²¹, mou²⁴ tsʰi²¹ kɔ²⁴ tsɛk³ tsi³³ tɔ⁴⁴ fuŋ⁴⁴ jet⁵ lɐŋ²⁴ pek⁵。kem²⁴ lɐŋ²⁴ hiŋ⁴⁴ tei²¹ jet⁵ tsʰei²¹ hei³³ fuŋ⁴⁴ lei²⁴, jen²¹ ka⁴⁴ ɔi²¹ pin⁴⁴ ti⁴⁴ jen²¹ tʰei²¹ tou³³ tseu²¹ hou²⁴ lan³¹ tʰei²⁴。pet⁵ ko³³ lɛ⁴⁴, ɔ²⁴ juŋ²¹ tsɛk³ fuŋ⁴⁴ pau⁴⁴ pau⁴⁴ tsi²¹ foŋ³³ lei²⁴ pin⁴⁴, jeu²⁴ tsʰin²¹ ko²⁴ tsɛk³ hɔ²⁴ ji²⁴ fɔŋ²¹ jet⁵ pek³ men²⁴ jet⁵ tsɐŋ⁴⁴, lei²⁴ hɔ²⁴ ji²⁴ fɔŋ³³ ɐt⁵ man²¹ men⁴⁴ lɔk²¹ hei³³, tan²¹ mou²⁴ tsʰin²¹ kɔ²⁴ tsɛk³ lɛ⁴⁴ hɔ²⁴ ji²⁴, kʰei²¹ fɔŋ³³ sɐp²¹ men⁴⁴ jet⁵ tsɐŋ⁴⁴ wak²¹ jet⁵ men⁴⁴ jet⁵ tsɐŋ⁴⁴, jet⁵ men⁴⁴ jet⁵ tsɐŋ⁴⁴ kʰei²¹ hɔ²⁴ ji²⁴ fɔŋ⁴⁴ jet⁵ pek⁵ tsɐŋ⁴⁴ jɐp³ lɔi²¹ tsɛk³ fuŋ⁴⁴ pau⁴⁴ tsi²¹ lei²⁴ tʰeu²¹。tai²¹ ka⁴⁴ tou⁴⁴ hei²¹ kɐm⁴⁴ tai²¹ pau⁴⁴, lei²⁴ tou⁴⁴ mou²⁴ fen⁴⁴ tek⁵ hɔi⁴⁴ pin⁴⁴ kɔ³³ tɔ⁴⁴ pin⁴⁴ kɔ³³ siu²¹, so²⁴ ji²⁴ jen²⁴ ka⁴⁴ ɔi²¹ pin⁴⁴ tʰei²⁴ tek⁵ hei²¹ tou⁴⁴ hou²⁴ hou²⁴ tʰei²⁴.

又讲起身，啊，旧时，古代有一条故事仔，咁呢就讲到呢，就系两老同，即系同岁嘅嘛，两老同，两老庚就系同岁嘎。咁呢，老庚，老同嘅仔结婚咯，结婚呢，嗰只老庚肯定要封礼嘅嘛。佢封礼冇钱点办呢？所以呢就在佢甘蔗园，在佢甘蔗园呢就斩一碌蔗，斩一碌蔗。咁啊旧时呢古代啲钱呢全部用硬币嘅。硬币呢佢就包咗一咁多就一捆一捆嘅，揸啲，嗰啲纸，叫做一筒一筒。所以呢，佢嗰老同去斩蔗之后呢，就揸甘蔗呢，用把刀一刀一刀系咁子斩断佢，斩断之后呢，嗰轮就揸嗰啲纸筒包起来。包起来之后呢，后来佢就写到。写到字上边封礼，啊，老同嗰仔结婚我封礼，礼时照还。即系，佢嗰礼时照还意思就系，到下一次又到我仔结婚，你就系咁样还，你就系咁子还畀我得嗰啦。所以就系冇丢架啊嘛，人哋外边冇识嗰嘛。假如你啊去扎礼嗰，挪甘蔗去，去人家扎礼，嗰只啊，系好冇意思嗰一只啊。

又说起来，古代有一个小故事，两个同岁的朋友，其中一个的儿子结婚，那另一个人肯定要送礼的。但是这个人没有钱，怎么办呢？他就到他家的甘蔗园砍了一根甘蔗。旧时都是使用铜钱的，他把甘蔗都砍成一小段一小段，用红纸包起来。他在封包里写上"老同的儿子结婚，我包得礼金，礼时照还。"他的"礼时照还"的意思是到我的儿子结婚，你就这样还礼即可。所以这样就不会丢脸，人家外边的人也不知道你封包里包了什么东西的。如果你拿着甘蔗去送礼，那是很不好意思的。

jɐu²⁴ koŋ²⁴ hei²⁴ sɐn⁴⁴, a³³, kʰɐu²¹ si²¹, ku²⁴ tɔi²¹ jɐu²⁴ ɐt⁵ tʰiu²¹ ku³³ si²¹ tsɐi²⁴, kɐm²⁴ lɛ⁴⁴ tsɐu²¹ koŋ²⁴ tou³³ lɛ⁴⁴, tsɐu²¹ hei²¹ lɐŋ²⁴ lou²⁴ tʰuŋ²¹, tsɪk⁵ hei²¹ tʰuŋ²¹ sui³³ kɔ⁴² ma³³, lɐŋ²⁴ lou²⁴ tʰuŋ²¹, lɐŋ²⁴ lou²⁴ kaŋ⁴⁴ tsɐu²¹ hei²¹ tʰuŋ²¹ sui³³ kɔ³³. kɐm²⁴ lɛ⁴⁴, lou²⁴ kaŋ⁴⁴, lou²⁴ tʰuŋ²¹ kɔ³³ tsɐi²⁴ kit³ fɐn⁴⁴ lɔk³, kit³ fɐn⁴⁴ lɛ⁴⁴, kɔ²⁴ tsɛk³ lou²⁴ kaŋ⁴⁴ hɐŋ²⁴ tɪŋ²¹ jiu³³ fuŋ⁴⁴ lɐi²⁴ kɔ³³ ma³³。 kʰei²⁴ fuŋ⁴⁴ lɐi²⁴ mou²⁴ tsʰin²¹ tim²⁴ pan²¹ lɛ⁴⁴? sɔ²⁴ ji²⁴ lɛ⁴⁴ tsɐu²¹ tsʰɔi²⁴ kʰei²⁴ kam⁴⁴ tsɛ³³ jin²¹, tsʰɔi²⁴ kʰei²⁴ kam⁴⁴ tsɛ³³ jin²¹ lɛ⁴⁴ tsɐu²¹ tsam²⁴ ɐt⁵ luk⁵ tsɛ³³, tsam²⁴ ɐt⁵ luk⁵ tsɛ³³。 kɐm²⁴ a³³ kʰɐu²¹ si²¹ lɛ⁴⁴ ku²⁴ tɔi²¹ ti⁴⁴ tsʰin²¹ lɛ⁴⁴ tsʰin²¹ pou²¹ juŋ²¹ ɐŋ²¹ pei²¹ kɛ²¹。 ɐŋ²¹ pei²¹ lɛ⁴⁴ kʰei²⁴ tsɐu²¹ pau⁴⁴ tsɔ²⁴ ɐt⁵ kɐm²⁴ tɔ⁴⁴ tsɐu²¹ jɐt⁵ kʷʰɐn²⁴ jɐt⁵ kʷʰɐn²⁴ kɛ²¹, tsa⁴⁴ ti⁴⁴, kɔ²⁴ ti⁴⁴ tsi²⁴, kiu³³ tsou³³ ɐt⁵ tʰuŋ²¹ ɐt⁵ tʰuŋ²¹。 sɔ²⁴ ji²⁴ lɛ⁴⁴, kʰei²⁴ kɔ³³ lou²⁴ tʰuŋ²¹ hei³³ tsam²⁴ tsɛ³³ tsi²⁴ hɐu²¹ lɛ⁴⁴, tsɐu²¹ tsa⁴⁴ kam²⁴ tsɛ³³ lɛ⁴⁴, tsɐu²¹ tsa⁴⁴ kam²⁴ tsɛ³³ lɛ⁴⁴, juŋ²¹ pa²⁴ tou⁴⁴ ɐt⁵ tou⁴⁴ ɐt⁵ tou⁴⁴ hei²¹ kɐm²⁴ tsi²⁴ tsam²⁴ tʰin²⁴ kʰei²⁴, tsam²⁴ tʰin²⁴ tsi⁴⁴ hɐu²¹ lɛ⁴⁴, kɔ²⁴ lɐn²¹ tsɐu²¹ ja⁴⁴ kɔ²⁴ ti⁴⁴ tsi²⁴ tʰuŋ²¹ pau⁴⁴ hei²¹ lei²¹。 pau⁴⁴ hei²¹ lei²¹ tsi⁴⁴ hɐu²¹ lɛ⁴⁴, hɐu²¹ lei²¹ kʰei²⁴ tsɐu²¹ sɛ²⁴ tou³³, sɛ²⁴ tou²⁴ tsi²¹ sɐŋ²¹ pin⁴⁴ fuŋ⁴⁴ lɐi²¹, a³³, lou²⁴ tʰuŋ²¹ kɔ³³ tsɐi²⁴ kit³ fɐn⁴⁴ ɔ²⁴ fuŋ²⁴ lɐi²⁴, lɐi²¹ si²¹ tsiu³³ wan²¹。 tsɪk⁵ hei²¹, kʰei²⁴ kɔ³³ lɐi²¹ si²¹ tsiu³³ wan²¹ ji³³ si⁴⁴ tsɐu²¹ hei²¹, tou³³ ha²¹ ɐt⁵ tsʰi²¹ jɐu²¹ tou³³ ɔ²⁴ tsɐi²⁴ kit³ fɐn⁴⁴, lei²⁴ tsɐu²¹ hei²¹ kɐm²⁴ jɐŋ²⁴ wan²¹, lei²⁴ tsɐu²¹ hei²¹ kɐm²⁴ tsi²⁴ wan²¹ pei²⁴ ɔ²⁴ kɐk⁵ kɔ⁴² la³³。 sɔ²⁴ ji²⁴ tsɐu²¹ hei²¹ mou²⁴ tiu⁴⁴ ka²⁴ a⁴² ma³³, jɐn²¹ tei²¹ɔi²¹ pin⁴⁴ mou²⁴ sɪk⁵ kɔ⁴² ma³³。 ka²⁴ ji²¹ lei²⁴ a³³ hei³³ tsap³ lɐi²⁴ kɔ³³, lɔ²⁴ kam²⁴ tsɛ⁴⁴ hei³³, hei³³ jɐŋ²¹ ka⁴⁴ tsap³ lɐi²⁴, kɔ²⁴ tsɛk³ a⁴², hɐi²¹ hou²⁴ mou²⁴ ji³³ si⁴⁴ kɔ²⁴ tsɛk³ a³³。

后　记

　　做北海市侨港镇越南婆湾岛归侨疍家话的调查研究纯属机缘巧合。为了写毕业论文，2014年8月，我根据晓锦师的指示带凤莹、敏怡和雨娴三位师妹到北海市侨港镇做越南广宁省姑苏岛归侨的方言调查。出发前雨娴请她认识的北海师妹帮忙联系到了姑苏岛的发音人。我们到了侨港镇侨南社区时，发现办公楼门口除了挂有越南姑苏岛归侨联谊会的牌子外，还挂了婆湾岛归侨联谊会的牌子，这才第一次知道还有"婆湾岛"这个海岛！这真是一个意想不到的"艳遇"！

　　原来姑苏岛归侨联谊会的办公室与婆湾岛归侨联谊会的办公室毗邻，每天上午这两个办公室都有人来值班。调查之余，我们跟姑苏岛的发音人聊天，得知姑苏岛的方言与婆湾岛的不同，婆湾岛归侨主要讲疍家话，与姑苏岛归侨所讲的防城粤语明显不同。得到这个信息时，我两眼放光，决定这次把婆湾岛的方言也一起调查了。

　　第二天早上，我趁着休息的空隙跑到旁边婆湾岛归侨联谊会办公室，跟值班的人聊天，说明我们的意图。他对我们的工作很感兴趣，我们一见如故，相谈甚欢。他介绍说自己是婆湾岛归侨联谊会的常务理事，叫冯明福。我们都叫他冯先生。冯先生已经退休，他生性喜欢安静，联谊会有这样一个办公室，平时也没什么人来烦扰，他就主动要求到这个地方来值班。

　　后边的调查我们分开来做，两个人一组，分别调查姑苏岛和婆湾岛两个点。冯先生非常热情，调查期间带我们到码头识别和调查鱼类名称，还请我们到他家，他自己去买菜，亲自下厨做饭给我们吃。一来二去，我们就成了志趣相投的忘年之交。

　　这本书能写成，也纯属机缘巧合。调查做完了，我也顺利毕业，重新回到湛江工作。婆湾岛疍家话的材料在毕业论文中只是采用了一些跟论题密切相关的材料，之后便被束之高阁。2016年的一天，我跟陈云龙教授聊天，聊到侨港镇的婆湾岛归侨疍家话，他说目前能见到的系统、完整的疍家话材料不多，它的一些特点还是比较鲜明的，很值得系统地去做一做。他鼓励我要做下去。2017年，我申请到了教育部的青年项目，内容是调查和研究环北部湾的海岛汉语方言，婆湾岛疍家话也在这个范围之内。基于这两个方面的原因，在隔了三年之久后又重新开始了婆湾岛疍家话的调查。因为2014年主要调查的是字表，词汇和语法没有做调查。

2014年调查时，我便和冯先生加了微信，平时联系和互动频繁，我们在网上见到与疍家话或疍家文化相关的内容时，都会相互发给对方赏析。2016年，冯先生被侨港的一个水产公司返聘回去做财务，工作比较忙。有两次过去做调查，他白天要上班，便帮忙找了几个亲戚来帮忙，但是不太理想。没办法，他只能傍晚下班后来旅馆帮忙。尽管非常劳累，但是他都是面带笑容，非常耐心。2017年暑假，冯先生的一些美国亲戚回中国大陆探亲，他打电话邀请我跟他们一起回越南婆湾岛实地考察。这次婆湾岛之行让我对该岛的地理环境和疍家人之前生产生活的环境有了充分的了解。由于有冯先生在，我得以对婆湾岛疍家话开展沉浸式的调查，每次趁冯先生有点时间我就过去做一点，只是进度比较慢。

我总是觉得这个工作可以慢慢做，但是后面却发生了意想不到的变化。2018年以后，因为我工作上的杂事较多，调查一度停顿。2020年，疫情突然爆发，全国上下的生活都发生了很大的变化。这个时候才发现之前能自由活动的可贵。因为疫情影响，2021年调查的重心放在了湛江市内的海岛。同年5月份的一天，我跟冯先生视频，发现他突然暴瘦，问他是什么原因，他说最近肠胃不好。我叮嘱他要去做检查，要注意身体。其后，在微信上虽然有互动，但是转发给他的网页信息，往往好久也不见他回复。我心想他可能太忙了，也不好意思去打扰他。到了12月中旬，有一天晚上，我突然想起好久没跟冯先生联系了，于是打电话过去，但是没有接通。第二天快到中午，我突然接到他的来电，原来是他的妻子莲姐用他的电话打来的，这才得知冯先生已经晚期，来日不多了。放下电话后，我心情非常沉重，往后的那几天内心都非常忐忑和煎熬，很怕再听到不好的消息。2021年12月下旬，天气突然变冷，我很担心冯先生是否能挺得过这次寒潮。但是非常不幸，冯先生还是在那几天走了。

冯先生的离开，让我进一步意识到时间不会等人，该做的事情要抓紧做。濒危方言的调查研究是在跟时间赛跑。我们第一次到侨港做调查时找的四位发音人，有两位已经去世了。老人的日渐凋零是对濒危方言调查研究最大的威胁。

2022年春节刚过，我就盘算着要抓紧时间去把婆湾岛疍家话做完，但是后来有杂事缠身走不开，5月份湛江又突然爆发了疫情。所幸这次湛江疫情控制得很快，6月中旬一允许外出，我便马上前往侨港。这次到侨港真切地感受到了物非人非的变化。侨港在搞旅游景区建设，到处都在拆迁，原来很多破旧的安置楼都被拆除了，周边都是新建的高楼大厦和在建的工地。但是侨港人的热情没有变。虽然没有了冯先生的陪伴，但是他的太太和儿子一家非常热情地接待我，帮我重新找了发音人，周到地安排了我的食宿，所以调查工作开展得十分顺利。至此，8年前结束的婆湾岛疍家话调查终于完成。

调查结束后，语料的整理也比较麻烦，我深刻体会到没有硕博点的学校的老师的痛苦——没有学生帮忙，什么都要亲力亲为，非常耗时费力。

这本小书的出版，要感谢的人很多。首先要感谢我的家人，特别是我的母亲和岳母。我父亲身体不好，生活不能自理，他为了不拖累我，坚决要求留在老家生活，母亲在他身边默默照顾父亲的生活起居。一对老人没有儿女在身边，虽然兄长和妹妹会时不时回去看看，但是生活的不易是可想而知的。我的岳母在家里帮我们处理家务，全心全意帮忙照顾小孩，保证我有时间能够开展教学和科研工作。其次要感谢陈云龙教授，他是我的本科老师，也是我走上方言研究的领路人。参加工作后他对我有很多的关怀和照顾。再次要感谢朱城教授和陈晓锦教授，他们像父母一样关心着我的成长。此外，还要感谢北海市侨港镇的黄少莲女士、黄少富先生、冯亚鸿先生及其太太、郭世辉先生、林春权先生、李启珍先生、钟应球老师、陈家齐老师，还有已经作古的冯明福先生和范权保老师，因为有了他们的支持，调查工作才能得以顺利进行。还要感谢我的师妹罗凤莹、张敏怡和徐雨娴，与他们一起在越南和北海做调查期间留下了很多美好的回忆。还要感谢岭南师范学院文传学院2019级冯树荣、梁可莹、梁钰怡、梁爱林、范益怡、赵娴、李诗婷等7位同学，他们帮忙录入了部分语料，减轻了我的工作负担。世界图书出版广东有限公司的编辑也为本书的出版做了大量的工作，在此也一并感谢。

由于本人的学术水平有限，加上撰写的时间仓促，本书难免会有错漏。敬请读者见谅，并请方家指正。

黄高飞

2022年7月2日台风"暹芭"肆虐之时于湛江家中